GUIDE DU VISITEUR
AU
MUSÉE DU CAIRE

GUIDE DU VISITEUR

AU

MUSÉE DU CAIRE

PAR

G. MASPERO

DIRECTEUR GÉNÉRAL DU SERVICE DES ANTIQUITÉS DE L'ÉGYPTE.

LE CAIRE
IMPRIMERIE DE L'INSTITUT FRANÇAIS
D'ARCHÉOLOGIE ORIENTALE.

1902.

AVERTISSEMENT.

Le Musée de Gizéh n'est plus aujourd'hui qu'un souvenir du passé, comme le Musée de Boulaq avant lui. Le transfert des monuments, commencé le 9 mars 1902, a été achevé quatre mois plus tard, le 13 juillet. Leur aménagement dans les salles avait dès le début marché parallèlement avec leur exode, si bien que, dans les premiers jours d'août, le Musée nouveau du Caire aurait pu à la rigueur recevoir déjà les visiteurs : il n'y restait plus qu'à recouvrir les socles, à les peindre, à nettoyer les pavements, à faire aux murailles et aux colonnes les petites retouches qui sont toujours nécessaires, après la mise en place de plusieurs milliers de gros objets.

Ce n'est pas que l'agencement actuel soit pour nous satisfaire. Afin d'éviter la confusion pendant le transport, on s'est borné à rétablir au Caire le classement un peu capricieux qui prévalait à Gizèh, et l'adaptation du contenu des chambres anciennes à celles d'à présent ne s'est pas toujours opérée sans entassement sur certains points, et sans éparpillement sur certains autres : il y a des salles trop remplies à côté de salles à moitié vides. De plus, les monuments acquis depuis trois ou quatre ans n'ont pu qu'assez rarement être répartis entre les séries auxquelles ils appartiennent légitimement : ils ont été mis, en attendant mieux, dans des endroits où souvent ils n'ont que faire. Le Salon méridional du premier étage est devenu de la sorte une manière de débarras, où toutes les époques se rencontrent et se heurtent. Plus tard, quand nous serons mieux établis dans le Musée et que nous en connaîtrons toutes les ressources, nous essaierons de remédier à ce désordre, et de trouver une classification qui réponde aux exigences des savants comme à la commodité des visiteurs ordinaires. Pour le moment, nous avons dû par force restreindre notre ambition à créer dans l'édifice de Kasr-en-Nil un dépôt d'antiquités, dont par la suite et le plus tôt possible nous tirerons un Musée égyptien.

Le catalogue ne pouvait être en vérité autre que provisoire. Il m'a toujours paru que, pour des collections du genre de la nôtre, où les monuments sont par eux-mêmes d'intelligence difficile, le meilleur catalogue était moins celui qui énumère le plus d'objets que celui qui, à propos de chaque catégorie d'objets, en explique la nature et l'usage, puis en cite quelques exemples typiques et pour le reste s'en remet à l'intelligence du visiteur d'appliquer aux monuments qui attirent son attention les notions d'archéologie qu'il vient d'apprendre. Le touriste ne tient pas à ce qu'on lui dise que le n° 234 ou le n° 560 sont au nom de tel ou tel Égyptien parfaitement obscur : il aime mieux qu'on lui conte ce que c'est qu'une stèle ou qu'une statue, quels concepts de la vie terrestre ou de l'existence d'outre-tombe elles représentent, pourquoi le décor et les inscriptions y sont distribués d'une façon plutôt que d'une autre. J'avais essayé jadis de lui donner ces renseignements, dans le Guide du visiteur au Musée de Boulaq que je publiai en 1883, et j'aurais souhaité en agir de même pour le Musée nouveau : le temps m'a manqué. Il a fallu rédiger ce volume et l'imprimer de mai à septembre, afin de fournir aux touristes un guide à travers nos salles. J'ai pris les morceaux des catalogues antérieurs, je les ai cousus de mon mieux, j'y ai entremêlé quelques remarques hâtives : il en est résulté ce Guide du visiteur au Musée du Caire.

Je compte le refaire l'an prochain, plus à loisir : en attendant, je prie ceux qui s'en serviront d'être indulgents pour les erreurs ou pour les omissions qui s'y trouvent et de me les signaler au besoin. J'ai essayé de leur rendre service en faisant vite; ils me rendront service à leur tour en m'aidant à faire mieux.

Le 25 septembre 1902.

G. Maspero.

MUSÉE ÉGYPTIEN

DU CAIRE.

I

SALLES DU REZ-DE-CHAUSSÉE.

Les salles du rez-de-chaussée comprennent l'ensemble des monuments pesants, statues, stèles, sarcophages en pierre, fragments d'architecture. Ils sont distribués par époque. En commençant par la gauche on rencontre successivement ceux de l'Empire Memphite, puis ceux des deux empires thébains, de l'époque saïte, de l'époque gréco-romaine, et l'on finit à l'extrême droite par ceux de l'âge copte.

En pénétrant dans le Musée, le visiteur aperçoit en face de lui, au nord, le portique des quatre piliers, qui précède l'atrium central, et sur les côtés, à l'ouest et l'est, les deux bras de la galerie d'honneur. Un peu en avant du portique des quatre piliers, se dressent de droite et de gauche :

221 et 222. — Granit rose. — Haut. 1 m. 20 cent., long. 2 m. 50 cent. — *Karnak.*

Deux sphinx portant les cartouches de Thoutmôsis III. Le nez et une partie de la barbe ont été refaits en 1880, par le sculpteur Parisot — XVIIIe dynastie.

PORTIQUE DES QUATRE PILIERS.

Les deux piliers sud portent sur leur face interne deux colosses debouts, qui se font face. Le premier d'entre eux, qui est en granit rose, mesure plus de quatre mètres de hauteur. Il vient d'Achmounéin, l'ancienne Hermopolis Magna, et il a été mis au jour par les chercheurs de sébakh en mai 1901, en avant d'une sorte de pylône à demi-ruiné qui porte de longues inscriptions de Ménephtah. Signalé aussitôt au Service par M. Perrichon bey, directeur de l'usine de Rodah, il fut transporté à Gizèh. Il a été taillé dans une architrave provenant d'un temple antérieur, et l'on voit encore sur l'un des bras les restes de quelques hiéroglyphes appartenant à l'inscription que cette architrave portait. On y lit les cartouches de Ménephtah, mais en réalité il représente Ramsès II, debout sur le signe des panégyries ; le Pharaon, prévoyant l'usurpation de quelqu'un de ses successeurs, avait gravé son cartouche sous la base, et grâce à cette précaution, il nous a été facile de lui restituer son bien. Le monument était peint; l'on voit encore sur la face les traces de la couleur rouge qui rehaussait les lèvres et les paupières, sur la coufiéh les raies jaunes qui décoraient l'étoffe. — XIXe dynastie.

Le second, qui est un peu moins grand, est également en granit rose. Il a été rapporté de Karnak par M. Barsanti, et il représente le célèbre Aménôthès, fils de Hapoui, qui vivait sous Aménôthès III; devenu dieu ptolémaïque, il reçut un culte à Thèbes dans le temple de Phtah thébain sur la rive droite, dans celui de Deîr-el-Médinéh sur la rive gauche. Il est debout, le pied gauche tendu en avant, coiffé du bonnet rond et vêtu du jupon court. — XVIIIe dynastie.

Des deux piliers qui dominent l'atrium, un seul a reçu une décoration, celui de l'est :

223. — Granit rose. — Hauteur 3 m. 75 cent. — *Abydos*.

Colosse au nom d'Ousirtasen Ier. — XIIe dynastie.

Sous le portique même, à droite et à gauche, sont placées deux grandes barques en bois d'une facture particulière. Elles sont formées, selon ce qu'Hérodote dit des barques égyptiennes, de pièces de bois ajustées au moyen de chevilles en bois également, et tenues par de petits chevrons en bois courbe appliqués à l'intérieur. Elles sont pontées et munies à l'arrière de deux montants droits, sur lesquels jouaient les rames-gouvernails. Après avoir servi à transporter la momie et le convoi du Pharaon Aoutouabrî Horus de la XIIIe dynastie, elle furent enterrées auprès de la pyramide de ce prince, avec six autres barques de mêmes dimensions, puis mises au jour par M. de Morgan en 1894. Elles ont été apportées au Musée et remontées par les soins de M. Barsanti. — XIIIe dynastie.

GRANDE GALERIE D'HONNEUR.

Bras ouest.

Le bras ouest de la galerie d'honneur contient entre ses colonnes les spécimens les plus beaux que nous possédions des sarcophages en pierre de l'empire memphite et du premier empire thébain. Derrière la plupart des sarcophages on a adossé à la muraille de grandes stèles de l'époque memphite.

Ces stèles étaient à l'origine les portes qui menaient à la chambre funéraire, portes toujours fermées puisque la communication directe est impossible entre le monde des vivants et celui des morts : la baie en était donc barricadée par une pierre, et la porte n'était en réalité qu'une fausse porte. L'aspect en était celui des portes de maisons ordinaires, mais modifié pour le nouvel usage auquel on les réservait. La baie s'en alla rétrécissant de plus en plus, les reliefs s'affaiblirent, et le tout finit par n'être qu'une surface à peu près plane, sur laquelle des rainures et des méplats très légers rappelèrent seuls les parties de la porte antique : plus tard même, ces dernières traces de la forme originale s'effacèrent, et la stèle devint une simple pierre carrée ou cintrée au sommet, sur laquelle on grava une inscription. On verra ce dernier type à la centaine en visitant les salles de l'empire thébain et des époques suivantes : les stèles de l'empire memphite affectent toutes la forme de porte, mais en s'écartant ou en se rapprochant plus ou moins du type original. Le décor en est toujours le même. Sur le linteau arrondi ou plat, le nom et les titres ; au-dessous la baie est vide le plus souvent, mais on y voit quelquefois la figure en pied du mort. Au-dessus du linteau, un tableau montre le mort assis devant le guéridon et les offrandes entassées ou énumérées devant lui. Sur les montants, l'image en pied du mort avec ses titres et parfois un proscynème. Le proscynème est gravé tout au haut de la stèle, sur le bandeau horizontal qui ferme le cadre : il s'adresse au dieu grand, c'est-à-dire à Osiris, puis à Anubis, et il les prie de transmettre au mort les provisions que les vivants lui envoient par l'intermédiaire du roi. Une table d'offrandes était placée au pied de la stèle, souvent engagée entre les montants et faisant corps avec elle, plus souvent isolée. Le jour des funérailles et les jours de fêtes, la famille apportait les provisions réglementaires, et les consacrant l'une après l'autre avec les cérémonies voulues, elle les posait sur la table devant la porte, puis elle se retirait : le mort sortait alors de son tombeau afin de les prendre, ou, lorsqu'il lui déplaisait se déranger, elles lui arrivaient dans sa chambre ou dans quelque endroit qu'il fût par la toute puissance des formules. L'inscription gravée sur la stèle confirmait la vertu des rites, et au besoin elle suppléait à leur inexécution : il suffisait qu'un passant la lût, en répétant le nom du mort, pour que celui-ci reçût aussitôt les objets dont il avait besoin, et, à défaut d'un étranger, le mort lui-même obtenait le même résultat en se la récitant, telle qu'il la voyait inscrite sur sa stèle.

Colonnade sud.

1344. — ALBÂTRE. — Longueur 1 m. 80 cent. — *Dahchour*.

Un des deux sarcophages découverts à Dahchour en 1895 par M. de Morgan. Il ne porte aucune inscription, mais il est remarquable par la beauté de la matière et par la perfection du travail. — XIIe dynastie.

72. — CALCAIRE. — Haut. 3 m. 17 cent., larg. 2 m. 14 cent. — *Sakkarah*.

Stèle du médecin principal de l'infirmerie royale Sakhimkhitouniânkhou, contemporain du roi Sahourî. Il raconte dans l'inscription comme quoi le Pharaon, pour le récompenser de ses longs services, fit venir des carrières de Tourah, le beau calcaire blanc nécessaire à la décoration de son tombeau et le lui donna. — V^e dynastie.

1500. — Granit rose. — Long. 2 m. 20 cent. — *Gizéh.*

Sarcophage rapporté en 1902. Le côté droit, qui avait été brisé dans l'antiquité, puis restauré, a été réparé avec les fragments originaux par M. Barsanti. Il appartenait à un fils de roi du nom de Khâfminou, peut-être un des fils de Khéphrên. Il est décoré de rainures prismatiques, comme les maisons de l'époque memphite, et cette disposition du décor trouve sa raison d'être dans l'idée que les Égyptiens se faisaient de sa destination. Le sarcophage, le *coffre de vie*, ainsi qu'on l'appelait, était la maison où le mort vivait son existence d'outre-tombe, et l'un de ses noms, qu'il partageait avec le tombeau entier, était *la maison éternelle*. D'ordinaire cette dénomination n'influait en rien sur le décor; quelquefois, comme c'est le cas ici et pour plusieurs autres de nos monuments (v. p. 9, n° 74, et n° 96), on poussait l'idée jusqu'au bout et on prêtait au sarcophage de granit ou de bois l'aspect d'une maison terrestre.

70. — Calcaire. — Haut. 2 m. 49 cent., larg. 1 m. 84 cent. — *Sakkarah.*

Stèle du magistrat comte Phtahhotpou, qui vivait sous la Ve dynastie. C'est peut-être à lui qu'on doit attribuer la rédaction des préceptes de morale et de conduite que nous a conservés le papyrus Prisse, le plus ancien livre du monde. — V[e] dynastie.

Le quatrième sarcophage ne porte aucun nom : il représente les quatre faces d'une maison décorée de panneaux et de rainures comme le sarcophage n° 1500. Il est de la IVe dynastie, et il a été rapporté de Gizéh en 1902.

140. — Calcaire blanc. — Haut. 1 m. 15 cent., long. 2 m. 35 cent., larg. 1 mètre. — *Cheikh Abd-el-Gournah.*

Sarcophage de Dagi. Ce sarcophage, oublié depuis Lepsius, qui le copia il y a soixante ans, fut retrouvé en 1882, et transporté au Musée au mois d'avril 1883. Il ne présente à l'extérieur d'autre décoration qu'une ligne d'hiéroglyphes non coloriés où l'on lit le nom du mort, et du côté droit vers l'extrémité, les deux yeux qui forment un tableau de bon augure à l'entrée fictive de la maison éternelle. L'intérieur est richement décoré et nous montre cette maison aménagée pour son maître. A gauche, et correspondant aux deux yeux de l'extérieur, est une porte par laquelle le *double* peut entrer et sortir à volonté. Sur les parois sont rangés les provisions, les armes, les objets de toilette et d'offrandes, les vases à parfums, qu'on déposait dans la tombe. Au-dessous, des prières tracées à l'encre noire, analogues aux prières qu'on trouve dans les pyramides de Sakkarah, assurent au maître la libre jouissance et la perpétuité de ce trésor. — XIIe dynastie.

65. — Calcaire. — Haut. 3 m. 02 cent., larg. 2 mètres. — *Sakkarah.*

Stèle du tombeau Ankhafitka, prêtre des rois Sahouri et Ousirkaf. Son tombeau a fourni au Musée de beaux bas-reliefs qu'on verra exposés dans la salle B. — V^e dynastie.

L'énorme sarcophage en bois qui occupe le dernier rang de ce côté a été découvert en 1901, à Berchéh, par Ahmed bey Kamal: il appartient à un prince d'Hermopolis, du nom d'Amenemhaît, qui vivait sous la XIIe dynastie. Il est en bois de cyprès ou de cèdre, apporté probablement de la côte syrienne; les ais dont il est formé ont été unis par des chevilles du même bois et serrés aux angles par des rubans de cuivre. A l'intérieur, un cercueil anthropoïde, également en bois, contenait la momie. La décoration est analogue à celle du sarcophage de Dagi (v. p. 7, n° 140), mais l'enduit sur lesquelles les inscriptions étaient tracées est tombé par plaques. — XII° dynastie.

73. — Calcaire. — Haut. 2 m. 57 cent., larg. 2 m. 82 cent. — *Sakkarah.*

Stèle d'Ahinas, surnommé Papi-ânkhou. Il était administrateur de Tourah, ce qui était une fonction importante, à cause des carrières d'où l'on extrayait le beau calcaire blanc employé dans les constructions royales. — VI° dynastie.

99. — Calcaire. — Haut. 2 m. 57 cent., larg. 2 m. 15 cent. — *Sakkarah.*

Grande stèle de Sabou, directeur principal de tous les travaux d'art exécutés pour le roi : les cartouches du Pharaon Téti nous fournissent la date de cette pièce. On trouvera plus loin (voir p. 11), sous les n°° 29 et 30, d'autres monuments de ce personnage. — VI° dynastie.

Colonnade nord.

1344 *bis.* — Albâtre. — Long. 1 m. 80 cent. — *Dahchour.*

Le second des deux sarcophages en albâtre de la XII° dynastie découverts à Dahchour par M. de Morgan (voir n° 1344, p. 5).

66. — Calcaire. — Haut. 3 m. 75 cent., largeur 2 m. 25 cent. — *Sakkarah.*

Stèle du magistrat Ankhmâka, prêtre des Pharaons Sahourî et Ousirkaf. — V^e dynastie.

74. — Beau granit rose. — Long. 2 m. 30 cent., larg. 1 m. 19 cent., haut. 1 m. 45 cent. — *Gizéh.*

Sarcophage rectangulaire à couvercle arrondi en voûte, avec des oreillettes carrées, aux quatre angles. Sur le sommet du couvercle, prière à Anubis en faveur du défunt, le prince Hirbaiouf. L'extérieur seul est décoré de rainures prismatiques rappelant la façade des édifices du temps (v. p. 6, n° 1500). Par la place que le puits occupe dans la nécropole, il n'est pas douteux que Hirbaiouf fût un descendant de Khéops. — IVe dynastie.

28. — Calcaire. — Haut. 2 m. 88 cent., larg. 1 m. 22 cent. — *Sakkarah.*

L'une des deux stèles gravées au nom de Ranikaou. Celle-ci est gravée en relief; on verra l'autre dans la salle B, p. 24, n° 23.

96. — Granit rose. — Haut. 1 m. 33 cent., long. 2 m. 20 cent. — *Gizéh.*

Sarcophage en forme de maison de Khoufouânkhou, qui était attaché aux cultes d'Isis, du Taureau blanc, du bœuf Apis. — IVe dynastie.

98. — Calcaire. — Haut. 2 m. 65 cent., largeur 1 m. 59 cent. — *Sakkarah.*

Stèle de Tapoumânkhou, prêtre attaché aux trois grandes

pyramides de Khéops, de Khéphrên et de Mycérinus (IV⁰ dynastie), prêtre de Sanofrouî (III⁰ dynastie), de Sahourî et d'Ousirkaf (V⁰ dynastie). Son fils aîné Honmînou, de qui nous avons deux monuments (n⁰ˢ 26, 27), est représenté devant lui, sur le côté droit de la stèle. — V⁰ dynastie.

97. — Granit rose. — Haut. 1 m. 16 cent., long. 2 m. 22 cent., larg. 1 mètre. — *Gizéh*.

Sarcophage du prince royal Kamâsakhim. Les angles sont arrondis comme au sarcophage de Khéops, encore en place dans la grande pyramide. — IV⁰ dynastie.

10. — Calcaire. — Haut. 2 m. 51 cent., largeur 1 m. 57 cent. — *Sakkarah*.

Stèle en forme de façade de maison, au centre de laquelle une fausse porte est simulée. Une ligne d'hiéroglyphes, aujourd'hui très endommagés, couronnait la stèle : la partie qui contenait le nom du personnage est détruite entièrement, mais deux petits panneaux d'inscriptions, rabattus aux deux extrémités, nous ont conservé le nom de trois de ses femmes. — IV⁰ dynastie.

1501. — Calcaire. — Haut. 1 m. 20 cent., long. 2 m. 10 cent. — *Gizéh*.

Sarcophage d'un certain Zadouîti, qui était prêtre de la pyramide du roi Mycérinus. — IV⁰ dynastie.

55. — Granit noir. — Haut. 2 m. 64 cent., larg. 1 m. 05 cent. — *El-Khizâm*.

Grande stèle au nom du prince Ousorirou, trouvée par M. Maspero à el-Khizâm, au nord de Karnak. On remarque sur la fausse porte (v. p. 4), le double verrou égyptien et les deux yeux, symboles du midi et du nord. C'est avec cette stèle que furent découverts ces premiers vases en terre, mi-partie rouges et noirs (v. p. 178-179), où l'on a cru quelque temps reconnaître l'œuvre des premières dynasties et de l'âge préhistorique exclusivement.

Contre les deux piliers qui ferment la large baie par laquelle on passe de la galerie d'honneur au vestibule de l'escalier ouest, sont adossés :

29 et 30. — Calcaire. — Haut. 2 m. 60 cent. et 2 m. 41 cent., larg. 1 m. 08 cent. et 1 m. 03 cent. — *Sakkarah*.

Bas-reliefs qui couvraient le côté gauche et le côté droit de la niche au fond de laquelle se trouvait la stèle ou fausse porte du tombeau de Sabou (v. n° 99, p. 8) dit Abibi, à Sakkarah. Le défunt reçoit les revenus de ses propriétés, son mobilier funéraire, les mets offerts par sa famille et les statues faites à son image qui doivent fictivement manger et boire à sa santé les offrandes sculptées sur les murs. — VI° dynastie.

VESTIBULE DE L'ESCALIER SUD-OUEST.

Centre de la pièce.

1278. — Granit rose. — Long. 2 m. 68 cent., haut. 1 m. 60 cent. — *Deïr-el-Médinéh*.

Ce monument, qu'on a placé ici hors série, faute de place convenable dans le bras est de la Galerie, est le sarcophage de la reine Nitocris, fille de Psammétique Ier et princesse de Thèbes par adoption. Il fut rapporté de Thèbes en 1884, par M. Maspero. La reine y est représentée couchée sur le couvercle de granit. — XXVIe dynastie.

Paroi sud.

82. — CALCAIRE. — Haut. 1 m. 12 cent., long. 5 m. 16 cent. — *Sakkarah.*

Bas-relief découvert en 1883. A gauche, le gouverneur Apoui est assis entre sa femme Sonbit et sa fille Papiânkhounas. Au centre, Apoui, porté en palanquin, visite ses moissons et ses troupeaux. Des barques naviguent à la voile ou à la perche. C'est tout ce qui subsistait d'un mastaba de la VIe dynastie, qui avait été établi sur les arrasements d'un mastaba beaucoup plus grand de la IVe; il ne restait plus de celui-ci que le bas des scènes du registre le plus rapproché du sol et quelques hiéroglyphes de beau style.

Paroi sud-ouest.

68. — CALCAIRE. — Haut. 2 m. 89 cent., larg. 2 m. 42 cent. — *Sakkarah.*

Stèle du chef, magistrat, comte Safkhouitâbouinofirsamou. Elle est encadrée entre deux panneaux, qui portent la liste des offrandes à présenter au défunt; celui-ci est assis devant une table et reçoit les cadeaux de ses serviteurs. L'ensemble est couronné de la lourde corniche formée du tore et de la gorge égyptienne, et donne une idée de l'agencement de la niche funéraire qu'on trouve dans certains mastabas de la Ve et de la VIe dynasties.

Paroi nord-ouest.

71. — Calcaire. — Haut. 3 m. 16 cent., larg. 2 m. 09 cent. — *Sakkarah.*

La stèle avait été faite ainsi que le tombeau pour un personnage appelé Ti; une femme, dont le nom semble se lire Honi, usurpa le tombeau et fit graver son nom dans l'intérieur de la fausse porte. Les deux parois latérales portent une preuve curieuse de la façon dont l'usurpation s'est produite. Le sculpteur a retaillé les figures qui les couvraient et changé le portrait de l'homme Ti en celui de la dame Honi; le profil de la figure masculine est visible sous la retouche qui lui a donné le galbe et les contours féminins. — VIe dynastie.

(SALLES A-F.)

MONUMENTS

DE L'ANCIEN EMPIRE MEMPHITE.

Les six premières salles A-F contiennent, avec quelques monuments de la IIIe dynastie, la masse des monuments des IVe, V^e et VIe dynasties, découverts dans les cimetières des grandes cités de l'Égypte, à Gizèh et à Sakkarah, puis à Abydos. C'est pour la sculpture la plus belle époque de l'art égyptien, et les statues aussi bien que les bas-reliefs y présentent une liberté d'allures qu'on ne retrouve plus aux époques postérieures. Elles sont toutes des portraits du personnage qu'elles représentent, portraits plus ou moins réussis selon l'habileté de l'artiste, mais auquel il s'efforçait de donner toujours les traits exacts de son modèle. Elles ne sont pas en effet, comme nos statues, de simples œuvres d'art, mais elles avaient une signification religieuse qui primait tout. Selon la croyance de l'Égyptien, l'homme se composait de deux parties, un corps et un *double*, tous les deux également périssables, si l'on ne prenait soin de les conserver par des moyens artificiels : la destinée du *double* était liée intimement à celle du corps, et lorsque, la mort étant survenue, le corps se décomposait, le *double* se décomposait avec lui. La dessication des cadavres, puis la momification, qui en assuraient la durée pour une période de temps indéfinie, prolongeaient la durée du *double* d'autant de siècles qu'elles prolongeaient celle du corps; mais la momie elle-même pouvait être détruite facilement ou se décomposer par la suite des âges, et, de plus, elle demeurait enfermée dans une chambre inaccessible aux mortels, où, passé le jour de l'enterrement, on ne célébrait plus sur elle les rites indispensables au culte des ancêtres. On imagina donc de lui attribuer, comme auxiliaire et au besoin comme remplaçant, une figure du mort représenté tel qu'il était du temps qu'il séjournait sur terre, figure en bois ou en pierre, dont la dureté était capable de braver les siècles: puis, comme une seule figure était sujette à la destruction violente, on s'avisa de multiplier le nombre de ces figures, de manière à accroître les chances de survie du *double* par autant de fois qu'il aurait de statues, outre le corps, pour lui servir d'appui. Ces statues, une fois consacrées par les prières de l'ensevelissement, devenaient capables de servir au *double* pour tous les usages auxquels le corps lui avait servi sur terre. On leur *ouvrait* la bouche, les yeux, les narines, les oreilles, c'est-à-dire qu'on faisait semblant de dégager sur elles tous ces organes qui avaient été fermés sur le cadavre par les manipulations des embaumeurs, et désormais le *double* employait ses images à manger, à boire, à entendre, à sentir, à parler pour lui. Elles étaient donc moins l'image du mort que le mort lui-même, rétabli en sa forme pleine, consolidé, projeté aussi loin dans le temps qu'elles-mêmes duraient. Aussi fallait-il, lorsqu'on les taillait, leur rendre l'allure et la forme même de l'individu à qui elles étaient destinées, avec cette réserve toutefois que la ressemblance exacte pouvait s'arrêter aux traits du visage : quel profit le *double* aurait-il tiré de sa perpétuité, s'il avait dû traîner avec lui à jamais un corps décrépit par l'âge ou affaibli par les infirmités? On lui restituait donc le corps qu'il avait eu pendant sa jeunesse ou son âge mûr, et, par suite, toutes les statues supports de *doubles* donnaient à leurs *doubles* la forme qu'il lui était utile d'avoir, plus que celle qu'il avait réellement au temps de sa mort.

SALLE A.

Partie occidentale de la Salle.

Sur le mur méridional, à gauche de la baie qui met en communication la salle A avec le vestibule de l'escalier ouest, on a dressé une fort belle stèle, malheureusement assez endommagée, et qui appartenait à un personnage de rang élevé, Ankhmarâ, puis, sur le mur ouest :

50. — CALCAIRE. — Haut. o m. 95 cent. — *Gizéh*.

Les grands seigneurs égyptiens passaient avec les prêtres de véritables contrats par lesquels ils concédaient à tel ou tel temple des terres ou des privilèges en échange de sacrifices à faire en l'honneur de leur *double* aux époques réglées par la coutume. Ce monument est un fragment de contrat, le plus ancien que nous possédions de ce genre. — IVe dynastie.

33. — Diorite. — Long. 1 m. 22 cent. — *Gizéh*.

Statue décapitée portant le nom du roi Khéphrên et provenant du puits du temple de granit, près du grand sphinx de Gizéh, comme les autres statues du même roi qu'on verra dans les salles A-B. — IVe dynastie.

7. — Albâtre. — Haut. 1 m. 22 cent., largeur 0 m. 47 cent., épais. 0 m. 56 cent. — *Sakkarah*.

Cette pierre, d'un style très archaïque, aux côtés ornés de longues raies verticales à l'imitation d'une façade d'édifice (cfr. p. 6, n° 1500), semble avoir été une table ou autel à libations. Elle a été trouvée en 1888 à Mit Rahinéh (Memphis), au-dessous des fondations du temple de la XVIIIe dynastie; elle peut, par conséquent, avoir appartenu au temple de l'ancien empire, fondé par Ménès, premier roi de la Ire dynastie.

Après un fragment de statue assise en diorite, qui représente de nouveau Khéphrên et qui a été trouvé près le temple du sphinx, comme le n° 33, on rencontre un grand bloc provenant d'un tombeau aujourd'hui détruit. Afin d'assurer au mort les provisions nécessaires à sa subsistance, on gravait sur la paroi intérieure de sa chapelle funéraire des tableaux dans lesquels on représentait les opérations de la vie courante. On y voyait les travaux des champs depuis le labourage jusqu'à la rentrée de la récolte aux greniers et à l'enregistrement par les scribes des quantités de blés emmagasinées. Si le mort voulait du pain, il n'avait qu'à regarder la paroi, et, tout ce qui y était représenté s'accomplissant aussitôt, il s'y approvisionnait du grain nécessaire, que les servantes représentées dans un autre tableau broyaient et réduisaient en pain sous ses yeux. S'il voulait de la viande, une série de tableaux lui montrait la chasse et l'élevage des bestiaux : le taureau couvrait la vache, le veau naissait, grandissait, devenait taureau à son tour, puis passait aux mains des bouchers qui l'égorgeaient, le saignaient, le découpaient et présentaient les pièces de choix au mort pour sa cuisine. Chaque tombeau était une enceinte magique où tout ce qui était visible au mur s'accomplissait perpétuellement pour le bien du maître, et suppléait à la négligence des héritiers ou des prêtres qui oubliaient de lui faire les offrandes réglementaires.

83. — Calcaire. — Haut. 1 m. 20 cent., larg. 1 m. 80 cent. — *Sakkarah*.

En commençant par le haut, ce fragment nous montre d'abord la rentrée de la récolte. Les cultivateurs ont amoncelé des tas de grains, que l'on mesure avec des boisseaux et que l'on enregistre avant de les introduire dans les magasins, représentés à droite du bas-relief, derrière le scribe principal. Plus bas, on broye le grain et on en fait des gâteaux. Au registre inférieur, ce sont les ébénistes qui travaillent à côté des orfèvres, des sculpteurs et des ciseleurs. Un scribe fait peser et enregistre l'or destiné aux orfèvres. — V^e dynastie.

52. — Diorite. — Haut. 0 m. 76 cent. — *Gizéh*.

Statue décapitée d'un souverain, peut-être Khéops. Elle a été trouvée dans le temple d'Isis, à l'est de la pyramide de la fille de Khéops, à moins d'un mètre de l'endroit où Mariette avait recueilli la stèle n° 54 (voir p. 23). — IV⁰ dynastie.

16. — Calcaire. — Haut. 1 m. 96 cent., larg. 0 m. 43 cent. — *Sakkarah.*

Stèle en forme de porte enlevée au tombeau de Sokarkhâbiou, surnommé Hatesou «la hyène». — III⁰ dynastie.

13. — Calcaire. — Haut. 1 m. 40 cent., larg. 0 m. 95 cent. — *Sakkarah.*

Cette stèle en forme de porte est un des monuments les plus anciens du Musée. Elle a été prise dans le tombeau de Shiri, prêtre du roi Sondou de la II⁰ dynastie. — III⁰ dynastie.

11 et 12. — Calcaire. — Haut. 1 m. 68 cent., larg. 0 m. 42 cent. — *Sakkarah.*

Deux montants de porte, sur lesquels est représentée la femme de Sokarkhâbiou (voir p. 18, n° 16). La figure de cette femme, qui s'appelait Hathornaferhotpou de son grand nom et Toupis de son petit nom, rappelle le type des Nubiennes; elle a sous les yeux une bande de fard vert. — III⁰ dynastie.

Centre de la Salle.

4 et 5. — Albâtre. — Haut. 0 m. 27 cent., larg. 0 m. 39 cent., long. 0 m. 57 cent. — *Sakkarah.*

Tables à libations appuyées sur deux lions accotés; le liquide coulait par une rigole dans un vase placé entre les queues des deux lions. Elle proviennent d'un tombeau situé près de la pyramide à degrés — IIIe dynastie.

63. — Calcaire. — Haut. 1 m. 34 cent., larg. 1 m. 13 cent. — *Sakkarah.*

Cette stèle est importante parce qu'elle justifie ce qui a été dit plus haut (voir p. 4-5) de la nature originelle de ce genre de monument. Le défunt Noutirnofir y est représenté de face, revenant de l'autre monde pour prendre possession des offrandes, au moment où il traverse la porte de sa chambre funéraire. — V^e dynastie.

SALLE B.

En y entrant par la porte ouest, on aperçoit en face de soi, sur les deux piliers qui encadrent la porte est, deux grandes colonnes en granit rose, dont les chapiteaux sont formés de feuilles de palmiers attachées par trois liens horizontaux au sommet du fût. Elles proviennent de la chapelle de la pyramide du Pharaon Ounas de la Ve dynastie, et elles portent la légende royale de ce souverain. Elles ont été découvertes et ramenées au Musée par M. Barsanti, en 1901. — V^e dynastie.

Centre de la Salle.

64. — Diorite. — Haut. 1 m. 68 cent.

Statue du roi Khéphrên, constructeur de la seconde pyramide. Le Pharaon est assis, les mains allongées sur les genoux : un épervier, debout sur le dossier du siège, enveloppe la tête de ses ailes, image du dieu Râ qui protège son fils Pharaon. On se demande comment les artistes égyptiens ont réussi à modeler avec tant de souplesse une matière aussi rebelle au ciseau que le diorite : tout le détail des genoux et de la poitrine est rendu avec une fidélité et une vigueur merveilleuses. Une grande expression de calme et de force est répandue sur l'ensemble. — IVe dynastie,

On a disposé aux quatre angles de la salle celles des statues de la IVe dynastie qui présentent le plus d'intérêt :

Angle nord-ouest de la Salle.

19. — Bois. — Haut. 1 m. 10 cent. — *Sakkarah*.

Cette statue, découverte par Mariette à Sakkarah, représente l'un des contemporains de Khéops. Il est debout, le bâton à la main. Les jambes manquent ; il a fallu lui en rajouter, auxquelles on a laissé la couleur du bois nouveau. Les yeux sont rapportés, comme c'est le cas pour beaucoup de statues égyptiennes. Ils sont formés d'un morceau de quartz blanc opaque, enchâssé de bronze pour simuler la paupière ; un morceau de cristal transparent sert de prunelle, et un petit éclat d'ébène poli, fixé sous le cristal, produit la paillette lumineuse de la vie. Par un hasard singulier, la statue de ce vieil Égyptien était le portrait exact d'un des cheikhs-el-beled, ou maires, du village de Sakkarah ; nos ouvriers arabes, toujours prompts à saisir les ressemblances, l'appelèrent aussitôt le Cheikh-el-Beled, et le nom lui en est resté. Le Khéphrèn et le Cheikh-el-Beled sont, peut-être, ce que l'art le plus ancien a légué de meilleur au Musée ; seul le scribe accroupi du Louvre mérite de leur être comparé.

D'après les renseignements fournis par le réis Roubi, qui assista à la découverte, la statue était debout dans l'enfoncement de la stèle en granit qui occupait la paroi ouest du tombeau, et celui-ci ne renfermait rien autre que la statue et la stèle. Le buste de femme que l'on dit d'ordinaire avoir été trouvé avec lui, et qui passe pour la femme du Cheikh-el-Beled (voir p. 27, n° 35), provient d'un autre tombeau.

Angle nord-est de la Salle.

41. — Albâtre. — Haut. 0 m. 80 cent. — *Mit-Rahineh.*

Statue du roi Khéphrên, constructeur de la seconde des grandes pyramides (voir les n°s 33, 41 et 64). — IV° dynastie.

40. — Haut. 0 m. 545 mill. — *Mit-Rahinéh.*

Statue du roi Mankaourî-Mycérinus ; successeur de Khéphrên et constructeur de la troisième des grandes pyramides. — IV° dynastie.

39. — Granit rose. — Haut. 0 m. 65 cent. — *Mit-Rahinéh.*

Statue du roi Ousirnirî. — IV° dynastie.

Angle sud-est de la Salle.

1310. — Calcaire. — Haut. 0 m. 51 cent. — *Sakkarah.*

Magnifique statue représentant un scribe dont le nom n'est malheureusement pas donné. Il est accroupi à l'orientale et il écrit sur un papyrus déroulé sur ses genoux. La teinte des chairs est rouge pâle; la *chenti* est peinte en blanc : on voit au menton une fausse barbe très courte. Les yeux sont incrustés ; l'albâtre et le cristal qui les composent sont enchâssés dans les cils en bronze ; derrière le cristallin un éclat d'ébène poli imite la pupille.

Par le modelé ferme et correct, par l'exécution du travail, par l'expression de la face, ce monument peut compter parmi les plus belles œuvres de la statuaire égyptienne. Il est pourtant inférieur à notre Cheikh-el-Beled, ainsi qu'au scribe accroupi du Louvre.

38. — Albâtre calcaire. — Haut. 0 m. 48 cent. — *Mit-Rahinéh.*

Statue du roi Mankahorou. — V^e dynastie.

37. — Albâtre. — Haut. 0 m. 635 mill. — *Mit-Rahinéh.*

Statue royale sans nom, trouvée en 1888 à Mit-Rahineh, avec les n°s 30, 40, 41, 42. Elle représente probablement Khéops, le fondateur de la grande pyramide. — IVe dynastie.

Angle sud-ouest de la Salle.

1311. — Calcaire. — Haut. 0 m. 61 cent. — *Sakkarah.*

Statue trouvée près de la statue n° 1310 (p. 21), à l'extérieur du mastaba, et représentant le même personnage. Il est assis, la main droite fermée, la gauche étalée sur les genoux. Une grosse perruque couvre la tête et cache les oreilles. Deux tiges de bronze qui font saillie soutenaient probablement des boucles d'oreilles. Les yeux sont incrustés ; ils ont gardé tout leur éclat. Cette statue est d'un travail presque aussi parfait que la statue n° 1310. Le corps est plus maigre, mais le sculpteur l'a modelé avec art, et il a su donner à la figure une expression souriante et pleine de charme.

Partie méridionale de la Salle.

Dans l'embrasure de la porte est qui ouvre sur le Portique des quatre piliers, est exposé un monument de grande valeur historique :

54. — Calcaire. — Haut. 0 m. 70 cent. — *Gizéh.*
Cette stèle mentionne les travaux de construction exécutés sous le roi Khéops, de la IVe dynastie, sur le plateau de Gizéh ; il y est question de la grande pyramide, d'une autre petite et du temple d'Isis, où la stèle a été retrouvée. Ce n'est pas l'original gravé sous Khéops, mais une copie exécutée après la restauration du temple, peut-être sous la XXIe ou sous la XXVe dynastie.

Les bas-reliefs groupés sur le panneau sud-est du mur sud, sont tirés de quelques tombeaux de Sakkarah. Ils représentent ces scènes de la vie journalière que l'on gravait sur les parois de la chapelle funéraire, pour aider le mort à retrouver dans l'existence d'outre-tombe tout ce dont il avait besoin pour ne manquer de rien (cfr. p. 16). Ils étaient animés par les prières qu'on récitait sur eux pendant la consécration du tombeau, et les opérations qui y sont retracées étaient censées s'accomplir effectivement chaque fois que le mort le souhaitait : il n'avait qu'à regarder les scènes de la récolte et du sacrifice pour que ces rêves devinssent une réalité et lui fournissent le blé et la viande nécessaires à son entretien.

94. — Calcaire. — Haut. 0 m. 50 cent., larg. 1 m. 40 cent. — *Sakkarah.*

Joute sur l'eau. Le bas-relief qu'on voit au-dessous représente une partie du sacrifice : au premier registre, le sacrifice des volatiles, au second le sacrifice du bœuf; le personnage qui les reçoit et dont on n'aperçoit plus que les pieds sur le côté gauche de la pierre, s'appelait Sanou. — V⁰ dynastie.

L'angle sud-est est occupé par une charmante statuette d'un certain Phtahshopsisou de Sakkarah (V⁰ dynastie), et l'on a disposé sur les parties avoisinantes du mur sud des groupes de stèles et de statues, pour la plupart de la V⁰ dynastie et découvertes à Sakkarah. Ce sont des œuvres moyennes, exécutées par de bons ouvriers, d'un style mou mais d'un aspect agréable. Devant le second panneau, on remarque un petit autel en calcaire au nom de Phtahkhouni (haut. 0 m. 60 cent., Sakkarah) : on allumait dans la partie creuse un feu de charbon sur lequel on versait les parfums solides et liquides. Adossée au pilier central est une belle stèle :

23. — Calcaire. — Haut. 2 m. 30 cent., larg. 0 m. 92 cent. — *Sakkarah.*

Stèle en relief, au nom de Rânikaou, mentionnant sa femme Ahît, prêtresse d'Hathor (voir p. 9, n° 28).

A la droite de la stèle, le même groupement de stèles et de statues recommence. L'on remarque plus particulièrement :

20. — Calcaire. — Haut. 1 m. 11 cent. — *Sakkarah*.

Le prêtre Ansakha est représenté nu et circoncis : ces deux circonstances font de sa statue un monument presque unique dans la haute antiquité égyptienne.

45. — Diorite. — Haut. 1 m. 08 cent. — *Gizéh*.

Statue décapitée représentant Khéphrén. Elle a été trouvée dans le puits du temple de granit, près du sphinx de Gizèh, ainsi que la statue n° 46 (voir p. 27).

Partie septentrionale de la Salle.

La porte qui conduit à la salle A est encadrée entre deux petites stèles de calcaire, découvertes à Gizèh dans le tombeau de Sitou (haut. 0 m. 70 cent., larg. 0 m. 68 cent.) ; elles représentent, comme l'une des grandes stèles qui sont exposées dans la galerie d'honneur (voir p. 10, n° 10) la façade d'un édifice avec sa porte au milieu, ici la porte de la maison du mort. Deux tables d'offrandes sont placées devant elle.

14. — Albâtre. — Long. 0 m. 32 cent., larg. 0 m. 56 cent. — *Sakkarah*.

Plaque rectangulaire au nom d'Assinofir Sanofrouinofir, prêtre de la pyramide. Le décor montre que c'est une table d'offrandes : on y voit en effet, au centre, le dessin schématique ⊥ de la table d'offrandes elle-même, avec un pain sacré et trois godets de formes différentes pour les liquides. — V^e dynastie.

15. — ALBÂTRE. — Diamètre 0 m. 49 cent. — *Sakkarah*.

Plaque circulaire, qui a servi de table d'offrandes comme le n° 14. On y voit, au centre, la table d'offrandes elle-même ⌴, entourée du bassin rectangulaire oblong et de dix godets de formes différentes pour les liquides. — V⁰ dynastie.

La partie du mur ouest, qui s'étend entre le pilier et l'angle nord-ouest, a reçu un ensemble de dalles trouvées dans des tombeaux et représentant des scènes de l'offrande. Au centre, un panneau archaïque, provenant d'un tombeau de Sakkarah aujourd'hui détruit : une figure de femme à moitié brisée est assise devant une table, et au-dessous s'étend en colonnes serrées la liste des étoffes et des provisions principales.

92. — CALCAIRE. — Haut. 1 m. 41 cent., larg. 0 m. 72 cent. — *Sakkarah*.

On apporte au défunt Ankhafîtka le produit des domaines qu'il a donnés à son tombeau, ainsi qu'une partie de son mobilier funéraire.

Les trois bas-reliefs superposés à la droite appartenaient à des scènes du même genre. L'un d'eux porte une scène tragi-comique :

93. — CALCAIRE. — Haut. 0 m. 70 cent., larg. 0 m. 70 cent — *Sakkarah*.

Un cynocéphale qu'on mène en laisse se retourne pour mordre à la jambe un homme qui probablement avait voulu le tracasser. Le conducteur du singe rit d'un air sarcastique : il tient en laisse une guenon de la même espèce, que son petit embrasse à bras le corps. — V^e dynastie.

35. — Bois. — Haut. 0 m. 60 cent. — *Sakkarah.*

Restes d'une fort belle statue de femme trouvée avec la statue de Cheikh-el-Beled (v. p. 21, n° 19) à Sakkarah. On pense qu'elle représente la femme de ce personnage, mais cette tradition est contredite par le témoignage du réis Roubi, que j'ai rapporté à propos de la statue n° 19.

26. — Calcaire. — Hauteur 2 m. 05 cent. — *Sakkarah.*

Stèle représentant une prêtresse d'Hathor et de Neït, appelée Noubhotpou, surnommée Babi, entourée de ses fils et de ses filles. Elle était la femme du prêtre Honminou, dont la stèle est décrite à la page 28, sous le n° 27. — V^e dynastie.

46. — Basalte vert. — Haut. 1 m. 07 cent. — *Gizèh.*

Belle statue décapitée représentant Khéphrèn; le cartouche du souverain se lit à droite et à gauche du siège (voir p. 25, n° 45). — IVe dynastie.

24. — Calcaire. — Haut. 2 m. 35 cent., larg. 1 m. 07 cent. — *Sakkarah.*

Stèle de Hosisi, directeur des greniers, du trésor et des appartements, ordonnateur de travaux, etc. Les hiéroglyphes, gravés en creux, sont aussi peints en bleu. Trouvée en 1887, au nord de la pyramide à degrés de Sakkarah. — V⁰ dynastie.

42. — Basalte vert. — Haut. 1 m. 20 cent. — *Gizèh.*

Autre statue assise de Khéphrên, trouvée par Mariette dans les puits du temple de granit, près du sphinx de Gizèh. Elle est d'un fort beau travail ; la portion de la face et du corps, qui manquait, a été refaite par Vassalli bey. — IV⁰ dynastie.

27. — Calcaire. — Haut. 2 m. 31 cent., larg. 1 m. 28 cent. — *Sakkarah.*

Stèle de Honminou, fils aîné de Tapoumânkhou (nᵒˢ 95 et 98) et mari de Noubhotpou, dont la stèle a été décrite à la page 27, n° 26. Il était prêtre de Mycérinus et d'Ousirkaf, premier roi de la V⁰ dynastie.

86. — Calcaire. — Haut. 1 m. 16 cent., larg. 1 m. 50 cent. — *Sakkarah.*

Bas-relief du tombeau d'Ankhafîtka. Il représente l'intermède de jeux et de danses qui accompagnait toujours le repas funéraire. Dans le haut, le mort était assis devant sa table et ses provisions. Au-dessous de lui, dans un premier registre, des joueurs de flûte et de harpe et des chanteurs représentent l'orchestre ; au second registre, cinq almées dansent, tandis que deux coryphées leur marquent la mesure en battant des mains. — V⁰ dynastie.

Comme complément des monuments contenus dans la salle B, on trouvera, à l'extrémité sud-ouest du portique qui longe l'atrium central, et dans l'angle formé par les deux murs qui limitent cet atrium et la salle, un tombeau complet datant de l'époque memphite :

109. — Calcaire. — Haut. 1 m. 65 cent., larg. 1 m. 50 cent., prof. 2 m. 95 cent. — *Sakkarah*.

Chambre funéraire du mastaba de Doshiri, rapportée par M. Maspero et reconstruite au Musée. On a placé, en guise de sol, la plupart des pierres qui fermaient le plafond, afin de laisser la lumière pénétrer d'en haut dans la chambre. Le cercueil en bois était placé sur le dallage. C'est un bon exemple de ce qu'étaient les mastabas à four de la VIe dynastie.

SALLE C.

Elle contient, sous son portique central et dans ses quatre réduits, une collection de statues et de stèles qui n'ont d'intérêt que pour l'archéologue. Elles rentrent toutes dans les catégories décrites plus haut des statues de *double* (p. 13-15) et des stèles funéraires (p. 4-5), et elles ne présentent aucune particularité digne de remarque : elles ne diffèrent l'une de l'autre que par les noms ou par des détails d'agencement et de costume. On y distingue pourtant deux monuments de premier ordre.

C'est d'abord, dans l'angle nord-est, un fragment presque informe de statue en calcaire grossier, ne conservant que le tronc, les jambes et les marques caractéristiques du dieu Mînou. Il a été découvert dans les ruines de Coptos par

M. Petrie, et il nous a conservé l'image du dieu de cette ville, taillée à l'époque thinite, sous la Ire ou sous la IIe dynastie. C'est donc l'une des statues les plus anciennes, sinon la plus ancienne, du Musée.

Centre de la Salle.

1312. — Calcaire. — Haut. 1 m. 20 cent. — *Abousir.*

Cette colonne se trouvait dans une chambre du mastaba de Phtahshopsisou, à Abousir, et elle nous donne un des plus vieux spécimens connus de la colonne lotiforme. Les six tiges de papyrus qui forment le fût, et les boutons placés entre les fleurs à demi épanouies du chapiteau, constituent un ensemble très gracieux, que ne réalisent pas aussi bien les colonnes conçues dans le même esprit sous le nouvel empire, et dont on rencontre de nombreux exemples dans les temples de la Haute-Égypte. — V^e dynastie.

SALLE D.

Comme celles de la salle C, la plupart des pièces que la salle D renferme n'ont d'intérêt que pour l'archéologue; quelques-unes seulement méritent d'attirer l'attention du visiteur.

Mur ouest de la Salle.

Le fragment de grande stèle, debout dans l'embrasure de la fenêtre, provient de Sakkarah, et il est remarquable par la beauté des hiéroglyphes et des figures qui le couvrent. La table d'offrandes en albâtre (n° 31, long. 1 m. 28 cent., larg. 1 m. 16 cent.) provient également de Sakkarah, et présente un caractère complexe. Au centre, la table proprement dite ⚊ est figurée avec le vase ordinaire, et devant elle le disque plat dont nous avons vu des exemples (n° 15, p. 26) : les deux figures 𓉘 qui flanquent le disque paraissent avoir marqué la place de quelque objet nécessaire à la cérémonie, celle peut-être des bassins oblongs destinés à recevoir la libation.

Les deux blocs de granit dressés à droite et à gauche de la fenêtre comptent parmi les plus anciens de nos monuments. Ils ont été découverts par Quibell, en 1897, à Kom-el-Ahmar, l'Hiéracônpolis des Grecs située vis-à-vis d'El-Kab; ils portent des inscriptions d'un roi de la IIIe dynastie, dont le tombeau a été retrouvé par M. Amélineau à Omm-el-Gâab, et dont nous ne connaissons encore que le nom de *double* Khâsakhmoui. Le protocole de ce prince est très lisible sur la tranche du plus gros des deux blocs, celui qui est à gauche de la fenêtre. Il y avait autrefois sur le plat une grande scène sculptée en relief, accompagnée de légendes, mais elle a été martelée avec soin, au temps où le bloc fut remployé, et l'on ne distingue plus que la silhouette parfois indistincte des hiéroglyphes et des personnages. A l'extrême gauche, le roi était représenté debout, marchant, le bâton de commandement à la main, la face tournée vers une déesse également debout ; des légendes royales et des personnages de moindre taille tenant des emblèmes complètaient la scène.

Sur le mur est, au nord de la porte qui mène à la salle C, est exposé tout ce qui reste d'une des fausses portes du mastaba d'Ainofir, à Dahchour. Ce qui manque a été en partie détruit, en partie enlevé par les Bédouins pour fournir quelques débris à des musées européens : à la suite d'une tentative nouvelle, on se décida à prendre ce que les voleurs avaient laissé, et on le transporta à Gizèh en 1901. La sculpture est dans le fort relief des premiers temps de la IV⁰ dynastie, et le dessin des personnages ou des hiéroglyphes est d'une largeur et d'une élégance rares : on verra un peu plus loin, dans la salle E, les fragments d'une autre stèle originaire du même tombeau.

SALLE E.

Suite des statues et des stèles funéraires. La plupart d'entre elles appartiennent à la fin de la V⁰ et à la VI⁰ dynastie. On notera, dans l'embrasure de la fenêtre, les restes d'une grande stèle en forme de fausse porte qui provient du tombeau d'Ainofir à Dahchour, comme celle qui a été décrite dans la salle D. Le travail en est aussi large et aussi beau. Sur les ressauts de la fausse porte sont figurés les domaines du mort, défilant deux à deux, puis les cérémonies du sacrifice journalier qui fournissait à la subsistance du mort. — IV⁰ dynastie.

95. — Bois. — Haut. 1 m. 66 cent. — *Sakkarah.*

Belle statue de Tapoumankhou, dont la stèle a été décrite plus haut (voir p. 9-10, n° 98). C'est un morceau de sculpture assez recommandable. — V⁰ dynastie.

49. — Calcaire. — Haut. 1 m. 15 cent., larg. 2 m. 45 cent. — *Abydos.*

Un des plus précieux monuments du Musée. Histoire d'Ouni, d'abord page de Téti, premier roi de la VI⁰ dynastie ; puis ministre des rois suivants, Pâpi Ier et Merenrî Métésouphis Ier, conquérant de la Nubie, et vice-roi des pays situés entre Éléphantine et Memphis. — VIe dynastie.

SALLE F.

Nous avons dressé, contre le pilier sud de la porte est qui mène de cette salle au long portique de l'atrium central, une fort belle colonne en granit rose découverte en 1902, par M. Borchardt, dans les ruines de la chapelle funéraire attenante à la pyramide du Pharaon Oursirnirî, de la Ve dynastie. Elle est du type lotiforme, avec un fût cannelé consistant en tiges, et un chapiteau de la forme dite en bouton de lotus. Elle n'a pas la grâce et l'élégance des deux colonnes d'Ounas qu'on a rencontrées dans la salle B (voir p. 19), mais, malgré son aspect ramassé et trapu, elle nous donne bonne idée de ce qu'était l'art de l'architecte sous l'empire memphite.

Le centre de la salle est occupé par deux des œuvres les plus vivantes de la sculpture égyptienne :

6. — Calcaire. — Haut. 1 m. 20 cent. — *Meidoum.*

Les deux statues peintes du prince Râhotpou et de sa femme la princesse Nofrît ont été découvertes par Mariette dans un des mastabas voisins de la pyramide de Meidoum, et on les fait remonter jusqu'aux derniers temps de la IIIe dynastie. Celle de l'homme est fort belle, mais elle ne se distingue que par la perfection du travail des autres statues d'homme de cette époque. Celle de la femme est traitée avec une grande liberté de ciseau et présente des dispositions entièrement originales. La façon dont la perruque est posée sur la chevelure réelle et maintenue au moyen d'un bandeau ne s'est encore rencontrée que là, et nulle part ailleurs en Égypte on n'a fait sentir plus délicatement le modelé de la gorge et du corps sous le manteau d'étoffe légère qui serre le corps.

On a réparti dans les quatre angles de la Salle de fort belles statues de la VIe et de la Ve dynasties.

17 et 18. — Haut. 1 m. 95 cent. et 1 m. 73 cent. — *Sakkarah.*

Les deux statues de Rânofir, prêtre de Phtah Memphite sont deux *statues de double* (voir p. 13-15) destinées à servir de corps au mort. L'une (n° 17) le représente la tête rase, en son rôle de prêtre; dans l'autre (n° 18), il a la perruque et le costume civil ordinaire. — V^e dynastie.

77. — Caloaire. — Haut. 2 mètres. — *Sakkarah.*

Statue de Ti, trouvée dans le tombeau de Sakkarah que les étrangers visitent le plus souvent. — V^e dynastie.

La superbe statue, en cuivre ou en bronze, qui occupe le dernier angle, a été découverte en 1897, par M. Quibell, dans les ruines de l'ancienne cité de Hiérâconpolis, aujourd'hui Kom-el-Ahmar, en face d'El-Kab. Elle était en morceaux informes, qui furent nettoyés, assemblés et remontés sur une âme de bois par M. Barsanti ; les restes de l'inscription gravée sur le socle, lequel n'a pu être reconstitué, montrent qu'elle représente un des Pharaons les plus célèbres de l'empire memphite, Papi Ier de la VIe dynastie.

Le buste, les bras et les jambes consistent en plaques de cuivre travaillées au marteau, puis rivées et battues sur les joints, sans que l'on aperçoive trace de soudure : le masque, les mains et les pieds ont été fondus. C'est donc une œuvre mixte, moitié de fondeur, moitié de chaudronnier. Le jupon était soit en or, soit en électrum, et l'on aperçoit encore, au bas du buste et au sommet des cuisses, les rivets qui l'unissaient au corps : la coiffure était probablement en incrustations de lapis-lazuli ou de verre bleu, comme celles des statues dont il est parlé au *Conte de Sinouhît*.

La petite statue placée à côté de la grande a été trouvée avec elle et, ce semble, dans le buste. Elle représente le même personnage. Les deux portions du buste et des jambes ont été rapprochées indûment lors de la restauration : elles étaient jadis séparées par le jupon en or ou en électrum.

Ce sont deux œuvres admirables par le style et par la technique. Le modelé en est excellent, et l'émail rapporté des yeux prête au visage une expression de vie intense. Papi vivait vers 3500 av. J.-C., plus ou moins, et rien n'est plus propre que ces deux statues en cuivre à montrer le degré de perfection qu'avaient atteint les arts et l'industrie de l'Égypte à cette époque reculée.

Les autres monuments exposés dans la salle F rentrent dans l'une ou l'autre des catégories déjà décrites, et ne sont pas d'une beauté d'exécution suffisante pour excuser l'immobilité de la pose ou la médiocrité de la sculpture. On notera pourtant sur les murs de l'est et de l'ouest quelques fragments de sculpture provenant des tombeaux de Sakkarah :

91. — Calcaire. — Haut. 1 m. 30 cent.

Ce sont des scènes de la vie courante qui fournissaient aux besoins du mort (v. p. 16-17). Des serviteurs fabriquent le pain pour lui et mettent en cruche des liquides. Plus haut, d'autres prennent des taureaux au lasso. Plus bas, d'autres encore traient des vaches, préparent pour la cuisine des poissons et des oiseaux, font cuire les oiseaux sur de petits fourneaux. On aperçoit auprès d'eux deux chiens, l'un assis, l'autre couché. — V^e dynastie.

84. — Calcaire. — Haut. 1 m. 43 cent., larg. 0 m. 42 cent. — *Sakkarah*.

Fragment de bas-relief représentant une joute sur l'eau : un des matelots est tombé à l'eau, et il essaie de se rattrapper à l'une des barques. — V^e dynastie.

On notera également les fragments de bas-reliefs appliqués à la paroi ouest, entre l'angle sud-ouest et le pilier qui encadre la porte de la salle E. Ils viennent des fouilles entreprises par l'Académie de Berlin, sur l'initiative de M. de Bissing parmi les ruines du temple de divinisation que le roi Ousirnirî de la Ve dynastie s'était érigé de son vivant dans la plaine sablonneuse d'Abou-Ghorab, en avant de sa pyramide. Ils sont si mutilés que le sens en serait obscur, si l'on ne connaissait point par ailleurs les scènes qu'ils représentent. On y voit des restes de processions et d'offrandes, des danses, des courses, et sur le principal, le roi ou sa statue, vêtu comme nous le montre la statue de Montouhotpou (voir p. 42, n° 1600), au moment décisif des opérations qui l'identifient à l'Osiris vivant, roi de l'Égypte et des hommes, par un procédé analogue à celui qui plus tard, lorsqu'il sera mort, le transformera en un Osiris mort, roi de l'Éternité.

Enfin, deux des grandes stèles méritent une mention spéciale. L'une, qui est adossée à la paroi nord, entre l'angle nord-est et le pilier nord, comprend en réalité deux stèles en forme de fausse porte, réunies par une dalle plate qui contient le menu ordinaire du mort. C'était la face ouest de la chapelle du tombeau d'un riche Égyptien nommé Ati, qui était prophète de la pyramide d'Ousirkaf, et qui vivait dans la première moitié de la Ve dynastie. Ces deux portes, qui ouvraient au mort l'accès du monde extérieur, et dont l'une lui servait à entrer dans son tombeau, l'autre à en sortir, marquaient le point important de la chapelle, le point vers lequel toute la décoration convergeait. C'était là que venaient aboutir en offrandes le produit entier des scènes de culture et d'industrie représentées sur les parois, les bœufs, les volailles, le pain, le blé, les légumes, les étoffes, les meubles : on les plaçait sur la table ⌐ qui était au pied de l'une d'elles ou des deux, et le tout passait dans l'autre monde. Les deux petits panneaux de serviteurs rangés à droite et à gauche marquent l'endroit où les scènes tracées dans les registres des parois précédentes se raccordaient à la paroi de la stèle.

La seconde stèle, qui fait pendant à celle-ci contre la paroi sud, a été prise à Sakkarah dans le même temps. Elle appartenait à un Rânikaou, dont nous possédons d'autres monuments (voir p. 24, n° 23), et qui était prophète non seulement d'Ousirkaf, mais d'un Pharaon peu connu parmi les successeurs d'Ousirkaf, Neferrî. — V^e dynastie.

(SALLES G-L.)

PREMIER EMPIRE THÉBAIN

SALLE G.

Au milieu de la salle G, la place d'honneur a été réservée à un sphinx en calcaire fort mutilé, mais d'une importance considérable pour l'histoire des temps troublés qui séparent le premier empire thébain du second.

139. — Calcaire. — Haut. 2 m. 33 cent., long. 0 m. 78 cent. — *El-Kab.*

Fragments d'un sphinx découvert en 1891, par M. Grébaut, dans les ruines d'El-Kab, auprès d'objets de la XIIe et de la XIIIe dynasties. Il présente, comme les autres monuments de même style, les traits biens accentués des populations voisines du lac Menzaléh. Si l'on doit hésiter à y reconnaître les produits de l'art des Pasteurs, il faut toujours les considérer comme les produits très originaux d'une école de sculpture tanite, qui aurait été florissante sous le moyen empire. Cette école, voisine de la frontière syrienne, pouvait d'ailleurs subir l'influence des Asiatiques, dont les peintures de Beni-Hassan attestent les relations pacifiques avec l'Égypte, antérieurement à l'invasion des Pasteurs. — Époque des Pasteurs?

Dans l'angle nord-ouest du portique central, une statue sans tête, en granit noir, est placée, qui représente un personnage agenouillé. L'inscription, tracée sur le devant de la jupe, nous apprend que le monument représente un vieux prince de Thèbes, Antoufâa, et qu'il a été élevé par le Pharaon Ousirtasen Ier en l'honneur de cet ancêtre éloigné de sa race.

En face de la statue, dans l'angle sud-ouest du même portique, se dresse une encoignure de muraille découverte à Coptos par M. Petrie en 1896. Sur la face droite, un roi de la XIe dynastie, Antouf Noubkhoppirrî, avait fait graver la copie du décret par lequel, en l'an IV de son règne, il déposait un certain Téti, fils de Minhotpou, et prononçait des malédictions contre quiconque le rétablirait en fonctions, lui ou un de ses descendants. Plusieurs générations plus tard, ce bloc fut remployé, et des tableaux furent gravés sur la face nord, au nom d'Ousirtasen Ier.

Les stèles qui garnissent les murs comprennent d'abord quelques stèles d'Abydos, qui marquent une époque de transition entre l'art de l'empire memphite et celui du premier empire thébain, d'autres stèles d'Akhmîm, de Rizagat (au sud d'Erment) et de Mécheikh (près de Girgéh), d'un style tout à fait barbare, puis des stèles de la XIIe et de la XIIIe dynasties, la plupart originaires d'Abydos, et dont beaucoup présentent un intérêt réel pour l'égyptologue de profession, sans mériter d'attirer l'attention du visiteur ordinaire.

SALLE H.

La salle H a reçu quelques-unes des plus curieuses parmi les œuvres que le premier empire thébain nous a laissées. Et d'abord on a mis en vedette, au centre de la salle, dans l'embrasure de la fenêtre et contre les quatre piliers :

Centre de la Salle.

1341. — Bois. — Haut. 1 m. 45 cent. — *Dahchour.*

Le roi Horus Aoutouabrî Iᵉʳ est représenté debout et en marche. Les yeux sont incrustés, le corps est nu complètement, ce qui le caractérise comme reproduisant le *double* du roi, et de fait, il avait sur la tête le signe ⊔ qui sert à écrire le nom de *double*. Le travail est un peu mou, mais d'une finesse remarquable. La statue était enfermée dans le naos en bois qui figure sous le n° 1342. — XIIIᵉ dynastie.

Embrasure de la fenêtre.

128. — Granit rose. — Haut. 1 m. 50 cent. — *Abydos.*

Le roi Sovkoumsaouf est debout, marchant ; sur la pierre qui unit ses deux jambes est représenté son fils, qui porte le même nom que lui. La figure du Pharaon est mutilée ; cet accident est d'autant plus à regretter que le morceau est d'une très belle facture et donne la meilleure idée de ce qu'était l'art égyptien un peu avant l'invasion des Pasteurs. — XIIIᵉ dynastie.

Aux pieds de la statue de Sovkoumsaouf est placée :

130. — Albâtre. — Longueur 0 m. 67 cent. — *Hawara.*

Table d'offrandes de la princesse Nofriouphtah, trouvée par M. Petrie en 1888, dans la pyramide d'Amenemhaît III. Les objets destinés à être offerts au mort sont gravés en relief sur le plat de la table, et leur nom hiéroglyphique est inscrit à côté ou à l'intérieur de chacun d'eux : c'est une particularité unique jusqu'à présent, et qui a permis d'identifier avec certitude plusieurs mots dont le sens nous était inconnu auparavant. — XIIe dynastie.

Pilier sud-ouest.

1375. — Granit rose rayé et tacheté de noir. — Haut. 1 m. 52 cent. — *Licht.*

Statue représentant l'intendant du palais, Nakhîti, fils de Satankheï, assis sur une chaise sans ornements. — XIIe dynastie.

Pilier sud-est.

1370. — Calcaire. — Hauteur 1 m. 75 cent — *Hawara* (Fayoum).

Statue représentant le roi Amenemhaît III, de la XIIe dynastie. Sur les côtés du siège, le Nord et le Midi lient autour du signe ⊺ les plantes symboliques des deux parties de l'Égypte. La tête du roi est fort intéressante : avec ses pommettes saillantes, elle rappelle le type des monuments attribués primitivement aux Hyksos (voir n°s 133, 134, 135, 137), et elle viendrait à l'appui de la théorie que ces statues, bien qu'appartenant à un art particulier, remontent à la XIIe dynastie (v. p. 38, n° 139). — XIIe dynastie.

122. — Granit noir. — Haut. 1 m. 20 cent. — *Tanis.*

Statue assise de la reine Nofrit, femme du roi Ousirtasen Ier, découverte par Mariette en 1863. Le buste de la

— 42 —

même princesse qu'on voit à côté a la même origine. On y peut déjà remarquer quelques-uns des caractères de l'école tanite (voir n°s 133-139). Un autre fragment d'une statue de la même reine, de même provenance, est exposé contre le mur est de la salle. — XIIe dynastie.

Pilier nord-est.

1600. — Grès peint. — Haut. 1 m. 75 cent. — *Déïr el-Bahari.*

Statue découverte à Thèbes, en décembre 1900, par M. Carter, dans l'hypogée dénommé Bab-el-Hoçân, qui paraît avoir appartenu à Montouhotpou Ier de la XIe dynastie. C'est le portrait de ce roi, mais habillé en Osiris de la Basse-Égypte, et c'est pourquoi les chairs sont peintes en noir, le vêtement en blanc, la couronne caractéristique en rouge. Le manteau court dans lequel le buste et les bras sont serrés, est celui que les Pharaons revêtaient lors des fêtes *de fondation*, au cours desquelles ils étaient déifiés et identifiés avec Osiris : c'est probablement l'une des statues qui servaient dans la fête célébrée à cette occasion en l'honneur de Montouhotpou, et qui fut ensuite déposée dans le tombeau en qualité de *statue de double*. Elle était enveloppée d'une couche épaisse de linges très fins, comme s'il se fût agi d'une momie, et couchée sur le flanc : bien qu'on eût soutenu le bonnet avec des pierres, ce support s'était trouvé insuffisant à la longue, et la tête s'était séparée du tronc par son propre poids. La cassure s'est produite à la bouche ; les quelques éclats qui s'étaient détachés ont été recueillis et remis en place.

C'est une œuvre rude et forte, qui porte les marques caractéristiques des écoles de sculpture de la Haute-Égypte à cette époque. — XIe dynastie.

SALLE 1.

Le milieu de cette salle est occupé par l'ensemble que forment le tombeau de Harhotpou et les statues du roi Ousirtasen Ier, ces dernières découvertes à Licht par MM. Gautier et Jéquier.

114. — CALCAIRE. — Profondeur de la chambre 3 m. 20 cent., larg. 2 m. 66 cent., haut. 2 m. 50 cent., long. du sarcophage 2 m. 50 cent.

Tombeau de Harhotpou, fils de la dame Sonitshe, découvert en février 1883, à mi-côte de la montagne qui borne au nord la vallée de Deir-el-Bahari, presque au débouché de la route qui conduit de la plaine aux tombeaux des rois. La chapelle extérieure, s'il y en eut jamais une, a été complètement détruite. Un couloir raide, grossièrement taillé dans le roc, menait, par une pente d'environ trente mètres, à une sorte de vestibule d'où il ressortait sur la droite, pour aller tomber dans la chambre où s'élevait l'édicule aujourd'hui conservé au Musée. Le corps de la montagne est formé en cet endroit d'une sorte de roche brune, très friable, dans laquelle sont infiltrés par milliers des filons de calcaire blanc ; je ne saurais mieux la comparer qu'à une pâte feuilletée, tant certains des filons sont minces. Comme cette matière ne se prêtait nullement à la taille et à la décoration, l'architecte, après y avoir creusé une cavité de dimensions convenables, y construisit, en blocs de calcaire blanc bien parés, le sarcophage et l'édicule que nous voyons. Ces blocs enlevés un à un et dûment empaquetés, ont été transportés par eau de Thèbes à Boulak puis remontés dans l'ordre même où ils étaient à l'origine.

Il nous est facile de nous représenter la façon dont s'y sont pris les ouvriers pour l'édifier. Le mur du fond et les deux murs de droite et de gauche furent élevés et décorés tout d'abord, puis les blocs introduits et ornés au moyen desquels on bâtit le sarcophage. C'est en effet une des particularités du moyen empire de substituer fréquemment aux grands sarcophages monolithes, des sarcophages formés de blocs réunis par un peu de ciment ou par des queues d'aronde. Le sarcophage une fois en place, on a bâti le mur de face, en n'y réservant comme porte qu'une sorte de baie, juste assez large pour laisser passer la momie. La chambre fut ouverte et pillée pendant la première moitié du xixe siècle, car M. Wilbour a reconnu dans la collection Abbott, à New-York, un bloc qui porte le nom du propriétaire et qui provient soit du sarcophage, soit d'une des parois. Le cercueil de bois fut rompu en petits morceaux, tous les menus objets furent brisés ou détruits ; j'ai retrouvé dans les décombres un bras de statuette en bois d'un travail admirable, les rames et une partie de l'équipage d'une barque également en bois, et d'autres débris, qui prouvent l'existence d'un mobilier funéraire. Les voleurs défoncèrent les deux bouts du sarcophage, cassèrent à coups de pic deux pierres du mur de droite et une pierre du mur de gauche. Les fragments furent laissés à terre à l'exception du morceau qu'a signalé M. Wilbour. Ils m'ont servi à reconstituer presque entièrement la muraille : les parties manquantes ont été refaites en plâtre et teintées dans le ton des parties originales, à Boulak, par MM. Vassalli bey et Emile Brugsch bey, conservateurs du Musée, au Caire par MM. Fanghænel et Oropesa.

Les visiteurs qui ont déjà vu le tombeau de Ti à Sakkarah, ceux même qui ont examiné seulement les bas-reliefs exposés dans nos salles de l'ancien empire, reconnaîtront sur-le-champ quelles différences profondes il y a entre le style des hypogées de l'époque memphite et celui du tombeau que nous examinons. Au lieu d'être sculptées et peintes, les parois sont peintes seulement; au lieu de scènes variées, entremêlées de rares hiéroglyphes, on ne voit qu'une maigre série d'objets d'offrandes, accompagnés d'interminables inscriptions. Le sarcophage ne présente plus une masse presque nue ou décorée de dessins mais il contient autant de textes que les murailles; il est même garni d'une corniche multicolore que je n'ai pas retrouvée ailleurs. Ces différences, souvent observées sur d'autres tombeaux, avaient fait croire à Mariette qu'il y avait eu, entre la VIe et la XIe dynastie, rupture des traditions artistiques, et que les monuments thébains étaient le produit d'un art local, indépendant, à l'origine, de l'art memphite des anciennes dynasties. Cette théorie n'a pas été justifiée par les faits. J'ai ouvert (1882-1883) dans la plaine de Sakkarah, autour du Mastaba-el-Faraoun, des mastabas en briques, dont la chambre sépulcrale est décorée de la même manière que la chambre de Harhotpou, mais avec une moindre profusion de légendes. Ils portent les cartouches de Nofirkerî Papi II et ils appartiennent, par conséquent, aux derniers temps de la VIe dynastie. Si peu nombreux qu'ils soient encore, ils n'en suffisent pas moins à prouver que cet art soi-disant thébain du moyen empire avait son prototype dans l'art memphite de l'ancien.

Chacune des parois a l'un des côtés occupé par un panneau de dessins géométriques, dont l'ensemble représente une porte. Les détails en sont curieux à étudier pour des architectes, car ils nous rendent assez exactement l'aspect qu'avaient les portes décorées dans les maisons particulières. La décoration de chacune des parois est fort simple. Sur la face de la porte, au-dessus de la baie, des armes sont peintes, arcs, flèches, casse-têtes, etc. ; c'est l'arsenal du mort, auquel donnent accès les deux panneaux en figure de porte placés à droite et à gauche de la porte réelle. La paroi de droite est à la fois un magasin d'étoffes, de bijoux et d'armes, où sont entassés des coupons de linge blanc, des colliers, des miroirs en or et en argent, des sachets de parfums et de poudre noire et verte pour les yeux, des bracelets en verroterie, des sandales, des arcs, des casse-têtes, des boucliers, etc. La paroi du fond est la salle à manger : elle ne porte aucune figure, mais l'espèce de tableau quadrillé qui en recouvre la partie supérieure nous donne la liste des denrées nécessaires à la table du mort, vins, bières, liqueurs, viandes de boucherie, gibier, volailles, légumes, laitages, gâteaux de toute espèce. La paroi de gauche est comme une officine de parfumeur ; on y voit, dans de grands vases peints de manière à imiter le jaspe, le granit, la poterie fine, les sept essences et les deux fards noir et vert dont le mort avait besoin pour se parfumer dans l'autre monde et pour assurer à ses membres une jeunesse éternelle. C'est en résumé, sous une forme nouvelle, l'expression des mêmes idées qui avaient présidé à la décoration des mastabas de l'ancien empire. Les prières sont en partie des extraits du *Livre des Morts*, en partie des chapitres de ce *Rituel des funérailles* dont les pyramides d'Ounas, de Téti, des deux Papi, de Métésouphis, nous ont livré la plus ancienne édition, et quelques papyrus de l'époque romaine, l'édition la plus récente. Les vertus magiques dont ils sont doués transforment en offrandes réelles les simulacres d'offrandes peints sur la muraille.

Le sarcophage est un résumé de la tombe entière, où

plutôt une seconde tombe enfermée dans la première. Il n'avait point de couvercle, selon un usage assez fréquent pendant la durée du moyen empire, et la momie n'y avait d'autre défense que ses bandelettes et son cercueil de bois. Celui-ci a disparu, sauf un éclat encore couvert d'une écriture hiératique aussi fine d'aspect que l'écriture de la XXVI° dynastie; quant au cadavre, je n'en ai trouvé nulle trace. Les parois intérieures du sarcophage sont décorées de portes d'offrandes comme la porte elle-même ; elles ont été brisées en partie par les voleurs et rajustées pour le mieux d'après les peintures analogues du sarcophage de Dagi (voir p. 7, n° 140). Les textes de l'intérieur sont tracés d'une écriture beaucoup plus fine que celle des parois : ce sont encore des chapitres du *Livre des Morts* ou du *Rituel des funérailles*, le *Chapitre d'amener la barque* afin que le mort passe à l'orient du ciel, le *Chapitre de se rappeler les charmes magiques* nécessaires dans l'autre monde, le *Chapitre de ne pas manger d'excréments*, et, comme corollaire, celui de manger du pain d'offrande.

Tel est cet hypogée curieux, le mieux conservé peut-être des tombeaux du moyen empire thébain que l'on connaisse aujourd'hui. Neuf statues d'Ousirtasen Ier sont rangées à l'extérieur le long des parois :

1365. — Calcaire. — Haut. 1 m. 90 cent., larg. 0 m. 53 cent. — *Licht.*

Ces dix belles statues assises ont été découvertes par M. Gautier, en décembre 1894, dans une cachette voisine de la chapelle funéraire de la pyramide sud de Licht ; l'une d'elles qui était brisée a été rajustée. Elles représentent toutes le roi Ousirtasen Ier, le constructeur de la pyramide. Sur les côtés des trônes, de beaux bas-reliefs nous montrent tantôt le Nil du sud et le Nil du nord, tantôt Horus et Set, personnifications de l'Égypte du sud et de celle du nord, unissant les deux régions sous le sceptre d'Ousirtasen Ier. Cette union est exprimée plus fortement encore dans un des bas-reliefs où Horus et Set sont l'un et l'autre coiffés du pschent, double diadème indiquant la domination sur les deux régions. Les neuf arcs sous les pieds du roi symbolisent les nations barbares qu'il a écrasées. — XIIe dynastie.

Les six figures osiriennes rangées le long des piliers, trois au nord, trois au sud, proviennent de la même fouille. Elles décoraient probablement les deux parois d'un des couloirs de la chapelle funéraire, de la même manière que les figures osiriennes du tombeau de Siranpouît, à Assouan, mais elles avaient été arrachées de leur position première dès l'antiquité, et leurs pieds n'ont pas été retrouvés. Elles représentent, comme les précédentes, le Pharaon Ousirtasen Ier. — XIIe dynastie.

Les quatre boîtes rectangulaires. deux en granit, deux en grès siliceux, blanc ou peint à imitation de granit, sont des boîtes à canopes découvertes par M. de Morgan au cours de ses fouilles de Dahchour. La plus curieuse est dans l'angle sud-ouest, sous le n° 1345, et porte le nom de Khnoumhotpou, intendant du palais d'Ousirtasen Ier.

Quelques stèles d'un travail plus soigné ou d'une valeur historique plus considérable sont réparties le long des parois ou sur les faces des piliers.

Côté sud de la Salle.

110. — Calcaire. — Haut. 0 m. 82 cent., long. 0 m. 57 cent. — *Gournah.*

Stèle funéraire au nom de Khouou, fils d'Antouf et petit-fils d'Antouf, découverte par M. Grébaut, en 1887. La gravure en est en creux avec relief dans le creux. Le travail est analogue à celui de la stèle n° 111, mais il dénote une main mieux exercée ; avant de dessiner les figures de Khouou et de sa femme Doui, l'artiste a tracé des carreaux à l'encre pour régler les proportions. L'inscription réclame des offrandes funéraires pour le mort, car il a pratiqué la charité et il s'est fort bien acquitté de toutes les missions que son maître (le roi) lui a confiées. — XIe dynastie.

111. — Calcaire. — Haut. 1 m. 04 cent. — *Drah abou'l-Neggah.*

Stèle du prince Antefà, trouvée à Drah Abou'l-Neggah. Elle représente une façade du tombeau, et la porte d'entrée est figurée au bas. A l'intérieur Antefà, assis sous un dais, reçoit les offrandes de ses serviteurs. Il était gouverneur de la Thébaïde et tout paraît indiquer qu'il fut le chef de la famille royale des Antouf, le premier de ceux qui sont mentionnés sur la *Table des Ancêtres* de Karnak. — X^e dynastie.

112. — Calcaire compact. — Haut. 0 m. 95 cent., larg. 1 m. 47 cent. — *Drah abou'l Neggah.*

Cette stèle fut découverte par Mariette en 1860, à Drah Abou'l-Neggah, dans la petite pyramide en briques située à la lisière des terres cultivées ; brisée par un fellah qui en mit les morceaux dans la maçonnerie d'une sakièh, les fragments furent recueillis en 1882 et apportés au Musée de Boulaq. La partie supérieure manquait déjà au moment de la découverte. L'inscription est datée de l'an 50 du roi Antouf IV, de la XIe dynastie. Le roi est représenté entouré de ses chiens portant des noms berbères. L'un d'eux est nommé au papyrus Abbott, qui nous a conservé le procès-verbal d'une commission chargée, sous le règne de Ramsès IX, de visiter les tombes royales qui avaient été exploitées par une bande de voleurs.

En 1887, un nouveau fragment fut retrouvé par Grébaut entre les mains d'un particulier; un peu plus tard, M. Daressy réussit à recueillir dans les décombres un certain nombre des fragments qui complètent à peu près la partie inférieure de la stèle, et même un fragment du visage du roi appartenant à la partie supérieure. Tout espoir de reconstituer le précieux monument d'Antouf IV n'est donc pas perdu.

119. — Granit noir. — Long. 0 m. 82 cent., larg. 0 m. 59 cent. — *Khatanéh*.

Très belle table d'offrandes, au nom du roi Amenemhaît II, découverte en 1885. — XIIe dynastie.

Coté nord de la Salle

118. — Larg. 0 m. 83 cent., long. 0 m. 73 cent. — *Gébéléin*.

Bas-relief représentant le roi Mantouhotpou massacrant les prisonniers qu'il a faits sur les Sati, les Khonatiou et les

Tahonou. Trouvé en 1891, dans les fondations d'une maison ptolémaïque. — XIe dynastie.

118. — Calcaire. — Hauteur 1 mètre, longueur 0 m. 70 cent.

Le roi Mankhâourî Nâhît est en adoration devant le dieu Mînou de Coptos. C'est un monument presque unique de la XIVe dynastie.

Côté ouest de la Salle.

121. — Calcaire. — Haut. 1 m. 05 cent., larg. 0 m. 88 cent. — *Akhmîm.*

Cette stèle funéraire cintrée a été trouvée à Akhmîm en 1887, par M. Grébaut. Elle appartenait à un personnage de la XIIe dynastie qui a repris le nom d'Antouf si fréquent sous la XIe. L'inscription principale est gravée en creux. La partie inférieure de la stèle est couverte par de nombreuses offrandes en relief, d'une gravure légère et fine. La légende de quelques-uns des enfants est en relief. — XIIe dynastie.

1343. — Calcaire. — Haut. 1 m. 85 cent., larg. 1 m. 20 cent. — *Dahchour.*

Stèle à corniche et à table d'offrandes, au nom de l'intendant du palais de Khâkhopîrrî, Apaîti. — XIIe dynastie.

SALLE J.

La salle J contient la suite des monuments du premier empire thébain. Et d'abord, dans l'embrasure de la fenêtre :

125. — Granit gris. — Haut. 1 m. 45 cent. — *Alexandrie.*

Buste d'une statue colossale d'un roi du moyen empire, usurpée par Ménephtah, roi de la XIXᵉ dynastie, le Pharaon de l'Exode, selon une des traditions alexandrines. — XIIIᵉ dynastie?

143. — Albâtre. — Long. 0 m. 79 cent., larg. 0 m. 60 cent. — *Illahoun.*

Belle table d'offrandes aux cartouches d'Ousirtasen II. Elle provient des fouilles faites par Petrie pour le compte de l'*Egypt Exploration Fund*. — XIIᵉ dynastie.

A droite et à gauche de ce beau buste, on a disposé les pièces dont se compose la table d'offrandes décrite ci-dessous :

123. — Grès. — Haut. 0 m. 46 cent., long. 2 m. 68 cent., larg. 1 m. 06 cent. — *Karnak.*

Ces deux blocs, considérés jusqu'ici comme formant deux tables distinctes, sont les deux moitiés d'une table unique, ainsi que le prouvent les inscriptions horizontales qui commencent sur un bloc et se poursuivent sur l'autre. Les côtés destinés à être joints ne portent pas d'inscriptions; ils ne sont pas polis comme les autres côtés, mais simplement entaillés, en ne conservant qu'une large bande saillante, soit qu'on ait voulu faciliter l'adhérence parfaite, soit que, avant de graver les inscriptions, on ait eu l'intention de faire deux tables. Sur chaque bloc, vingt godets, disposés symétriquement, recevaient les offrandes présentées aux dieux. Les légendes rappellent une fondation d'offrandes à faire dans le temple de Karnak au nom d'un roi, inconnu d'ailleurs, Sankhabrî Amoni Antouf Amenemhaît qui doit être placé dans la XIIIᵉ dynastie. Les martelages de l'élément Amon, dans son nom, sont dus à Aménôthès IV, qui fit effacer partout le nom du dieu Amon. — XIIIᵉ dynastie.

Appuyées contre la face nord des deux piliers qui séparent la salle J de la salle H, on aperçoit :

129. — Granit gris. — Haut. 0 m. 90 cent. — *Bubaste.*

Partie inférieure d'une statue du roi Khaîanou, de la XIVᵉ (?) dynastie, découverte par Naville, à Bubaste, en 1887, dans les fouilles de l'*Egypt Exploration Fund.*

1374. — Grès siliceux. — Haut. 1 m. 05 cent. — *Abousir.*

Le fonctionnaire Khontkhaîtimsaouf est accroupi, le buste droit, les genoux à plat sur le sol. Il était vieux à l'époque où la statue fut faite, et le sculpteur a accentué les traits du visage de manière à donner l'impression de la vieillesse. — XIIᵉ dynastie.

141. — Grès. — Haut. 2 m. 15 cent., larg. 1 m. 80 cent., prof. 0 m. 53 cent. — *Assouan.*

Ce n'est qu'une partie de la niche qui abritait la statue de Siranpouîtou, prince d'Éléphantine, au fond de son tombeau. C'est un bon spécimen de ce que pouvait être l'art provincial vers la XIIᵉ dynastie.

131. — Syénite. — Longueur 1 m. 05 cent. — *Karnak.*

Rapporté en 1887 du grand temple de Karnak. C'est une table d'offrandes au nom d'Ousirtasen Ier, et qui remonte à l'époque où le grand sanctuaire thébain paraît s'être agrandi pour la première fois. — XIIe dynastie.

124. — Granit gris. — Haut. 0 m. 95 cent. — *Bubaste.*

Tête d'une statue royale de la XIIe (?) dynastie, découverte par M. Naville, en 1888, et provenant de l'*Egypt Exploration Fund.*

126. — Plâtre. — Hauteur 0 m. 82 cent. — *Bubaste.*

Moulage d'une tête de statue royale trouvée par Naville, à Bubaste, en 1888, pendant les fouilles de l'*Egypt Exploration Fund.*

146. — Granit noir. — Long. 0 m. 61 cent. — *Louxor.*

Table d'offrandes (?) ou autel (?) semblable au monument n° 132 usurpé par Apophis, et découverte en 1887 dans le temple de Louqsor. La dédicace est d'Ousirtasen III.

1410. — Grès siliceux. — Haut. 2 m. 75 cent. *Karnak.*

Colosse incomplet des pieds, découvert en 1901, par Legrain, à Karnak ; il avait été employé à remblayer le sol lorsque Thoutmôsis III construisit son premier pylône, au sud de l'obélisque de la reine Hatshopsouîtou. Les cartouches gravés au dos nous apprennent que c'est un des souverains dont le prénom est inscrit dans la *Chambre des Ancêtres*, mais dont nous ignorions le nom. Il s'appelait Ousirtasen Sanofirabrî, et, pour le moment, il est Ousirtasen IV. Le monument est d'un style barbare mais puissant. Ousirtasen IV appartient à la XIIIe ou à la XIVe dynastie.

SALLE K.

La salle K renferme surtout des stèles du premier empire thébain et un certain nombre d'autres stèles qui sont des débuts du second empire. On a mis en vedette quelques uns de ces monuments, qui sont inscrits sur les deux faces :

120. — Calcaire. — Haut. 1 m. 86 cent., larg. 1 m. 48 cent. — *Abydos*.

Grande stèle gravée sur les quatre faces, au nom du prince Montouhotpou, avec les cartouches du roi Ousirtasen 1er. — XIIe dynastie.

127. — Calcaire. — Haut. 1 m. 90 cent., larg. 0 m. 46 cent. — *Abydos*.

Stèle cintrée gravée sur les deux faces et sur les tranches, au nom de Sahotpouabrî, personnage du temps d'Ousirtasen III. Le défunt prescrit à ses enfants d'adorer le roi Amenemhaît III, dieu créateur et providence de l'Égypte.

Dans le réduit ouest de la salle L, on a exposé un chapiteau hathorique en granit rose, rapporté de Bubaste en mai 1902. Il est d'un style fort pur, et il vient probablement du temple élevé dans cette ville par les Pharaons de la XIIe dynastie. Dans le réduit est, on voit :

144. — Granit noir. — Haut. 0 m. 22 cent., larg. 0 m. 17 cent., long. 0 m. 57 cent.

Petit sphinx décapité au nom de Sovkhotpou III. — XIIIe dynastie.

SALLE L.

Les principaux monuments de la salle L appartiennent, comme ceux de la salle J, à l'époque de la XIIIe dynastie puis à celle des Pasteurs, soit qu'ils aient été élevés par ces rois même et les représentent, soit qu'ils aient été usurpés par eux et représentent des rois antérieurs.

Côté ouest de la Salle.

133. — Granit gris. — Haut. 1 m. 60 cent., larg. 0 m. 925 mill. — *Tanis.*

Groupe de deux personnages debout sur un socle commun. D'énormes perruques disposées en tresses épaisses couvrent la tête. Leurs traits sont durs, accusés, et offrent une grande ressemblance avec ceux des sphinx à crinière de lion. La lèvre supérieure est rasée, mais les joues et le menton sont ornés d'une longue barbe ondulée. Chacun d'eux soutient sur les mains étendues des groupes ingénieusement arrangés d'oiseaux aquatiques et de poissons, mêlés à des fleurs de lotus. Les porteurs d'offrandes sont la personnification des deux Nils du sud et du nord, apportant leurs dons au Pharaon. Leurs barbes ondulées et leurs perruques tressées donnent toutefois l'idée d'un art asiatique, étranger à la vallée du Nil, et l'attribution qu'en faisait Mariette aux Pasteurs ne fut d'abord contestée par personne : cette attribution paraît aujourd'hui moins certaine (v. p. 38, n° 139). Sous la XXI⁰ dynastie, le roi Psioukhânou fit graver ses cartouches sur ce monument.

En avant de ces deux personnages, on a placé :

132. — Granit noir. — Haut. 0 m. 48 cent., larg. 0 m. 67 cent. — *Caire.*

Sorte d'autel destiné à perpétuer le souvenir d'un service d'offrandes fondé dans un des temples de la ville de Tanis par le roi Pasteur Apapi Aqnonri. Le monument est plus ancien que le roi dont il porte le nom, la légende primitive a été effacée puis remplacée par celle qu'on y lit maintenant. Il appartenait à la XII⁰ dynastie.

A droite et à gauche de l'ensemble formé par ces monuments sont disposés :

134 et 135. — Granit noir. — Haut. 1 m. 30 c. et 1 mètre. — *Tanis.*

Deux sphinx que Mariette considérait également comme des produits de l'art des Pasteurs. Ils se distinguent en effet des autres monuments par des caractères bien tranchés, comme on le reconnaîtra sans peine, si l'on compare leur tête à celle des sphinx de Thoutmôsis III (v. p. 1, n⁰ˢ 221-222) et de Ramsès II. La face est ronde, les yeux sont petits, les narines écrasées, les pommettes saillantes; la lèvre inférieure avance légèrement ; les oreilles sont celles du taureau, et une crinière de lion encadre le visage.

Tous ces caractères sont marqués au plus haut degré sur le sphinx n° 133, qu'on est parvenu à reconstituer presque en entier : mais il possède en plus des inscriptions qui nous permettent de refaire son histoire. Il porte sur l'épaule droite une légende martelée, dans laquelle on réussit à déchiffrer le nom du roi pasteur Apophis. Plus tard Ménephtah fit gratter le nom d'Apophis et lui substitua ses cartouches, qu'il répéta encore dans l'inscription de la base. Plus tard encore, Psioukhânou (XXI° dynastie) ajouta sa légende sur la poitrine. Un examen attentif m'a fait reconnaître que la surface de la poitrine a été rabaissée pour recevoir ces derniers cartouches, et par conséquent qu'il y avait là, auparavant, à la place d'honneur, la mention d'un roi, celui probablement pour qui on exécuta le monument. Ce roi antérieur à Apophis, était-il un Pasteur ou appartenait-il aux dynasties indigènes? M. Golenischeff croit reconnaître les traits d'Amenemhaît III de la XII° dynastie et son opinion est étayée de tant de documents qu'elle me paraît probable. Toutefois, il convient d'attendre de nouvelles découvertes avant d'affirmer que ces sphinx et les monuments du style analogue que possède le Musée ne sont par l'œuvre des Pasteurs et ne représentent pas des princes appartenant à cette race conquérante (cfr. p. 41, n° 1370).

Côté est de la Salle.

137. — Granit gris. — Haut. 1 mètre. — *Mit-Farès.*

Partie supérieure d'une statue colossale qui représente un roi debout. Aucune inscription n'indique le nom du personnage, mais la ressemblance est frappante entre ce fragment et les monuments de Tanis ; aussi Mariette l'a-t-il attribué à un roi Pasteur. De toute manière, la présence de ce morceau dans les ruines de la capitale antique du Fayoum, prouve que les princes qui régnaient à Tanis en ce temps-là étendaient leur autorité au moins sur la partie septentrionale de la Moyenne-Égypte.

138. — GRANIT ROUGE. — Long. 0 m. 49 cent., larg. 0 m. 34 cent. — *Tanis* et *Damanhour*.

Le groupe de trois têtes provient de Damanhour : l'autre a, dit-on, été trouvé à Tanis. Ils appartiennent à un monument aujourd'hui détruit, peut-être à une console ou à une pierre d'encorbellement. Le style présente des analogies frappantes avec celui des objets que nous venons de décrire et qu'on a attribués aux derniers des rois Pasteurs. L'un des deux groupes est devant la statue 137 : l'autre lui fait pendant, de l'autre côté de la galerie.

SALLE M.

La salle M contient des statues et des stèles de la XVIIIe dynastie, et quelques statues de la XIXe.

Coté sud de la Salle.

Commençant au milieu du mur ouest, à la porte qui mène dans la salle N, on trouve adossé au pilier sud de cette porte :

1615. — GRANIT GRIS. — Haut. 0 m. 85 cent. — *Cheikh Abd el Gournah*.

Buste provenant d'une statue d'assez beau style et qui représentait le Pharaon Ménephtah, comme le prouvent les cartouches gravés sur les épaules. Le collier et la coufiéh sont relevés de jaune et de bleu : on a laissé au reste du morceau la couleur naturelle du granit. Il a été trouvé dans le temple funéraire du roi, au sud du Ramesséum.

212. — Calcaire blanc. — Haut. 1 m. 10 cent. — *Karnak.*

Statue accroupie, sans tête, d'un certain scribe Aménôthès, fils de Hapoui, qui fut ministre d'Aménôthès III et dont la fortune bizarre a été indiquée brièvement plus haut (voir p. 2).

Sur la partie du mur ouest qui s'étend entre le pilier et l'angle de la salle sont exposés, avec deux stèles de peu d'importance et un dessus de porte aux cartouches de Thoutmôsis III :

158. — Granit noir. — Haut. 0 m. 88 cent., larg. 1 m. 16 cent. — *Erment.*

Dans une expédition en Asie, Aménôthès II avait fait prisonniers sept chefs syriens. Il en pendit six devant les murs de Thèbes et le septième à Napata, en Nubie, pour servir de leçon aux Éthiopiens. Cette stèle, dont la partie supérieure fut emportée en 1881 par l'archiduc Rodolphe et se trouve aujourd'hui à Vienne, est le duplicata d'une stèle qui se trouve dans le temple d'Amada en Nubie.

228 et 229. — Calcaire. — Diam. moy. 0 m. 50 c. — *Sakkarah.*

Les quatre tambours de colonnes disposés à droite et à gauche de la stèle d'Aménôthès II proviennent des ruines de l'édicule funéraire d'un certain Harmhabi. Une salle en était soutenue par huit petites colonnes unies, sur lesquelles étaient figurés, à hauteur d'homme, de petits tableaux rectangulaires. Sur les quatre qui sont exposés ici, Harmhabi joint aux titres vagues de *noble chef, de grand des grands, de supérieur des supérieurs*, ceux *de grand chef des soldats, de chef des chefs des soldats du roi, d'envoyé à la tête de ses soldats vers le nord et vers le sud*. Bien plus, il apparaît quelquefois sur les parois de son tombeau avec l'uræus au front, comme s'il avait régné. Il n'est autre en effet que le Pharaon Harmhabi, le prédécesseur immédiat de Ramsès Ier. Avant de monter sur le trône, il avait exercé de hautes charges dans l'État, et il s'était fait construire près de Memphis ce tombeau qu'il n'occupa jamais. Les débris en ont été dispersés dans les différents musées du monde, et on en trouve des portions considérables à Leyden ainsi qu'à Vienne.

L'angle sud-ouest est rempli par un buste assez mutilé d'une statue de Thoutmôsis III, provenant de Karnak, et contre le piédestal duquel est adossé l'un des monuments les plus précieux de notre Musée :

197. — Granit noir. — Haut 0 m. 77 cent. — *Karnak*.

Charmante tête de Pharaon adolescent que Mariette attribuait à Ménephtah. La comparaison avec d'autres monuments m'a conduit à y reconnaître le portrait du pharaon Harmhabi, le même dont la belle statue du dieu Khonsou nous montrera les traits (voir p. 69).

Contre le mur qui court de l'angle sud-ouest au premier

pilier sud sont rangés, après un montant de porte au nom du prince Phtahoumoua :

1377. — Calcaire. — Haut 2 m. 05 cent., long. 1 m. 10 cent. — *Gournah*.

Cette belle stèle a été découverte par M. Petrie dans le temple de Ménéphtah. Elle représente Aménôthès III, offrant d'un côté la vérité, de l'autre les deux vases de vin à Amon : la figure du dieu et le nom du roi, martelés sous Khouniatonou, ont été rétablis sous Séti Ier. Au second registre, Aménôthès, monté sur son char, foule les cadavres de ses ennemis renversés ; des prisonniers nègres et sémites sont attachés aux chevaux et au devant du char. Une bande d'oiseaux *rokhouitou*, symbole des êtres qui connaissent les dieux de l'Égypte, est en adoration sous le tableau : on lit dans l'inscription la mention des victoires du souverain sur la Mésopotamie, l'Éthiopie, la Palestine et la Syrie.

217. — Granit noir. — Haut. 1 m. 60 cent., larg. 0 m. 57 cent. — *Benha*.

Le serpent possédait, avec des influences funestes dont on se gardait par divers amulettes, des vertus protectrices qu'on essayait de tourner au profit de l'humanité. Aujourd'hui encore, dans beaucoup de villes égyptiennes, chaque maison a son serpent qui lui sert comme de génie familier ; dans l'antiquité, non seulement les maisons, mais les temples, étaient sous la garde d'un familier de cette espèce. Le monument n° 217 représente le serpent protecteur du temple de Harkhontkhaîti dans la ville d'Athribis ; il a été érigé par le roi Aménôthès III, dont il porte les cartouches.

Pilier sud-ouest.

202. — Granit rose. — Haut. 1 m. 75 cent. — *Karnak.*

Statue de Thoutmôsis III, brisée par en bas.

Pilier du milieu.

206. — Calcaire blanc. — Haut. 2 m. 35 cent.

Belle statue d'Aménôthès II en costume militaire. Les yeux sont rapportés, les détails du vêtement sont d'une finesse admirable.

La statue en calcaire peint qui est placée en avant du Pharaon représente le scribe du temple d'Osiris de l'Oasis méridionale, Prinnofir. Il est agenouillé et il tient devant lui un vase sur lequel était posé un gros ibis, emblème du dieu Thot : l'oiseau a disparu.

Pilier sud-est.

192. — Granit rose. — Haut. 0 m. 77 cent. — *Karnak.*

Buste du conquérant Thoutmôsis III.

Mur entre le pilier sud-est et l'angle sud-est.

213. — Granit noir. — Haut. 1 m. 80 cent., larg. 0 m. 75 cent. — *Karnak.*

Cette stèle renferme un poème composé pour célébrer les victoires de Thoutmôsis III. Ce roi y est représenté adorant Amon, qui lui répond :

« Je suis venu, je t'accorde d'écraser les princes de la Phénicie du nord ; je les jette sous tes pieds à travers leurs contrées ; je leur fais voir ta Majesté, telle qu'un seigneur de lumière, lorsque tu brilles sur leur tête comme mon image.

« Je suis venu, je t'accorde d'écraser les barbares d'Asie, d'emmener en captivité les chefs de la Syrie Creuse ; je leur fais voir ta Majesté couverte de sa parure de guerre, quand tu saisis tes armes sur ton char.

« Je suis venu, je t'accorde d'écraser la terre d'Orient, la Phénicie et Cypre sont sous la terreur ; je leur fais voir ta Majesté, etc.

« Je suis venu, je t'accorde d'écraser les peuples qui résident dans leurs ports, et les côtes de la Cilicie tremblent sous ta terreru : je leur fais voir ta Majesté, etc.

« Je suis venu, je t'accorde d'écraser les peuples qui résident dans leurs îles ; ceux qui vivent au sein de la mer sont sous les rugissements ; je leur fais voir ta Majesté, etc.

« Je suis venu, je t'accorde d'écraser les Libyens ; les îles des Danaens sont au pouvoir de ta volonté ; je leur fais voir ta Majesté, etc.

« Je suis venu, je t'accorde d'écraser les contrées maritimes ; tout le pourtour de la grande zone des eaux est lié à ton poing ; je leur fais voir ta Majesté, etc.

« Je suis venu, je t'accorde d'écraser les peuples qui résident dans leurs lagunes, de lier les Bédouins, maîtres des sables, en captivité ; je leur fais voir ta Majesté, etc.

« Je suis venu, je t'accorde d'écraser les barbares de Nubie, jusqu'aux peuples de Pit, tout est dans ta main ; je leur fais voir ta Majesté semblable à tes deux frères Horus et Typhon, dont j'ai réuni les bras pour assurer ta puissance. »

Cette partie du poème était devenue si populaire qu'on la copia sur d'autres monuments pour célébrer les exploits de Séti Ier et de Ramsès III.

Angle sud-est.

191. — Calcaire. — Haut. 0 m. 58 cent. — *Karnak.*

Tête de roi. Les yeux incrustés ont disparu. Elle provient du temple de Karnak, et, d'après les souvenirs de Brugsch bey, elle a été trouvée dans le même lieu que la tête dite de Taïa (voir p. 68, n° 196). — XVIII° dynastie.

190. — Grès statuaire. — Haut. 0 m. 57 cent. — *Karnak.*

Les particuliers obtenaient des rois la faveur de consacrer leurs propres statues dans les temples; presque toujours alors on trouve gravé sur l'une des parties du monument la formule *fait par la faveur du roi tel ou tel.* Le fragment provient d'une statue qui a eu cette destination. La tête est d'une conservation parfaite et appartient à la XIII° dynastie. Un reste de la légende, gravé sur le dossier, montre que le personnage dont nous avons l'image sous les yeux était un *noble chef.* Un commencement de prière à Amon-Râ se lit sur le devant : le nom du dieu a été martelé, puis gravé de nouveau après la chute des rois dits hérétiques de la XVIII° dynastie.

Partie méridionale du mur est.

1404. — Calcaire blanc. — Haut. 0 m. 85 cent. long. 0 m. 70 cent. — *Kom Hellal.*

Dessus de porte au nom de Thoutmôsis Ier. Ce qui lui donne un intérêt particulier, ce sont les deux superbes figures de Set-Noubiti qui sont sculptées à droite et à gauche du cartouche, et dont la conservation est parfaite.

200. — Granit noir. — Haut. 0 m. 60 cent. — *Abydos.*

Naos. La cavité est remplie par l'image du grand-prêtre Phtahmosou, qui porte les cartouches de Thoutmôsis III gravés sur l'épaule et la poitrine.

On a dressé contre le pilier méridional de le porte est, le buste d'une magnifique statue :

188. — Granit gris. — Haut. 1 m. 26 cent. — *Karnak.*

Aménôthès II assis, coiffé de la coufiéh : le menton et la barbe ont disparu.

205. — Calcaire. — Haut. 0 m. 95 c. — *Gournah.*

Le scribe Aménôthès, accroupi, lit le rouleau qu'il tient ouvert sur ses genoux. Il porte l'encrier sur le dos. Le nom d'Amon a été martelé partout.

Coté nord de la Salle.

Le pilier qui sert de montant nord à la porte est supporte deux fragments de statues :

201. — Calcaire. — Haut. 0 m. 90 cent. — *Karnak.*

Buste provenant d'une statue royale très soignée du style de la XVIII° dynastie, peut-être Aménôthès III.

La statue en granit gris, décapitée, qui est accroupie en

avant du buste du Pharaon, est un autre monument de cet Aménôthès, fils de Hapoui, que nous avons déjà rencontré dans le vestibule (v. p. 2) et au côté sud de cette salle M (v. p. 60, n° 212). Il a le pagne long, et sur l'épaule gauche l'appareil du scribe : le rouleau qu'il tient à demi déroulé sur ses genoux contient ses titres et son nom. — XVIIIe dynastie.

236-237. — Calcaire.

Ce sont des blocs détachés de l'un des portiques de Deîr-el-Bahari, et dont on n'a pas retrouvé la place antique. La femme du prince de Pouanit est représentée sur l'un des blocs avec des proportions extraordinaires; on voit sur l'autre l'âne qui la portait et qui devait en avoir plus que sa charge.

Portion nord du mur est.

204. — Calcaire. — Haut. 0 m. 90 cent., larg. 1 m. 78 cent. — *El Hibeh*.

Dessus de porte avec le prénom du roi Thoutmôsis Ier. Le roi y est dit l'aimé du dieu local, un Sovkou, maître d'Arioutou.

A la droite de ce bas-relief est placée une statue, brisée vers la poitrine, d'un Pharaon portant un autel : les légendes nous apprennent qu'elle représentait Aménôthès III. A la gauche, les jambes ont disparu, mais le buste et la tête subsistent. Un vautour perché sur le haut de la colonne à laquelle le souverain est adossé lui protège la tête. Au-dessus du bas-relief et sur l'épaisseur du mur sont rangés :

Angle nord-est.

198. — Calcaire. — Haut. 0 m. 80 cent. — *Karnak.*

Superbe tête à laquelle Mariette avait donné le nom de la reine Tii, femme d'Aménôthès III, bien que rien ne confirmât cette attribution. La ressemblance de style me porte à croire que c'est le portrait soit de la mère, soit de la femme du Pharaon Harmhabi, de la XVIII° dynastie.

1379. — Calcaire. — Haut. 0 m. 74 cent. — *Karnak.*

Buste d'une princesse, femme ou fille de Ramsès II. Elle est coiffée de la perruque longue à rangs de petites mèches et que surmonte le mortier entouré d'une rangée d'uræus. Elle a le collier large autour du cou, et un ornement d'émail à la pointe du sein : elle ramène sur sa poitrine la monàit (v. p. 193) dont le manche se termine par une tête de femme. C'est un morceau d'une jolie expression, d'un style un peu mièvre. — XIX° dynastie.

Mur nord de la Salle.

Dans le premier entrecolonnement à gauche de l'angle nord sont placées des stèles dont la principale, en granit noir (haut. 0 m. 90 cent.), a été découverte en 1900 au temple de Phtah Thébain, à Karnak, par M. Legrain. Elle a été consacrée à Phtah par le roi Thoutmôsis III, qui, au retour de sa première campagne syrienne, employa une partie du butin à restaurer le sanctuaire bâti à ce dieu par les Pharaons de la XII° dynastie. Le roi y racontait les fondations pieuses qu'il avait établies à ce sujet. Martelée en partie sous Khouniatonou, elle fut relevée et regravée dans les endroits endommagés, sous Séti Ier, qui y inséra son nom. Les graveurs de la XIXe dynastie ne surent pas toujours rétablir correctement le texte primitif.

Pilier nord-est.

214. — Granit noir. — Haut. 0 m. 22 cent. — *Karnak.*

Belle statue de Thoutmôsis III, assis. Elle a été reconstituée au moyen d'une vingtaine de fragments : les pieds, qui manquaient, ont été refaits en ciment peint.

Pilier central.

L'admirable statue qui est adossée au pilier central a été découverte en 1901 à Karnak, dans le temple de Khonsou. Elle sort des mêmes ateliers que la tête dite de Tii (n° 198, p. 68), et, comme celle-ci, elle a les traits du Pharaon Harmhabi, mais plus raffinés encore : elle porte une expression de tristesse ou de fatigue qui s'expliquerait si, comme m'inclinent à le penser certains caractères physiologiques notés très finement par le sculpteur, le modèle était dans un état très avancé de consomption. Brisée sous la XIXe dynastie, les morceaux en furent utilisés sous Ramsès IV dans le dallage du sanctuaire central de Khonsou, et c'est là que M. Legrain l'a découverte, au cours des travaux entrepris par le Service pour la consolidation du temple.

Pilier nord-ouest.

231. — Grès. — Haut. 1 m. 45 cent. — *Gournah*

Statue peinte de Maoutnofrit, mère de Thoutmôsis II, découverte en 1887, au sud du Ramesséum, dans les ruines de la chapelle d'Ouazmôsis. Elle est assise, vêtue de la robe blanche, qui moule ses formes; une grosse perruque lui couvre la tête. Les chairs sont peintes en jaune. L'ensemble est de bonnes proportions. La mutilation du nez n'empêche pas de remarquer la douceur du visage. M. Grébaut trouva avec cette statue des fragments de même matière, prouvant qu'il y avait cinq ou six statues semblables dans la chapelle d'Ouazmôsis.

Parmi les monuments exposés contre le mur compris du pilier à l'angle nord-ouest de la salle, les plus curieux sont :

189. — CALCAIRE. — Haut. o m. 53 cent., larg. o m. 34 cent., prof. o m. 16 cent. — *Pyramides de Gizéh.*

Naos ou plutôt stèle épaisse où le défunt est représenté à genoux, les mains levées. Il s'appelait Nakhîti, et il avait le titre assez répandu de *premier royal fils d'Amon.* L'une des prières gravées sur le pourtour du monument est une invocation *au soleil lorsqu'il brille à l'horizon oriental;* l'autre, celle de droite, s'adresse au *soleil lorsqu'il se couche au pays de vie,* c'est-à-dire à l'Occident.

Fragments d'une stèle en calcaire, qui était déposée dans la chapelle d'Ouazmôsis. Dans le cintre, Thoutmôsis III rend hommage au Pharaon Thoutmôsis Ier, derrière lequel se tient le prince Ouazmôsis enfant. L'inscription était des plus curieuses et la perte de la partie la plus considérable est regrettable. Elle racontait la vie du père nourricier d'Ouazmôsis, ses démêlés avec sa famille, et le règlement qui en était intervenu pendant sa vieillesse par les bons soins de Thoutmôsis III.

Angle nord-ouest.

Il est occupé par deux bustes provenant de Karnak. On ne sait plus quels Pharaons ils représentent; le fragment en granit rose est probablement de la XVIII⁰ dynastie, le fragment en granit noir de la XIX⁰ dynastie.

Mur ouest de la Salle.

Dans cette portion du mur nous avons réuni des stèles et des fragments de bas-reliefs de l'époque de Khouniatonou, et qui nous montrent ce souverain avec des membres de sa famille.

207. — CALCAIRE. — Haut. 1 m. 30 cent., larg. 0 m. 50 cent. — Don de M. Wilbour.

Cette stèle, découverte en 1882 à Hadji Kandil, est un morceau unique ou peu s'en faut (v. p. 72, le n° 150). Elle représente le roi Khouniatonou-Aménôthès IV en adoration devant le disque solaire rayonnant. Khouniatonou, monté sur le trône à la mort d'Aménôthès III, s'inquiéta du développement extraordinaire que les largesses de ses prédécesseurs avaient donné au culte d'Amon et à la puissance des prêtres de ce dieu. Le grand-prêtre d'Amon thébain était le second personnage du royaume et devait être souvent tenté d'aspirer au premier rang. Khouniatonou crut que le meilleur moyen de réagir contre l'usurpation était d'imposer à l'État un nouveau dieu et une nouvelle capitale. Il prit pour divinité protectrice le disque solaire Atonou, qu'on a confondu bien à tort avec le dieu syrien Adonis, et qui n'est autre qu'une des formes les plus anciennes d'un des dieux les plus vieux de l'Égypte, Râ d'Héliopolis. Il lui construisit une ville et un temple sur la rive droite du Nil, vers l'emplacement des villages actuels d'el-Tell, d'el-Amarna et d'Hadji Kandil, puis il prit le nom de Khouniatonou, *splendeur du disque solaire*, au lieu de celui d'Aménôthès qu'il avait porté jusqu'alors. Les tombeaux et les ruines montrent à quel degré de splendeur parvint la ville nouvelle, pendant les quelques années que son existence dura. Thèbes fut abandonnée, le dieu Amon proscrit et son nom effacé sur tous les monuments antérieurs ; un temple d'Atonou s'éleva à Karnak, en face du sanctuaire d'Amon, à l'endroit où se dressent aujourd'hui les pylônes d'Harmhabi. Ce retour aux anciens cultes solaires était trop factice pour que l'effet en persistât longtemps. Le culte d'Atonou survécut quelques années à peine à son fondateur : Thèbes reprit le dessus, et la ville fondée à el-Amarna perdit son importance.

150. — Calcaire. — Haut. 0 m. 92 cent., larg. 0 m. 52 cent. — *El-Amarna*.

Bas-relief représentant le roi Khouniatonou-Aménôthès IV faisant une offrande au disque. Les rayons du soleil sont autant de bras qui transmettent la vie au roi et à la reine, et qui ramassent les offrandes déposées sur l'autel.

Parmi les monuments exposés sur le palier de la salle, on remarquera, aux pieds du groupe de deux personnages placé à l'est :

211. — Granit rose. — Long. 0 m. 74 cent., larg. 0 m. 50 cent. — *Karnak*.

Table d'offrandes consacrée par le roi Thoutmôsis III à son père Amon-Râ, lors de la construction d'une des salles du temple de Karnak. Le temple de Karnak y est appelé Manakhpirrikhoumanouou.

Dans la partie nord-est, entre la statue de Thoutmosis III et de Khonsou, une superbe statue en granit rose découverte en octobre 1901 à Karnak, par M. Legrain. Elle représente l'Aménôthès, fils de Hapoui, de qui nous possédons déjà trois statues (cfr. p. 2 et 60, n° 212, et p. 66-67), mais les traits sont d'un vieillard. Le nez, qui avait été endommagé dans l'antiquité, a été retaillé, probablement à l'époque grecque, lorsqu'Aménôthès reçut les honneurs divins, et cette retouche prête à sa figure une physionomie camarde qu'elle n'avait pas à l'origine. L'inscription nous apprend qu'il avait quatre-vingts ans au moment où le monument fut érigé contre la face nord du premier pylône de Thoutmôsis III par ordre d'Aménôthès III.

Dans la partie nord-ouest, en face de la stèle d'Ouazmôsis (voir p. 70), on voit :

154. — GRANIT ROSE. — Haut. 0 m. 87 cent. — *Karnak*.

Fragment d'une statue de porteur d'offrandes de l'époque d'Aménôthès III. On peut comparer ce fragment aux porteurs d'offrandes de l'école tanite (voir p. 56, n° 133).

Côté méridional du palier.

1378. — GRÈS SILICEUX. — Haut. 1 m. 60 cent. — *Karnak*.

Statue découverte dans le temple de Maout, et représentant Senmaout, intendant du temple d'Amon, sous le

— 74 —

règne de la reine Hatshopsouïtou. Il est assis à terre, enveloppé dans une longue robe, et il tient devant lui un emblême surmonté de la tête d'Hathor.

167. — Granit rose. — Haut. 1 m. 42 cent.

Groupe au nom de Ménéphtah, celui qui, selon une tradition, fut le Pharaon de l'Exode. Il est agenouillé, et il soutient devant lui, contre ses genoux, une statuette d'Osiris momiforme assis. — XIXe dynastie.

SALLE N.

Elle est décorée d'un certain nombre de statues ou fragments de statues représentant, assise ou debout, la déesse Sakhît à tête de lionne, l'associée du dieu Phtah dans le culte memphite. Le roi Aménôthès III, à la suite d'on ne sait quelles circonstances, en avait consacré plusieurs centaines dans le temple de Maout, dame d'Ashîrou à Thèbes ; il y en avait encore plus de cent cinquante en place, debout, dans la seconde moitié du xviiie siècle, mais tous les Musées d'Europe s'y sont approvisionnés, et il n'en reste plus aujourd'hui qu'un petit nombre assez endommagées. Les meilleures de celles que nous possédons sont le n° 210 (granit gris, haut. 1 m. 80 cent.) dans l'embrasure de la fenêtre, et la statue adossée au pilastre nord de la porte qui conduit à la salle M. Elles portent les cartouches d'Aménôthès III, tandis que celle qui est symétrique à la deuxième contre le pilastre sud a été usurpée par Ramsès II.

Quelques-uns des monuments exposés dans cette salle ont un intérêt réel pour l'archéologie, ainsi la stèle de

Thoutmôsis IV adossée au mur ouest, entre la porte de la salle M et la paroi nord, surtout la grande stèle en calcaire blanc, découverte à Karnak en 1901 par M. Legrain, et qui contient une longue inscription du roi Ahmôsis, dans laquelle il parle des offrandes qu'il a faites à Amon en l'honneur de la reine Ahhotpou, enfin :

159. — CALCAIRE. — Long. 0 m. 95 cent., haut. 0 m. 92 cent. — *Karnak*.

Fragment de bas-relief portant les dates du règne de Thoutmôsis Ier, avec le cartouche au milieu, et de chaque côté du cartouche, deux encadrements de forme ovale, où les éléments des prénoms royaux de ce temps sont groupés assez curieusement.

230. — GRÈS ROUGE. — Haut. 0 m. 93 cent., long. 1 m. 20 cent. — *Mit-Rahinéh*.

Reste d'un bas-relief représentant le roi Aménôthès III devant le dieu Phtah. Il a été découvert par M. Grébaut dans les ruines du temple de Mit-Rahinéh, en 1888, non loin de la liste des nomes de Ramsès II.

232. — CALCAIRE. — Haut. 0 m. 66 cent., long. 0 m. 65 cent., larg. 0 m. 44 cent. — *Mit-Rahinéh*.

Curieux coffret funéraire d'un personnage nommé Tamaît. Ce nom signifiant en égyptien *la chatte*, c'est une chatte qu'on a représentée au lieu du défunt devant les tables d'offrandes. Mention du prince Thoutmôsis, directeur des prophètes des villes du midi et du nord.

GALERIE O.

Les deux côtés en sont garnis de stèles qui proviennent pour la plupart d'Abydos et de Thèbes, et qui ont une valeur réelle pour l'histoire et l'archéologie, sans présenter toutefois un intérêt suffisant aux visiteurs qui ne sont pas égyptologues. On y remarquera à l'extrémité ouest trois blocs en grès rouge provenant d'un temple découvert à Karnak, en 1897, par M. Legrain et qui nous montrent la consécration des deux grands obélisques du temple par la reine Hatshopsouïtou, ainsi que des épisodes de l'enterrement de cette reine par son neveu et successeur Thoutmôsis III. On y notera encore des scènes funèbres prises dans des tombeaux thébains et memphites :

169 et **171**. — CALCAIRE. — Haut. 1 m. 15 cent. 0 m. 95 cent. et 0 m. 95 cent., larg. 0 m. 83 cent., 0 m. 38 cent. et 0 m. 55 cent.

Bas-reliefs rapportés par M. Maspero d'un tombeau de la XVIIIe dynastie, voisin des grandes pyramides, que les Bédouins démolirent en 1883.

169. — Tii, sœur du défunt Phtahmaï, présente un vase à son frère et à sa belle-sœur; derrière elle, une chanteuse, qu'une joueuse de viole et une harpiste accompagnent de leurs instruments. Deux des fils, Phtahônkhou et Nanofir, assistent à ce spectacle. Ce troisième registre est occupé par la construction d'un naos : un ouvrier en sculpte les détails, tandis qu'un aide va chercher des matériaux.

170. — Scènes funéraires. Au premier registre, des serviteurs qui portent des fleurs et des fruits : des pleureuses, un sacrificateur qui traîne un veau. Au second registre, d'autres serviteurs portent les fauteuils, les canopes, les caisses à provisions.

171. — Quatre registres. 1° Préparation des pains d'offrandes et sacrifice du bœuf. 2° Kakaï, Hori et Phtahmosou, fils de Phtahmaï, sont assis devant un monceau de provisions. 3° Un coffre rempli de pains, et à côté un personnage qui transvase le vin dans des amphores. Une petite femme danse en lançant des baisers et en faisant des grâces. De toutes les figures, c'est celle qui rappelle le mieux le type connu par les tombeaux d'el-Amarna : elle est d'une souplesse et d'une légèreté exquises. 4° Transvasement du vin dans des jarres, qu'un serviteur tient en équilibre au moyen d'un crochet de porteur d'eau.

172 et **172** *bis*. — CALCAIRE. — Haut. 1 m. 37 cent. larg. totale 2 m. 80 cent. — *Sakkarah*.

Bas-reliefs extraits du tombeau de Harminou. A gauche, Harminou est devant deux des quatre génies des entrailles. Hathor, debout dans son sycomore, lui verse l'eau ainsi qu'à la dame Maï. L'âme du défunt est représentée au pied de l'arbre prenant également sa part de l'eau sacrée. Sur un autre tableau Harminou est assis dans un grand siège. La dame Maï est à ses pieds et des personnages de sa maison lui apportent des offrandes de toutes sortes : une oie, un veau, des fleurs, des parfums, des liquides. A droite, la cérémonie funèbre est figurée. Des esclaves, tête rasée, portent les coffres, les tables dont on va garnir le tombeau. Des pleureuses les suivent, puis les génisses que l'on va immoler, enfin le catafalque contenant la momie couchée et posée dans un bateau que des prêtres et la dame Maï elle-même portent sur leurs épaules ; derrière elle un groupe d'assistants. On a représenté plus loin une coupe des diverses chambres de l'édicule mortuaire, que des hommes traversent avec des gestes de douleur.

173. — Calcaire. — Haut. 0 m. 58 cent., larg. 1 m. 08 cent. — *Sakkarah.*

Bas-reliefs. Scène de funérailles. Des femmes sautent avec les plus étranges contorsions ; d'autres font retentir une sorte de tambour de basque. Des hommes marchent à grands pas en agitant une tige de roseau. Ces danses funèbres sont encore pratiquées aujourd'hui dans la plupart des villages de la Haute-Égypte. Ce que le bas-relief de Sakkarah n'a pu rendre, ce sont les ululations discordantes dont ces danses sont accompagnées.

Dans l'axe de la galerie on a disposé dans le sens de la longueur quelques monuments d'un intérêt particulier. D'abord un cube de pierre blanche avec inscription qui n'est autre que le socle du colosse d'Achmounéin mentionné dans la description du vestibule (voir p. 2); le calcaire en est si friable et si inconsistant que nous n'avons pas osé lui rendre sa fonction antique, de peur qu'il ne fût écrasé par le poids du granit.

155. — Granit rose. — Long. 3 m. 58 cent., larg. 0 m. 65 cent. — *Mit-Rahinéh.*

Barque sacrée du temple de Phtah, découverte en 1892. Elle a malheureusement souffert, et bien qu'elle soit d'un travail admirable, elle ne vaut point les monuments du même genre qu'on voit à Turin et au British Museum. — XIXᵉ dynastie.

Au centre, en face de la salle des moulages, on a érigé sur un bloc quadrangulaire en granit (haut. 1 m. 15 cent., long. 1 m. 04 cent.), gravé au nom de Ramsès II, un fragment de petit obélisque du même prince (haut. 1 m. 55 cent., larg. 0 m. 34 cent.).

218. — Calcaire blanc. — Haut. 1 m. 28 cent., long. 8 m. 25 cent. — *Sakkarah*.

Célèbre table royale, provenant du tombeau de Tounari et découverte en 1861. Tounari, qui vivait sous Ramsès II, énumère une longue suite de rois d'Égypte auxquels il rend hommage. Ce sont des rois des Iʳᵉ, IIᵉ, IIIᵉ, IVᵉ, Vᵉ VIᵉ, XIᵉ, XIIᵉ, XVIIIᵉ, XIXᵉ dynasties. Sa liste ne commence pas à Ménès comme celle du grand temple d'Abydos, mais à Maribaï, quatrième roi de la Iʳᵉ dynastie : elle ne comprend donc que les Pharaons dont les monuments et le culte étaient présents dans le nome Memphite sous la XIXᵉ dynastie.

PORTIQUE DU NORD.

Le portique du nord aura par la suite, en son milieu, un groupe colossal dont les débris se trouvent actuellement à Médinet-Habou : le seul fragment que nous en ayons transporté ici jusqu'à présent est une statue de la princesse Takhaït, qui a été placée dans le bas-côté ouest contre le mur nord. Dans le reste du portique on a disposé quelques pièces colossales, et d'abord, en haut de l'escalier qui mène à l'atrium central, contre les deux piliers :

185 et 186. — Grès siliceux. — Haut. 2 m. 05 c. et 3 m. 15 cent. — *Mit-Rahinéh.*

Ces deux magnifiques statues de Phtah, le dieu de Memphis, sont les plus remarquables statues divines qu'on ait encore trouvées en Égypte. Elles avaient été érigées dans une dépendance du grand temple de cette ville par Ramsès II, et elles ont été retirées des ruines par M. de Morgan en 1892. — XIXe dynastie.

Les deux colosses en granit rose adossés contre les deux piliers du nord, symétriquement aux colosses de Phtah, proviennent celui de l'ouest de Karnak, celui de l'est de Tell-el-Yahoudiyéh, et représentent le premier le Pharaon Séti II escorté de la princesse Takhaït, le second le Pharaon Ramsès III, l'un et l'autre en grand costume sacerdotal. — XIXe et XXe dynasties.

Sur le devant du portique, la face tournée vers l'atrium, deux groupes de granit sont placés entre les piliers, à l'est et à l'ouest de l'escalier.

1355. — Granit noir tacheté. — Haut. 1 m. 70 c., larg. 1 m. 15 cent.

Ramsès II, assis entre Isis et Hathor, assises comme lui : ce monument a été découvert par M. Petrie.

153. — Granit rose. — Haut. 1 m. 82 cent., larg. 1 m. 18 cent. — *Mit-Rahinéh.*

Les deux statues assises sur le même siège représentent Ramsès II et le dieu Tanen. Le groupe a été découvert par M. de Morgan en 1892, dans les ruines du temple de Phtah; le bas des jambes et le socle manquent malheureusement. — XIX⁰ dynastie.

Les deux tombeaux établis au fond de la salle à droite et à gauche de la grande baie qui ouvre sur la galerie O, sont de la XIX⁰ dynastie. L'un d'eux, celui de l'est, a été découvert à Sakkarah par M. Loret, en 1898 : il contient l'histoire d'un procès séculaire qui divisa une famille à propos d'une source et des terrains qui l'enveloppaient. C'est une pièce capitale pour l'histoire économique de l'Égypte thébaine. — XIX⁰ dynastie.

La grande stèle en granit gris placée à l'est entre la première colonne et le pilier a une valeur considérable. Elle a été trouvée en 1898 par M. Petrie, dans les ruines du Memnonium de Ménephtah à Thèbes. Elle avait été érigée d'abord par Aménôthès III dans son temple funéraire, un peu en arrière des deux colosses qui dominent la plaine de Thèbes. Elle porte donc sur sa face primitive, celle de l'ouest, une inscription de très beau style en l'honneur d'Aménôthès III. Deux siècles plus tard, Ménephtah s'empara d'elle et il fit graver sur l'autre face, une longue inscription, dans laquelle il racontait sa campagne de l'an V contre les Libyens. C'est une série de morceaux poétiques, peut-être des extraits mis bout à bout de chants composés sur le moment même par les poètes de la cour, et dans lequel l'émoi de l'Égypte, les épisodes de la bataille, la fuite du roi Libyen, les sentiments suscités par l'annonce de sa défaite dans les pays ennemis et dans la vallée, sont décrits avec une grande vivacité d'allure et un éclat d'expressions rares en Égypte. Rien qu'à ce titre, le monument serait des plus précieux, mais le dernier paragraphe redouble encore l'intérêt qu'il excitait. L'auteur y dit : « Maintenant que les Libyens ont été battus, le pays de Khita est pacifique, le Canaan est pris avec tout ce qu'il y a de mauvais en lui, les gens d'Ascalon sont amenés captifs, ceux de Guézer sont saisis, ceux d'Iounâmam n'existent plus, *le peuple d'Israël est rasé et il n'y a plus de sa graine*, la Syrie est devenue comme les veuves de l'Égypte, tous les pays réunis sont en paix! » C'est la première fois que la mention d'Israël, écrit 〖hiéroglyphes〗, apparaît sur un monument égyptien, et cela vers l'époque à laquelle une des traditions alexandrines place l'Exode du peuple hébreu. — XIXᵉ dynastie.

Parmi les autres monuments réunis dans cet endroit, on n'a plus guère à signaler, à l'ouest, entre la première colonne et le pilier et faisant face à la stèle d'Israël (voir p. 82) une stèle énorme du roi hérétique Khouniatonou (voir p. 71, n° 207). Elle a été malheureusement fort mutilée. On remarquera enfin, sur le palier de la salle :

183. — Granit noir. — Haut. 0 m. 80 cent. — *Karnak.*

Amon et Maout, les deux divinités principales de Thèbes, sont assises sur un grand siège à dossier. L'inscription gravée sur le devant constate que le monument a été exécuté par l'ordre de Séti Iᵉʳ, et les deux divinités reproduisent les traits du roi qui les a honorées ainsi, selon l'usage constant du temps. Le morceau est d'une facture très soignée. — XIXᵉ dynastie.

ATRIUM CENTRAL.

Le décor de l'atrium central n'est pas complet. C'est là que doivent figurer les plus pesants et les plus grands de nos monuments, les colosses venus des divers points de l'Égypte, les fragments d'obélisques, les pyramidions, mais plusieurs de ces pièces lourdes ne sont pas encore arrivées au Caire, et elles attendent parmi les ruines que le Service possède les ressources nécessaires pour les enlever. Trois des grands socles restent donc vides, et l'un de ceux qui sont occupés l'est par une statue trop petite, qui sera remplacée aussitôt que nous nous serons procuré un monument mieux proportionné au site.

Aux quatre angles, sur les paliers latéraux de l'escalier, on a posé provisoirement des sarcophages en bois du type ordinaire de la XIIe dynastie. Il suffira de signaler l'un d'eux :

142. — Bois. — Haut. 3 m. 11 cent., larg. 0 m. 62 cent., haut. 0 m. 60 cent. — *Sakkarah*.

Le sarcophage de Kheperka présente sur ses faces extérieures le décor qui est de règle à cette époque, et dont nous avons déjà un bon exemple dans la partie occidentale de la grande galerie d'honneur (voir p. 7-8).

Sur les deux piédestaux qui se dressent à droite et à gauche de l'escalier septentrional, on a établi deux superbes colosses de granit rose :

224. — Granit rose. — Haut. 2 m. 92 cent. — *Aboukir*.

Ainsi que le n° 196 cette statue colossale a été usurpée par Ramsès II, et elle appartenait à un souverain de la XIIe ou de la XIIIe dynastie dont le nom n'a laissé aucune trace. Elle le représentait debout, marchant, d'une allure très fière. — XIIe-XIIIe dynasties.

227. — Granit rose. — Haut. 3 m. 30 cent. — *Tanis.*

Statue colossale qui représentait un roi de la XIIe ou de XIIIe dynastie, debout, marchant du même mouvement que la statue d'Aboukir (n° 224) : comme celle-ci, elle a été usurpée par Ramsès II. Elle a été brisée en trois fragments dès les temps anciens.

Les trois piédestaux garnis sur les deux côtés de l'atrium sont occupés par des statues assises de même époque que les précédentes et usurpées comme elles par Ramsès II :

196. — Granit gris. — Haut. 2 m. 65 cent. — *Tanis.*

Ce magnifique colosse représente un roi assis de la XIIe dynastie. Ramsès II effaça le nom du premier possesseur et lui substitua ses cartouches. L'usurpation est évidente sur les deux côtés du siège, où les deux Nils, liant autour du caractère ⊥ les tiges symboliques de la Haute et de la Basse-Égypte, sont d'une autre main et d'un style plus ancien que les inscriptions qu'on lit autour d'elles. — XIIe et XIXe dynasties.

225. — Granit gris. — Haut. 2 m. 40 cent. — *Tanis.*

Cette statue colossale a été usurpée par Ramsès II, comme les n°s 196 et 224. Elle appartenait primitivement, comme celles-ci, à un Pharaon de la XIIe ou de la XIIIe dynastie

226. — Granit noir. — Haut. 2 m. 10 cent. — *Tanis.*

Roi assis, sans barbe, probablement de la XIIIe ou de la XIVe dynastie. Ramsès II a usurpé cette statue et y a fait graver son nom comme sur les précédentes. Sur la même ligne, on a disposé provisoirement les restes d'une grande belle table d'offrandes en albâtre, consacrée par Thoutmôsis III dans le temple de Karnak, puis :

Au centre de l'atrium se dresse un pyramidion d'obélisque en granit rose, d'un travail très fin, amené de Karnak en 1884 : les tableaux qui le couvrent montrent le Pharaon Thoutmôsis III en adoration devant Amon et les dieux thébains.

1403. — Granit noir tacheté. — Long. 1 m. 50 cent. et 1 m. 60 cent., haut. 0 m. 98 cent. — *Licht.*

Autel en forme de bloc quadrangulaire, dont le dessus est orné pour imiter deux tables d'offrandes placées dos à dos. Sur les côtés, des Nils et des nomes de l'Égypte apportent les produits du sol. Ce beau monument a été découvert par MM. Gautier et Jéquier dans la chapelle funéraire d'Ousirtasen Ier, au pied de la pyramide de Licht. — XIIe dynastie.

SALLE P.

Cette salle, qu'on pourrait appeler la Salle des Singes pour le nombre de statues de cynocéphales qu'on y voit, renferme, avec quelques monuments de la XVIIIe dynastie, la plupart de ceux de la XIXe.

Côté nord de la Salle.

La partie du mur ouest qui s'étend de la porte à l'angle nord-ouest, contient les restes d'une belle stèle du prince Sitaou, qui vivait à El-Kab au début de la XXᵉ dynastie, puis dans l'angle nord-ouest :

156. — Granit rose. — Haut. 0 m. 90 cent. — *Memphis.*

Partie supérieure d'une statue royale coiffée du scarabée, et provenant des fouilles faites au temple de Phtah en 1892. Elle appartenait peut-être à une statue de Ménephtah. — XIXᵉ dynastie.

Les murs d'écran, qui rejoignent les pilastres du côté nord, sont décorés de belles stèles originaires d'Abydos. Contre les pilastres eux-mêmes on a dressé :

187. — Granit noir. — Haut. 0 m. 80 cent. — *Tanis.*

Partie supérieure d'une statue représentant un roi, le bras gauche étendu, la main droite serrant contre la poitrine le sceptre *hik*. Le roi est sans barbe ; sa tête est couverte de la grosse perruque, autour de laquelle s'enroule une bandelette terminée par des uræus. On voit sur le dos du siège un commencement de légende, qui ne nous dit malheureusement pas de quel roi ce joli monument nous conserve les traits.

Galerie ouest de la Salle.

178. — Granit rose. — Haut. 2 m. 45 cent. — *Louxor*.

Cynocéphale provenant du soubassement de l'obélisque de Louxor. Les figures qui complétaient la décoration de la base ont été emportées à Paris avec l'obélisque lui-même. — XIXe dynastie.

177. — Syénite. — Hauteur 1 m. 45 cent. — *Bubaste*.

Buste du roi Ramsès IV, provenant des fouilles de M. Naville. — XXe dynastie.

La porte qui mène à la salle R est garnie dans son épaisseur de :

208 et 209. — Granit rose. — Haut. 2 m. 24 cent. — *Abydos*.

Parois latérales d'une porte enlevée autrefois du temple d'Osiris à Abydos, et abandonnée à Bélianéh sur la berge du fleuve ; elles ont été apportées au Musée en avril 1882. Le Pharaon Ramsès II, debout, fait offrande au reliquaire qui contient les restes de l'Osiris d'Abydos. — XIXe dynastie.

Côté sud de la Salle.

Dans l'angle sud-ouest est placé tout ce qui reste d'une statue en granit gris de Ramsès III, découverte à Médinet-

Habou par M. Daressy : le roi tenait devant lui l'image aujourd'hui décapitée d'un Osiris momiforme. Derrière ce groupe :

176. — Syénite. — Hauteur 1 m. 05 cent. — *Bubaste.*

Tête de Ramsès II, coiffée des cornes de bélier supportant le disque surmonté des deux plumes d'autruche ; découverte par M. Naville à Bubaste. — XIX° dynastie.

184. — Calcaire. — Haut. 2 m. 62 cent., larg. 1 m. 07 cent. — *Abydos.*

Grande stèle contenant une prière adressée par le roi Ramsès IV aux divinités d'Abydos. — XX° dynastie.

195. — Calcaire. — Hauteur 1 m. 17 cent. — *Sakkarah.*

Statue de Khaî, gardien du trésor de la chapelle funéraire de Ramsès II. Khaî assis, enveloppé dans sa longue robe, tient devant lui un petit naos renfermant une image du dieu Râ à tête d'épervier. — XIX° dynastie.

180. — Albâtre. — Diam. 0 m. 68 cent., haut. 0 m. 38 cent. — *Tell-el-Yahoudiéh.*

Tambour de colonne provenant d'un palais de Ramsès III. Le pendant se trouve devant le pilier est de la paroi sud. — XX° dynastie.

620. — Granit noir. — Haut. 1 m. 80 cent.

Statue assise qui porte en plusieurs endroits les nom et prénom de Ramsès II. C'est probablement une statue de la XII⁰ dynastie, usurpée par ce Pharaon. — XIX⁰ dynastie.

Pilier central.

1314. — Calcaire peint. — Haut. 1 m. 02 cent. — *Tell-Moustéh.*

Statue représentant un cynocéphale accroupi, paré d'un collier auquel pend un large pectoral. Le corps est creux : il contenait, au moment de la découverte, cinq statuettes de singe qui sont exposées dans la cage F (voir p. 301) du Salon Septentrional au premier étage. — XIX⁰ dynastie.

194. — Calcaire. — Haut. 1 m. 10 cent. — *Sakkarah.*

Autre statue de Khaî (cf. n° 195, p. 88); le naos renferme une image d'Osiris. — XIX⁰ dynastie.

215. — Granit rose. — Haut. 2 m. 08 cent, larg. 1 m. 15 cent. — *Gournah.*

Belle stèle de Pouimari, deuxième prophète d'Amon, prise dans son tombeau à Gournah. — XVIII⁰ dynastie.

Entre les deux fenêtres.

149. — Calcaire. — Long. 1 m. 65 cent., haut. 0 m. 65 cent. — *El Hibéh.*

Linteau de porte provenant du tombeau d'un chef des écuries royales nommé Pahonnoutir; les cartouches de Ramsès III nous donnent la date de ce monument. — XXᵉ dynastie.

1604. — Calcaire grossier. — Haut. 0 m. 80 c.

Stèle de style et de conservation médiocre, curieuse pourtant par le sujet qu'elle représente. Dans certaines stèles que nous avons signalées (voir p. 4 et p. 19, n° 63), on voit le mort sortant par la fausse porte de son tombeau pour prendre l'offrande qu'on vient de déposer devant lui : ici il passe la tête dans l'embrasure par dessus le battant et semble regarder ce qui se passe devant lui. Le personnage à qui nous devons ce monument unique jusqu'à présent s'appelait Nibari. — XXᵉ dynastie.

Centre de la Salle.

Un sphinx y est couché, la face à l'est, un grand sphinx en granit rose au nom de Ramsès II, et qui provient de Tanis. Devant lui, on a placé un groupe mutilé représentant un Osiris momiforme assis sur un siège plein : les jambes sont flanquées de deux statuettes du Pharaon Ménephtah, debout, en costume royal. Derrière lui, on voit les restes d'un autre groupe, découvert par M. Daressy à Médinet-Habou, et qui reproduit une scène souvent figurée sur les parois des temples mais rarement exprimée, comme elle l'est ici, par des statues de grandeur naturelle. Le roi Ramsès III, debout entre Horus et Typhon, recevait l'affusion d'eau vivifiante qu'ils versaient sur lui; Typhon a disparu, mais Horus est demeuré à peu près intact ainsi que le roi.

De toutes les statues distribuées autour du sphinx, sur le palier de la salle, la plus curieuse est :

179. — Calcaire. — Haut. tot. 0 m. 70 cent. — *Sakkarah*.

Joli groupe représentant Zaï et la sœur Naïa assis sur un siège commun. Ils sont tous deux vêtus à la mode de Ramsès, Zaï avec la longue robe, bouffant aux manches et se terminant par devant en tablier, Naïa avec la grande chemise collante. D'énormes perruques à longues tresses leur couvrent la tête. Les profils des personnages gravés sur le dos du siège rappellent le type de Séti Ier; les deux statues assises ont, au contraire, tous les caractères de la physionomie douce et épanouie, qui est le cachet de la belle tête royale que Mariette pensait être celle de Mînephtah, petit-fils de ce même Séti Ier, mais qui paraît avoir été celle d'Harmhabi (voir p. 61, n° 197). — XIXe dynastie.

SALLE Q.

La salle Q contient une collection de statues brisées, de stèles et d'inscriptions de la XIXe et de la XXe dynasties, provenant pour la plupart des nécropoles d'Abydos et de Sakkarah. Le plus curieux de ces monuments est :

168. — Calcaire. — Long. 2 mètres, larg. 0 m. 96 cent. — *Abydos*.

Lorsque j'ai rapporté cette stèle d'Abydos en 1882, elle était en aussi bon état que la stèle symétrique du même roi qui a été décrite dans la salle P (voir p. 88, n° 184). Elle a été réduite à l'état où on la voit par l'humidité qui prévalait dans certaines salles du Musée de Gizéh. Elle est de Ramsès IV, et elle renferme une longue prière de ce Pharaon dans laquelle il se souhaite à lui-même les *67 années de Ramsès II*. Il ne régna d'ailleurs que quatre ans. — XXe dynastie.

SALLE R.

On y voit quelques monuments, malheureusement très mutilés de l'époque des Ramessides.

Côté ouest de la Salle.

On y rencontre, entre la porte de la galerie O et celle de la salle P :

1° Un beau bas-relief détaché par M. Petrie d'un tombeau de Dendérah, et dont le tableau principal nous montre le scribe Siésît purifié par un personnage à moitié détruit;

2° Les débris d'une des claire-voies en grès qui éclairaient les salles ruinées de Médinet-Habou. Le dessin en montrait le prénom de Ramsès III entre deux éperviers qui étendent leur ailes et deux personnages agenouillés : il ne subsiste plus qu'une moitié à peu près de l'ensemble. — XXe dynastie.

Les deux têtes colossales en granit rose qui sont dressées à droite et à gauche de la porte furent détachées de statues du Pharaon Ramsès II aujourd'hui détruites : elles ont été découvertes à Mit-Rahinéh par M. de Morgan, en 1892, dans les ruines du temple de Phtah. Deux autres fragments de statues s'appuient à la face antérieure des deux socles et en masquent la nudité. Du côté sud, c'est un Amon en granit noir, debout, marchant; le haut de la coiffure manque ainsi que les pieds. Du côté nord, le scribe Aménôthès est debout ; la statue était en granit noir également et d'un bon travail de la XIXe dynastie.

Enfin, au pilastre qui sépare la salle R de la salle S, on a adossé une pièce superbe : une tête détachée d'un colosse de Ramsès II, provenant du temple de Louxor. Contre le socle s'appuie :

181. — CALCAIRE BLANC. — Haut. 1 m. 52 cent., larg. 0 m. 55 cent. — *Sakkarah.*

Fragment d'un pilier tiré du tombeau de Nofirhotpou, fils de Houi, qui vivait sous la XIXe dynastie. On y voit, à la face antérieure, un *dadou* ⸸, surmonté d'un chapiteau Hathorien de bon travail : deux *dadou* coiffés de plumes et surmontés d'un épervier à tête humaine ornaient les deux côtés.

Côté est de la Salle.

Il n'offre que des monuments d'ordre secondaire, parmi lesquels on remarquera pourtant un côté de siège et une jambe qui appartenaient à un colosse d'Osorkon II, découvert à Bubaste. C'est l'une des œuvres qui montrent le mieux que la tradition du grand art ne s'était pas perdue sous la XXIIe dynastie, quoiqu'on en ait dit.

Deux sarcophages anthropoïdes en calcaire et grès rouge de la XIXe dynastie, et les deux bras d'un colosse en granit rose de Ramsès II, découverts à Mit-Rahinéh en 1892, s'espacent sur le palier de la salle.

SALLE S.

On y voit les derniers monuments de l'époque Ramesside mais brisés et presque sans valeur artistique : c'est toujours la même profusion de stèles et de statues banales de style comme de sujet. Une pièce pourtant manifeste quelque originalité, le groupe fort endommagé qui est placé dans l'embrasure de la fenêtre : il nous montre, exprimés en un groupe de statues et d'emblèmes, les éléments qui forment le cartouche de Ramsès II. Les deux couvercles de sarcophages en granit rose qui le flanquent à droite et à gauche, sont d'une rudesse de travail qui nous engagerait à le ramener à une époque plus barbare, si les noms ne trahissaient l'âge Ramesside.

Un autre groupe de granit rose, adossé au pilastre est qui sépare la salle S de la salle R, reproduit en grandeur héroïque une scène figurée souvent sur les temples de la seconde époque thébaine, le Pharaon qui sacrifie au dieu Amon les chefs barbares liés et agenouillés devant lui. Ici le Pharaon est Mînephtah, à côté de qui l'on aperçoit son fils Séti, le même qui fut roi plus tard sous le nom de Séti II : c'est probablement un souvenir de la grande victoire de l'an V sur les Libyens. — XIXe dynastie.

Sur le palier de la salle s'allonge un beau linteau de porte en granit rose, recueilli à Belianéh en 1881 avec les deux montants qui garnissent la porte est de la salle P. Il porte le nom de Séti Ier, et il provient comme eux de l'un des temples d'Abydos. — XIXe dynastie.

SALLE T.

La salle T mériterait d'être appelée la Salle des Naos pour le nombre des monuments de ce genre qui y sont réunis. De tout temps, le naos, cette sorte de tabernacle dans lequel on logeait l'emblème vivant ou inanimé du dieu, avait fait partie intégrante du mobilier des temples : mais, sous les dynasties thébaines, il était de préférence en bois, ou, s'il était en pierre, il n'avait que des dimensions restreintes. Sous la dynastie saïte, il fut le plus souvent en pierre dure, granit, basalte, schiste, calcaire, et de proportions considérables. De plus, on le couvrit de sculptures représentant les formes du dieu local ainsi que de ses dieux parèdres et des génies attachés à sa personne : il devint comme un résumé du temple dans lequel il se trouvait, de manière à pouvoir remplacer ce temple si celui-ci venait à disparaître. J'ajouterai que d'ordinaire on se figure l'art saïte comme grêle et mièvre par rapport à l'art des âges antérieurs. Un coup d'œil jeté sur ces naos montrera qu'il ne craignait pas plus les masses que ses prédécesseurs : seulement, au lieu de répandre sur elles des bas-reliefs largement espacés, il les habillait d'un décor serré de petits tableaux encombrés de figures et d'inscriptions taillées dans la pierre avec une patience et un art admirables.

Centre de la Salle.

252. — GRANIT GRIS — Haut. 1 m. 85 cent., long. 2 m. 10 cent., larg. 1 m. 86 cent. — *Saft-el-Hennéh.*

Restes d'une chapelle monolithe au nom du roi Nectanébo II. Cet admirable monument, qui était complet il y a vingt-cinq ans, a été brisé par le propriétaire d'un domaine voisin vers 1877, et une partie des débris utilisés à la construction d'une pile de pont. Les plus gros des fragments subsistants furent apportés au Musée en 1881-1882 ; le reste est arrivé successivement, après les fouilles de

Naville en 1883, puis par les soins des agents du Service. Nous ne désespérons pas de retrouver un jour la plupart des morceaux qui manquent. Ce monument était dédié aux dieux du nome Arabique et il est précieux pour la quantité de renseignements mythologiques qu'il fournit. — XXX° dynastie.

Derrière ce naos, et tournés vers l'ouest, nous avons placé les restes d'un fort beau groupe, semblable pour la pose et pour l'intention au groupe de Psammétique et de la vache Hathor qu'on rencontrera au premier étage dans le salon septentrional (cfr. p. 282, n° 1020).

268. — Schiste. — Haut. 0 m. 98 cent., long. 1 m. 30 cent. — *Sakkarah.*

Un bœuf Apis, debout, marchant, allongeait sa tête aujourd'hui détruite, au-dessus de l'image, également détruite, d'un certain Pétésamtoui qu'il plaçait ainsi sous sa protection. Le modelé du corps est excellent et le mouvement de l'animal rendu avec beaucoup de bonheur. — Époque persane.

265. — Grès. — Haut. 1 m. 55 cent., larg. 0 m. 62 cent., prof. 0 m. 86 cent. — *Baqliéh.*

Naos portant les cartouches du roi Apriès. Le dieu Thot, qui était le patron de la localité d'où il provient, y est représenté sous toutes ses formes ainsi que ses parèdres du cycle osirien : le sistre d'Hathor, qui est dressé au fond de la niche, nous apprend quelle était la déesse associée à Thot dans cet endroit. — XXVI° dynastie.

Le long du mur est on a exposé, avec les restes du tombeau de Hori, un linteau de porte qui présente un certain intérêt historique :

258. — Grès. — Haut. o m. 5o cent., long. 1 m. 6o cent. — *Karnak.*

Il provient d'une des nombreuses chapelles élevées dans la ville de Karnak, du VIII° au VI° siècle avant J.-C., par les pallacides d'Amon qui régnaient héréditairement sur Thèbes, sous la suzeraineté des Pharaons Éthiopiens et Saïtes. Lorsque l'office de grand-prêtre avait été aboli, elles avaient succédé à la lignée mâle dans le gouvernement de la principauté thébaine, mais leur pouvoir n'était que nominal: elles avaient à côté d'elles un haut personnage qui exerçait l'autorité pour elles, et peut-être tenait-il le rôle de mari que les ministres exerçaient à Madagascar auprès de la reine, avant la conquête française. Ici trois d'entre elles, Amenertas et Shapenouapit II à gauche, Nitocris et probablement Shapenouapit à droite, cette dernière suivie du régent Pétéharrisni, sont en adoration devant Amon et Maout à gauche, devant Amon et Khonsou à droite. Nitocris est une fille de Psammétique Ier dont il est question dans la stèle découverte par M. Legrain à Karnak ; elle fut adoptée par Shapenouapit II et elle entra de la sorte dans la famille thébaine. — XXVI° dynastie.

Les autres fragments retrouvés de ce naos sont exposés dans la salle U, p. 106.

283. — Granit noir. — Haut. 1 m. 85 cent., larg. 1 m. 16 cent. — *Caire.*

Stèle découverte en 1870 dans les fondations d'une petite chambre de la mosquée Cheïkhoun, au Caire, par

Mohammed effendi Kourchid, alors surveillant en chef du Musée. Elle date de l'an XII d'Alexandre II, fils d'Alexandre le Grand, et a été dédiée par Ptolémée, fils de Lagos, qui ne prend encore que le titre de satrape d'Égypte. Ptolémée était déjà fort puissant. Il avait fait sa résidence de la forteresse du roi Alexandre Ier, sur les bords de la Mer Ionienne, c'est-à-dire d'Alexandrie dont le nom primitif était Rakôti, et où il avait établi beaucoup de Grecs avec leurs chevaux et de galères avec leurs soldats. S'étant rendu au pays des Syriens, pendant qu'ils lui livraient bataille, il se jeta au milieu d'eux d'un cœur hardi, comme un vautour au milieu de moineaux ; il les prit en une seule fois et il amena en Égypte leurs chefs, leurs chevaux, leurs vaisseaux, toutes les richesses. — Au retour d'une campagne heureuse en Marmarique, comme il fêtait sa victoire et cherchait ce qui pouvait être agréable aux dieux d'Égypte, un de ses conseillers lui suggéra de confirmer au temple de Bouto la donation que le roi Khabbisha avait faite aux dieux de cette ville, des biens qui leur avaient été enlevés jadis par Xerxès Ier, roi de Perse. Ptolémée y consentit : la stèle se termine par des imprécations contre quiconque essaiera de renouveler la spoliation. — Époque ptolémaïque,

246. — Granit rose. — Haut. 0 m. 43 cent., larg. 1 mètre. — *Bubaste.*

Fragment de beau bas-relief où l'on voit le Pharaon Nectanébo Ier agenouillé en adoration devant ses propres cartouches. Il est accompagné de son *double*, qui est représenté, selon un mode peu usité, par une figure d'homme coiffée de l'épervier d'Horus et posée entre les deux bras d'un signe ⎕, lequel est à son tour supporté par le signe de la bataille ⎕. Il est rare que la nature spéciale du *double* soit indiquée de façon aussi complète. — XXX° dynastie.

245. — Granit noir. — Haut. 1 m. 25 cent., larg. 1 m. 10 cent. — *Esnéh.*

Naos qui garde au fronton la bannière du roi éthiopien Sabacon; les cartouches sont martelés. Il provient d'un temple d'Esnéh, antérieur au temple actuel. — XXV° dynastie.

La statue accroupie devant le piédestal de ce naos représente un prince, Ouahbrî, qui a érigé également la statue placée devant le naos n° 249 (voir p. 100).

Le naos qui s'adosse au pilier central a été découvert à Tounah, la Tanis supérieure des géographes gréco-romains. Il a été consacré par le Pharaon Apriès en l'honneur du dieu Thot d'Hermopolis. C'est un bloc admirable de granit rose, taillé avec un soin et poli avec une perfection remarquables. Il est d'autant plus intéressant pour nous que toute la région où il a été découvert est jusqu'à présent très pauvre en monuments de l'âge saïte ; il nous prouve que les grandes cités de cette partie de l'Égypte moyenne possédaient encore à cette époque des tailleurs de pierre et des sculpteurs experts. — XXVI° dynastie.

249. — Granit noir. — Haut. 0 m. 90 cent., larg. 0 m. 64 cent.

Ce petit naos porte le nom de Nectanébo II, et il semble provenir de Saïs, s'il faut en juger la dédicace à la déesse Néit qu'il porte sur les deux montants. — XXX° dynastie.

La statue de granit noir qui est accroupie en avant de la base de ce naos, dans une posture 🐒 fréquente vers l'époque saïte, vient de Saïs même et appartient à un prince de Saïs, Ouahbrî, fils de Pefaaniêt, dont nous avons rencontré une statue devant la base du naos n° 245 (v. p. 99).

1405. — Granit rose. — Haut. 2 m. 65 cent., larg. 1 m. 25 cent. — *Karnak.*

Stèle retrouvée par M. Legrain dans le dallage de la grande cour, devant le temple de Séti II. Au sommet, un grand-prêtre d'Amon, nommé Aouarati, est en adoration devant les principales divinités de Thèbes. Un décret d'Amon remplit toute la partie inférieure de la stèle. Aouarati, alors qu'il était adolescent, en l'an X de son père Osorkon II, avait acquis dans le district de Siout tout un domaine rural comprenant des terrains de culture, des plantations d'arbres, des esclaves, etc. L'inventaire de ces biens est dressé avec la valeur de chaque lot acheté à des personnes différentes; toutes les formalités requises d'enregistrement ont été remplies, tant pour les terres qui appartenaient au Pharaon que pour celles qui dépendaient du temple d'Amon. Après avoir établi ainsi ses titres de propriétés, Aouarati déclare donner ce domaine à son beau-frère le prophète d'Amon et gouverneur de district, Khânouisît, et à ses héritiers. Les sept dernières lignes sont remplies par des imprécations d'Amon contre quiconque oserait créer des difficultés au nouveau propriétaire à propos de ces terrains.

254. — Calcaire blanc. — Haut. 0 m. 30 cent. — *Mît-Rahinéh.*

Charmants bas-reliefs provenant d'un tombeau détruit

dès l'époque persane. Ils avaient été employés à Memphis comme matériaux de construction à l'époque grecque, ainsi que le prouve le ravalement qu'ils ont subi et qui a endommagé le bas de l'un d'eux ; Mariette les a retrouvés d'ailleurs dans les ruines d'une maison à Memphis. Sur trois d'entre eux le scribe Psamitik-Nofirsamou, assis, surveille l'apport et l'enregistrement du tribut de ses domaines funéraires ; sur le quatrième, la fabrication des meubles destinés à son tombeau est représentée. C'est peut-être ce que l'art saïte nous a laissé de plus délicat et de plus fin : la facture en est un peu molle, mais ce léger défaut est racheté par une grâce et par une souplesse dignes des meilleures époques de la sculpture égyptienne. — XXVI° dynastie.

L'angle nord-ouest est occupé par la statue en grès rouge d'un certain Ouahbrî, prince et grand-prêtre de Nèït à Saïs, dont la tête a disparu malheureusement, et qui est peut-être identique à l'Ouahbrî des deux statues indiquées plus haut (voir p. 99 et 100). Il est agenouillé, et il tient devant lui un naos surmonté d'un pyramidion tel qu'en ont plusieurs des naos exposés dans cette salle. La baie du naos est remplie par tout un dessin d'architecture très intéressant, pour ce qu'il nous montre comment nos naos monumentaux étaient fermés quelquefois. Ils n'avaient pas toujours un simple battant en bois, mais la porte affectait les allures grandioses d'une façade de pylône ou ici, comme il s'agit d'un naos destiné à Osiris, d'une façade de tombeau. — Époque saïte.

253. — Granit noir. — Haut. 1 m. 98 cent., prof. 0 m. 95 cent., larg. 0 m. 95 cent. — *Le Caire.*

Naos dédié par Nectanébo Ier. Il a été trouvé au Caire, mais il provient certainement de Bubaste, d'après la mention de la déesse Bastît et de Harchafîtou dans Bubaste, qui se trouve parmi les légendes. C'est un des nombreux monuments qui furent transportés au Caire vers l'époque des Éyoubites et des sultans mamelouks, pour être employés comme blocs de fondation ou comme pierres de seuil dans les mosquées ou dans les maisons privées. — XXXe dynastie.

Côté méridional de la Salle.

Le premier naos qu'on y rencontre, en partant du montant sud de la porte qui conduit sous le portique de l'atrium central, est en schiste, au nom de Nectanébo Ier (hauteur 2 m. 05 cent.). Il est demeuré inachevé et l'inscription dédicatoire n'a été gravée qu'au fronton et sur le montant de gauche. Elle nous apprend qu'il était dédié à Anhouri-Shou, fils de Râ, maître de Sébennytos, et à sa compagne Mahit, et qu'à l'origine il avait été placé dans le temple de Sébennytos. Il a été trouvé dans les fondations d'une mason du Caire. — L'épervier en grès qu'on y voit ne lui appartient pas : il n'a été mis là que pour montrer quelle nature d'emblèmes les prêtres enfermaient dans les naos de leurs temples. — XXXe dynastie.

254 *bis*. — CALCAIRE. — Haut. 0 m. 30 cent., larg. 1 m. 08 cent. et 1 m. 30 cent. — *Mit-Rahinéh.*

Les deux bas-reliefs qui sont réunis sous ce numéro proviennent du tombeau de Psammétique-Nofirsamou, comme les bas-reliefs décrits sous le n° 254 (voir p. 100). Le plus grand représente le mort, auquel des femmes apportent les colliers et les bijoux en or de son trousseau funéraire, qu'un scribe enregistre devant lui. Dans l'autre, les domaines viennent déposer à ses pieds leurs tributs de légumes, de fleurs, de volailles et de bestiaux. Ils sont mieux conservés que les précédents, et on y distingue plus aisément les grandes qualités de facture qui distinguaient les sculptures de ce tombeau. — XXVI⁰ dynastie.

255. — Calcaire. — Haut. o m. 4o cent., long. 1 m. 4o cent. — *Héliopolis.*

Ce bas-relief est, comme les précédents, emprunté à un tombeau où étaient reproduites les scènes que nous sommes accoutumés de voir dans les mastabas du vieil empire memphite. Le seigneur Patenefi, assis confortablement sur son fauteuil, reçoit l'offrande des roseaux et des bœufs vers la gauche; vers la droite, il est en barque et prend au filet des oiseaux d'eau. Le travail est fort bon, sans être aussi fin que celui des bas-reliefs de Psammétique-Nofirsamou. — XXVI⁰ dynastie.

1609. — Granit rose. — Haut. 1 m. 9o cent.

Cette stèle, d'une lecture fort difficile, n'a été que tout récemment mise en lumière par M. Daressy. Elle est datée de l'an I⁰ʳ d'Ahmasis, et elle nous donne la relation égyptienne d'événements dont nous n'avions que des versions grecques recueillies par Hérodote et par Diodore de Sicile. Le roi y raconte à sa façon la manière dont il prit les armes contre Apriès, les victoires qu'il remporta sur ce dernier, et son intronisation comme roi légitime des deux Égyptes. — XXVI⁰ dynastie.

1610. — Granit gris. — Haut. 2 m. 1o cent. *Kom-Gayéf.*

Cette superbe stèle, d'une gravure admirable, a été découverte sur l'emplacement de l'ancienne Naucratis par S. A. le prince Hussein Kamel, qui a bien voulu la donner gracieusement au Musée en 1899. Elle est datée de la première année de Nectanébo II, et elle célèbre les dons et privilèges qu'il accorda à la déesse Néit, à savoir : un dixième de l'or, de l'argent, des bois bruts et ouvrés, de toutes les marchandises qui, venant de Grèce et d'Asie-Mineure, entraient en Égypte par la bouche canopique du Nil et y payaient les droits de douane prescrits, ainsi qu'un dixième de l'or, de l'argent, de toutes les marchandises entreposées dans la ville de Pamaraîti, surnommée Naucratis. Cette stèle, outre les renseignements précieux qu'elle nous fournit sur le système des douanes de mer de l'Égypte, nous apprend que le nom égyptien de Naucratis était Pamaraîti, et nous y rencontrons pour la première fois le nom de Naucratis transcrit en hiéroglyphes. — XXXe dynastie.

244. — Granit à grain fin. — Côté de la base 0 m. 52 cent.

Base de colonne en forme de cloche renversée : l'inscription qui court le long de la plinthe paraît être postérieure au monument lui-même. — Époque persane.

247. — Granit gris. — Haut. 1 m. 85 cent., larg. 0 m. 74 cent.

Cuve ou autel en forme de cartouche. — Époque saïte.

262. — Basalte. — Hauteur 0 m. 05 cent. — *Sakkarah.*

Statue d'Osiris dédiée par un certain Harô surnommé Rânofirabnofir, qui avait le titre de nourricier du Pharaon Psammétique II. — XXVIe dynastie.

284. — Calcaire. — Haut. 1 m. 47 cent., larg. 0 m. 78 cent., épais. 0 m. 36 cent. — *Mendès.*

Cette stèle, qui fut découverte par M. E. Brugsch bey à Tmai-el-Amdid, renferme un décret de Ptolémée II en l'honneur du bélier de Mendès et d'une fille divinisée du souverain. — Époque ptolémaïque.

278. — Granit gris. — Haut. 1 m. 28 cent., larg. 0 m. 98 cent. — *Tell-el-Maskhouta.*

Cette stèle, qui provient des fouilles de Naville, a été érigée par Ptolémée Philadelphe pour commémorer les travaux qu'il entreprit au fond de la Mer Rouge, et les expéditions qu'il envoya sur cette mer, afin de développer le commerce de l'Égypte avec l'Arabie méridionale et les régions des éléphants et des aromates. — Époque ptolémaïque.

Le bloc de granit rose sur lequel elle est posée consacre une donation faite au temple d'Abydos par Sheshonq Ier, alors qu'il n'était pas encore roi, afin de perpétuer le culte funéraire de ses ancêtres. C'est un document de la plus haute importance pour l'histoire des derniers temps de la XXIe dynastie.

Le dernier naos, celui qui est adossé au pilier sud de la porte qui conduit à la salle U, vient de Memphis et avait été érigé par le roi Ahmôsis en l'honneur du dieu Phtah : l'épervier en calcaire qui y est placé ne lui appartient pas non plus que celui du naos symétrique de Nectanébo Ier. Dans l'embrasure même de la porte, on voit du côté sud (voir p. 97), une stèle en calcaire au nom d'un certain Hori, prophète de Minou, qui a été découverte à Akhmîm et est un bon spécimen de l'art de cette ville sous les premiers Ptolémées ; du côté nord, des bas-reliefs provenant de la même chapelle que les bas-reliefs décrits plus haut (voir p. 97, n° 258) au nom de la reine Shapenouapît II, de la reine Ankhnasi et de son maire du palais Péténéit, ainsi que du Pharaon Psammétique.

SALLE U.

Elle est consacrée, partie aux Bubastites de la XXIIe dynastie, partie aux Saïtes de la XXVIe, mais sans offrir aucune pièce qui sorte de l'ordinaire. Le bloc exposé dans l'embrasure de la fenêtre est la partie supérieure d'un naos découvert à Bubaste par Naville, et qui fut consacré par le Pharaon Osorkon II. C'est au même Pharaon qu'appartiennent tous les fragments adossés à la muraille ouest.

Est de la Salle.

157. — Granit rose. — Haut. o m. 90 cent., larg. 1 m. 86 cent. — *Bubaste.*

Fragment d'inscription relative aux revenus du temple de Bubaste : on y voit par les masses énormes d'or et d'argent mentionnées quelle était encore la richesse de l'Égypte dans la première moitié de la XXIIe dynastie.

Deux statues flanquent la porte de la salle T, dont la plus importante s'adosse au montant nord :

250. — Granit noir. — Haut. 1 m. 32 cent. — *Mit-Rahineh.*

Il n'en reste plus que le tronc et les jambes, mais on lit

sur la base les noms des deux Pharaons Éthiopiens Shabitkou et Taharkou. — XXVᵉ dynastie.

Toutefois les deux monuments les plus importants qu'on voit dans la salle U. sont rangés sur le palier :

1279. — Basalte noir. — *Tell Tmai.*
Couvercle brisé du sarcophage d'un des béliers sacrés de Mendès, découvert par Émile Brugsch bey, en 1870, dans les ruines de la ville antique. — Époque ptolémaïque.

Au sud de ce sarcophage est placé le lit en granit noir découvert par M. Amélineau en 1897, dans une des tombes archaïques d'Omm-el-Gaab. La momie d'Osiris y est étendue de son long, les mains dégagées du maillot et tenant les emblèmes sacrés, la tête coiffée de la couronne blanche. Le dieu vient de s'éveiller et il a rendu mère Isis, figurée ici par un épervier placé vers le milieu de son corps : les quatre éperviers, fils d'Horus, veillent à sa tête et à ses pieds. Quelques fragments des éperviers ont été découverts en 1900 par M. Petrie et remis à leur place : d'autres manquent encore. Une légende royale placée sur le bord du lit contenait le nom du Pharaon qui a dédié ce monument, mais elle a été martelée avec soin et elle est restée indéchiffrable : les uns, comme M. Daressy, y voient un Pharaon de la XIIIᵉ dynastie, les autres y reconnaissent avec Groff un des derniers Pharaons saïtes, peut-être Nectanébo Iᵉʳ. Cette dernière hypothèse me paraît jusqu'à présent être la plus vraisemblable. L'un des tombeaux thinites de la nécropole d'Abydos, sans doute celui d'un roi comme Ouénéphés dont le nom prêtait à un rapprochement avec l'un des noms d'Osiris, aura été converti par la suite des temps en tombeau d'Osiris, et pour cette raison sera devenu le siège d'un culte considérable. Un monument du Louvre prouve que cet *Alkhai*, pour employer le terme égyptien, fut restauré à l'époque saïte, et peut-être le lit découvert par M. Amélineau date de cette restauration.

SALLE V.

La salle V contient la fin des monuments de l'époque saïte et quelques monuments de l'époque ptolémaïque. La plupart d'entre eux rentrent dans la catégorie des stèles funéraires et ne présentent d'intérêt que pour l'Égyptologue. Certains fragments d'un naos de Nectanébo Ier en basalte noir sont d'une très belle facture, mais il en reste trop peu pour nous donner l'idée de ce qu'était le monument complet. On remarquera seulement, adossé à l'un des piliers :

261. — Grès. — Haut. 1 m. 40 cent., larg. 0 m. 86 cent., prof. 0 m. 92 cent. — *Karnak*.

Morceaux d'un naos qui portait les cartouches de Psammétique Ier, de Shapenouapît II et de Nitocris. C'est à l'intérieur de ce naos que fut trouvée la statue de Thouéris, en basalte, qui est exposée au premier étage dans le salon septentrional (voir p. 306, n° 1016). — XXVIe dynastie.

Centre de la Salle.

241. — Granit. — Long. 1 m. 75 cent., larg. 0 m. 78 cent., haut. 0 m. 75 cent. — *Damanhour*.

L'existence de ce monument à Damanhour, dans la maison d'un particulier, ayant été signalée par M. Émile Brugsch bey, M. Maspero le fit apporter au Musée en juin 1883. Il appartenait au roi Psammétique II, comme le prouvent les inscriptions, toutefois la cavité est si étroite qu'elle n'a pu contenir que le corps d'un adolescent : Psammétique II mourut très jeune. Le sarcophage doit avoir été apporté à Damanhour de Sa-el-Hagar, l'antique Saïs, où était la sépulture de la famille des Psammétique. — XXVIe dynastie.

SALLE X.

La salle X contient le peu que nous possédons de monuments éthiopiens, ceux des rois de Napata qui conquirent l'Égypte au VIIIe siècle avant notre ère et dont les trois principaux, Sabacon, Shabitkou et Taharkou forment la dynastie éthiopienne de Manéthon, comme ceux des souverains d'époque postérieure qui du VIIe siècle avant J.-C. au IIIe siècle de notre ère, régnèrent sur l'Éthiopie seule à Napata, puis à Méroé. C'est une variété encore peu connue de l'art pharaonique. Au début, leurs monuments sont entièrement égyptiens par la technique, par le costume, par les types représentés, par l'écriture et par la langue. A mesure qu'on se rapproche de notre ère, les communications avec l'Égypte devenant hostiles, la tradition s'altère et se rompt : la langue se déforme, puis elle est remplacée par un idiome inconnu, dont les mots sont rendus en un système d'hiéroglyphes et de démotique dérivés de très loin des systèmes égyptiens.

Centre de la Salle.

174. — ALBÂTRE. — Haut. 1 m. 67 cent. — *Karnak.*

Cette jolie statue représente la reine Amenertas, fille du roi Kashto et sœur du Pharaon Sabacon. Les formes un peu longues et grêles sont chastes et délicates : la tête, surchargée de la grande perruque des déesses, est d'une expression un peu morne. Le socle est de granit gris; l'inscription donne le nom et les titres de la reine. Les deux noms martelés sont ceux de Sabacon et de Kashto, que les monarques de la XXVIe dynastie considéraient comme des usurpateurs. La statuette mutilée en granit noir qui est exposée le long de la paroi ouest appartenait à la même reine et était également d'un travail achevé. — XXVe dynastie.

Contre les quatre piliers on a rangé des fragments de statue fort beaux. Et d'abord, contre le pilier sud-est, un monument entièrement égyptien :

1366. — BASALTE. — Hauteur 1 m. 51 cent. — *Médinet-Abou.*

Statue d'Osiris découverte en 1894, et consacrée au nom de la reine Nitocris, la fille de Psammétique Ier. Les formes du corps sont un peu longues et grêles, mais la face a une douceur d'expression toute saïte. — XXVIe dynastie.

La statue en granit gris qui lui fait pendant sur le pilier sud-ouest représente une reine de l'époque éthiopienne, reconnaissable à la double uræus qui se dresse sur son front : les pieds manquent. Le faire est un peu plus large que celui de l'Osiris précédent; l'ensemble est aussi bon pour le moins que celui de la statue d'Amenertas.

La belle statue qui se dresse en avant du pilier nord-est représente un certain Mantoumihaït, qui fut le conseiller des princesses thébaines (voir p. 97, n° 258) dans la première moitié du VIIe siècle, et qui gouverna pour elles la principauté d'Amon. Il sut sortir indemne des périls dont le menaçaient l'hostilité des Assyriens et des Éthiopiens, et, pliant tour à tour devant Taharkou et Assourbanabal, s'il ne réussit pas à empêcher le pillage de Thèbes par les armées ninivites, il répara de son mieux les ruines qu'elles y avaient laissées. Malgré la mutilation qu'il a subi, ce fragment de statue en granit noir est un admirable portrait plein d'expression et de vie. Il a été trouvé par Miss Benson à Thèbes dans le temple de Maout. — XXV⁰ dynastie.

Contre le pilier du nord-ouest on aperçoit une œuvre non moins mutilée, mais non moins belle :

164. — GRANIT NOIR. — Haut. 0 m. 31 cent. — *Louqsor.*

Tête du conquérant éthiopien Taharkou. Une autre tête du même souverain, en granit rose, est placée derrière la stèle de Piânkhi (n° 160), dans l'embrasure de la fenêtre.

Les quatre stèles réparties sur le palier de la salle et dans l'embrasure de la porte qui mène à la salle V, proviennent des ruines de Napata, de l'endroit qui s'appelait jadis la Montagne Sainte et qu'on nomme aujourd'hui le Gebel Barkal. Ce sont, comme Mariette les a définies au moment de la découverte, cinq pages importantes extraites des archives de l'Éthiopie.

La plus ancienne se dresse en avant de la fenêtre :

160. — GRANIT GRIS. — Haut. 1 m. 80 cent., long. 1 m. 84 cent., épais. 0 m. 43 cent. — *Gebel Barkal.*

Le roi de Napata Piânkhi, qui vivait entre 750 et 730 av. J.-C., y raconte longuement comment il soumit toute l'Égypte, partagée entre un grand nombre de princes, dont quatre se prétendaient des Pharaons et prenaient le cartouche. Après avoir réduit le plus puissant d'entre eux, Tafnakhti, de Saïs, dont le fils Bocchoris forma plus tard à lui seul toute la XXIV⁰ dynastie, il rentra à Napata en paix et il dédia cette stèle triomphale dans le temple d'Amon sur la Montagne Sainte.

162. — Granit gris. — Haut. 1 m. 32 cent., larg. 0 m. 72 cent. — *Gebel Barkal.*

Trois quarts de siècle se sont écoulés depuis la victoire de Piânkhi, et ses successeurs ont été tout ce temps-là les Pharaons officiels de l'Égypte, mais ils ont soulevé contre eux l'hostilité de l'empire ninivite, et le dernier d'entre eux, Taharkou, a été refoulé plusieurs fois en Éthiopie par Asarhaddon puis par Assourbanabal : l'Égypte n'est plus qu'une province assyrienne, et les princes du Delta obéissent à l'étranger. Le fils de Sabacon, qui succéda à Taharkou dans Napata, Tanouatamanou, entraîné par un songe, se décida à recommencer la conquête de l'Égypte. S'il faut en croire son récit, il ne rencontra pas de résistance bien sérieuse jusqu'à Memphis, dont il s'empara. Mais, ensuite, les princes du Delta s'enfermèrent dans leurs forteresses, et le monarque éthiopien dut les y assiéger : il allait se décourager lorsqu'ils vinrent lui faire leur soumission à Memphis, Pakrourou en tête. La royauté de Tanouatamanou sur l'Égypte ne dura que quatre ans. — XXV⁰ dynastie.

Est de la Salle.

163. — Granit gris. — Haut. 1 m. 62 cent., larg. 0 m. 71 cent. — *Gebel Barkal.*

L'avènement de la XXVI⁰ dynastie a consommé la rupture entre l'Égypte et l'Éthiopie : désormais le domaine des Pharaons de Napata ne dépasse pas au nord la première cataracte. La *stèle de l'intronisation* raconte les formalités qui à cette époque accompagnaient l'élection des souverains. Le Pharaon précédent étant mort, les délégués de l'armée, du clergé, des nobles et du peuple se réunissent au temple d'Amon et prient le dieu de leur désigner un maître. Lorsque les membres de la famille royale passent devant la statue du dieu, celle-ci saisit Aspalout et le désigne ainsi pour la royauté. Aspalout acclamé va se faire couronner par Amon dans le sanctuaire. Ces faits se passaient vers les débuts du vi^e siècle avant J.-C.

165. — Granit gris. — Haut. 1 m. 24 cent., larg. 0 m. 69 cent. — *Gebel Barkal.*

Les rois d'Éthiopie descendaient de la famille des grands prêtres d'Amon thébain. Ils étaient eux-mêmes très dévots et soumis à toutes les ordonnances sacerdotales, si bien que les moindres infractions aux règles ou aux coutumes établies leur paraissaient être un crime digne de mort. Un roi, dont le nom a été effacé avec un soin minutieux, raconte comment il fit passer par le feu des gens qui avaient commis le crime de manger crue de la viande de sacrifice, contrairement au rite qui ordonnait qu'elle fût cuite. Cette secte abominable fut punie jusque dans ses descendants, auxquels le roi interdit d'entrer jamais au temple d'Amon. Ces faits se passaient probablement dans la première moitié du vi^e siècle.

161. — Granit gris. — Haut. 2 m. 15 cent., larg. 0 m. 70 cent., épais. 0 m. 34 cent. — *Gebel Barkal.*

Vers le milieu du vi^e siècle, le roi Harsiatef entreprit des campagnes contre les barbares du désert et spécialement contre les Madidi, dont il ravagea le pays. Il donna une part du butin aux prêtres d'Amon ou de Napata, et il restaura les temples des villes de son royaume. La stèle est rédigée dans une langue barbare, où les formes grammaticales de l'ancien égyptien sont assez maltraitées. Harsiatef paraît avoir vécu presque jusqu'au moment de la conquête persane.

271. — GRANIT GRIS. — Haut. 2 m. 83 cent. — *Dongola.*

Vers le commencement du ve siècle, le Pharaon Adilounirasa restaura le temple élevé dans Dongola au dieu national Amon de Napata, qui réside à la Montagne Sainte, et lui consacra deux obélisques en granit noir. C'est ici le fragment de l'un d'eux. Ils ne devaient pas être de grande taille à en juger les proportions du morceau qui nous en reste. Lorsque les populations nubiennes se convertirent au christianisme les deux obélisques furent brisés, et les morceaux en furent employés à la construction des églises. Notre fragment provient d'une église ruinée du vieux Dongola.

272. — GRANIT GRIS. — Haut. 1 m. 60 cent., larg. 0 m. 61 cent. — *Méroé.*

Le dieu Amon et une reine d'Éthiopie. Ce monument, le seul du genre qu'il y ait jusqu'à présent dans les musées m'avait été signalé en 1882 par M. Berghoff, qui fut, quelques mois plus tard, pris et décapité par le Mahdi ; il fut expédié au Caire sur ma demande, par Gigler pacha, et il nous parvint dans les premiers jours de 1883. Il appartient aux derniers temps de la civilisation égyptienne en Éthiopie, comme le prouvent la grossièreté du travail et la barbarie du style. — Époque romaine.

SALLE Y.

La salle Y est consacrée aux monuments de l'époque gréco-romaine, à ceux qui conservent encore la tradition égyptienne antique comme à ceux qui se rattachent par la technique aux écoles occidentales. Une partie de ceux que les deux musées de Boulaq et de Gizéh possédaient ont été mis en dépôt dans le Musée d'Alexandrie : ce qui nous reste ici forme encore une collection considérable.

Centre de la Salle.

303. — Marbre blanc. — Haut. 1 m. 80 cent. — *Tell Mokhdam.*

Statue de dame romaine, probablement la femme d'un haut fonctionnaire impérial. Le travail en est très soigné, mais sec et sans ampleur : la draperie tombe assez bien, la face donne l'impression d'un portrait fidèle. — Époque romaine.

Le socle (n° 293) sur lequel elle est posée ne lui appartenait pas à l'origine, mais il portait une statue d'un genre entièrement différent :

293. — Granit rouge. — Haut. 1 m. 30 cent., larg. 0 m. 91 cent., épais. 0 m. 71 cent. — *Cheikh Abadéh.*

Base quadrangulaire, qui portait jadis une statue dédiée à Antinous l'illustre par le gouverneur de la Thébaïde, Pheidos Akhylas : la statue n'a pas été retrouvée. — Époque romaine.

301. — Granit rose. — Haut. o m. 93 cent., larg. o m. 52 cent., épais. o m. 46 cent. — *Menchiéh.*

Autel d'un travail très soigné, qui fut dédié à Zeus-Hélios Sauveur par un certain Claudius Julianus, tribun de la III° légion cyrénaïque, ainsi qu'il résulte de l'inscription grecque tracée sur sa face principale. — Époque des Antonins.

Palier de la Salle.

On y voit à l'ouest, derrière la statue de la dame romaine :

289. — Marbre blanc. — Haut. o m. 70 cent. — *Alexandrie.*

Stèle funéraire d'un fort joli style. Une jeune femme, Nikô, fille de Timon, est assise affligée: un enfant lui présente une lyre. — II° siècle av. J.-C.

On rencontre ensuite successivement sur le palier, en commençant par l'angle nord-ouest de la salle :

302. — Porphyre rouge. — Haut. tot. o m. 65 cent. — *Benha-el-Assal.*

Ce buste massif et lourd représente un empereur romain, probablement Maximien-Hercule (304-310 après J.-C.). Il offre tous les caractères de la mauvaise sculpture de l'époque et il ne se recommande que par la matière et par la parfaite conservation.

Vient ensuite un groupe formé d'un socle de statue élevé à l'empereur Hadrien pour avoir tracé la *Via Hadriana Nova*, entre Bérénice, sur la Mer Rouge, et la ville neuve d'Antinoé, à travers des régions difficiles, et l'avoir jalonnée d'aiguades, de stations et de postes militaires; puis d'une statue d'adolescent romain de style médiocre, trouvée récemment dans la Basse-Égypte. La suite des morceaux comprend de même trois pièces en marbre blanc, un buste d'homme de l'époque romaine, dont la physionomie rappelle celle du Pison que Galba associa à son principat éphémère; une tête de jeune homme malheureusement mutilée, et une tête de prisonnier Galate (n° 291, marbre blanc, haut, o m. 31 cent.), qui se rattache pour le faire à l'école de Pergame et qui paraît avoir été importée de Carie ou d'un autre point de l'Asie-Mineure.

Au milieu de cet ensemble purement occidental, deux œuvres forment un contraste parfait par le sentiment et par l'exécution, les deux statues en granit noir, placées en face l'une de l'autre, à droite et à gauche de la dame romaine. Celle de droite représente un homme de petite taille, serré dans les replis du manteau macédonien : c'est un égyptien aux traits souriants et un peu gros, mais très animés. Celle de gauche (haut. o m. 86 cent,) a été découverte à Alexandrie en 1881, au pied du Kom-el-Damas. La tête, maigre, est un beau morceau, d'un travail un peu sec: le corps est assez gauchement taillé et hors de proportions avec la tête, les pieds manquent. Une longue inscription hiéroglyphique, gravée dans le dos, nous force à reconnaître que ce personnage d'apparence exotique est un scribe nommé Horus. Ces deux statues sont l'œuvre de sculpteurs égyptiens qui auraient subi très fortement l'influence grecque; il y avait à Alexandrie une école indigène, qui représente comme une dernière floraison de l'art pharaonique avant la décadence et la mort sans renaissance. — Époque gréco-romaine.

C'est à une école analogue, mais memphite, que se rattache la statue située sur le palier sud, un peu en arrière de la dame romaine. Elle est en calcaire assez grossier et elle nous fait connaître un personnage vêtu à l'égyptienne, debout, marchant, et qui porte à deux mains devant lui un naos d'Horus. Les yeux sont incrustés, les sourcils relevés de noir, la facture molle et gauche ; c'est somme toute une œuvre des plus médiocres mais intéressante néanmoins pour l'histoire de la sculpture égyptienne. L'école gréco-memphite, s'il faut la juger par ce monument, avait moins de relief et d'originalité que l'école alexandro-égyptienne : cela se comprend du reste si l'on songe au petit nombre de belles œuvres grecques que Memphis, demeurée foncièrement égyptienne, devait lui offrir comme modèles en comparaison d'Alexandrie devenue foncièrement grecque.

Côté nord de la Salle.

On y rencontre d'abord, contre le pilier qui borde la porte est, une curieuse statue de granit gris, représentant un prêtre du dieu Sovkou. Il tient dans la main gauche et appuyé sur l'avant-bras un petit crocodile, emblème de son dieu. Le nez est écrasé, les yeux qui étaient incrustés ont disparu, l'ensemble est rude et un peu barbare, mais d'un style large et franc qui ne manque pas de mérite : c'est un assez bon morceau d'art provincial du temps des Antonins ou des Sévères.

Le grand bas-relief qui suit nous montre l'empereur Domitien en adoration devant les dieux Mînou, Osiris, Horus, accompagnés d'Isis et d'une Hathor : les hiéroglyphes sont peu lisibles, et le tout donne l'idée du degré de gaucherie auquel l'art égyptien était tombé vers la fin du Ier siècle après notre ère.

290. — Calcaire blanc. — Haut. 2 m. 22 cent., larg. 0 m. 78 cent., épaisseur 0 m. 40 cent. — *Tanis.*

Stèle brisée par le milieu. On y lit un décret rendu dans la ville de Canope en l'honneur de Ptolémée Évergète Ier par les prêtres rassemblés dans cette ville, pour célébrer l'anniversaire de la naissance du roi et de son couronnement. Ce culte du roi et de la reine Bérénice est consacré par des fêtes annuelles et par des fondations pieuses, afin de perpétuer à jamais le souvenir de leurs bienfaits; le concile décide que des copies du décret seront déposées dans tous les temples importants de l'Égypte, en hiéroglyphes, en démotique et en grec. Les ruines nous ont rendu jusqu'à présent trois exemplaires de ce décret. Le plus anciennement connu provient du Caire, où il servait de seuil à la mosquée de l'émir Kour; il avait été transporté, soit de Memphis, soit d'Héliopolis et se trouve aujourd'hui au Musée du Louvre (cfr. n° 122). Le second, découvert à Tanis en 1866, fut signalé par M. Gambard au Dr Lepsius, puis à MM. Reinisch et Rœssler, qui en publièrent aussitôt la partie hiéroglyphique et grecque; le texte démotique, gravé sur la tranche de gauche, ne devint visible qu'au moment où le monument fut transporté à Boulaq. Le troisième exemplaire a été découvert à Kom-el-Hisun, à l'occident du Delta, en 1881, et se trouve un peu plus loin dans la salle, sous le n° 290 *bis* (voir p. 120). — Époque ptolémaïque.

Après un beau décret sur marbre rendu sous Ptolémée IV par la communauté des Iduméens de la police de Memphis en l'honneur d'un certain Dorion, on voit, en avant du pilier central :

295. — Marbre blanc. — Haut. 1 m. 40 cent. environ. — *Sakkarah.*

C'est une sirène jouant de la lyre, qui fut découverte au Sérapéum par Mariette au temps de ses premières fouilles. Les pattes d'oiseau ont été refaites en partie, d'après les sirènes en stuc du cercueil de même époque que nous possédons (voir n° 345, p. 280) — Époque ptolémaïque.

290 bis. — Calcaire compact. — Haut. 2 m. 03 c., larg. 1 m. 90 cent. — *Kom-el-Hisn.*

C'est le second exemplaire du décret de Canope, dont nous avons parlé sous le n° 290 (voir p. 119). Il est d'une exécution plus soignée que l'exemplaire de Tanis, et il porte de plus un tableau où la famille royale est en adoration devant les dieux d'Égypte. Le texte démotique est inséré à sa place entre le texte hiéroglyphique et la version grecque. — Époque ptolémaïque.

296. — Calcaire. — *Mit-Rahineh.*

On a réuni sous ce numéro une série de bas-reliefs et de statuettes qui décoraient un Mithræum trouvé à Memphis par M. Grébaut. Ces monuments, sans valeur artistique, montrent que les pratiques du culte de Mithra s'étaient répandues en Égypte aussi bien que dans le reste de l'empire des Césars. — Bonne époque romaine.

Le dernier des monuments exposés dans cette partie de la salle, contre le montant nord de la porte ouest, compte parmi les plus importants de cette époque. C'est une stèle en granit, découverte à Philæ, en 1897, pendant les sondages que le Capitaine Lyons opéra dans cette île au moment où l'on commença à la préparer à recevoir le choc des eaux du barrage. Dans le cintre, un cavalier romain terrasse un barbare, et dans le champ, une inscription trilingue, hiéroglyphique, latine et grecque. Elle raconte comment le premier préfet romain de l'Égypte, Cornélius Gallus, réprima la révolte de la Thébaïde, y prit cinq villes en quelques jours, franchit le premier la cataracte où nul Romain n'avait pénétré avant lui, et traita avec le roi d'Éthiopie. Le ton du document est assez emphatique, et c'est probablement l'une des inscriptions dont la teneur, rapportée à l'empereur Auguste, causa le rappel puis la mort de Gallus.

Côté sud de la Salle.

La stèle en granit noir adossée au pilier sud de la porte ouest est jusqu'à présent unique en son genre. Elle est bilingue, mais l'inscription qu'elle porte ne présente qu'un intérêt médiocre : ce qui fait son originalité, c'est la tête qui surmonte le cintre. On dirait que le sculpteur égyptien a été hanté par le souvenir des hermès grecs, et qu'il a essayé d'en adapter le concept aux traditions nationales : au lieu de poser la tête sur une base oblongue rectangulaire, il l'a dressée sur la stèle cintrée habituelle. Il est assez probable que cette fantaisie originale trouva peu d'imitateurs.

On rencontre successivement le long de la muraille, en marchant vers l'est, un bas-relief romain d'assez bon style montrant toute une famille groupée autour de son chef ; un long décret en langue grecque qui vient de Dendérah : puis une statue qui, pour n'être pas antique, n'en est pas moins curieuse. Elle ressemble étrangement à certaines statues de reines, de femmes nobles ou de saintes de style français du XIIIe et du XIVe siècle, et elle doit avoir été originairement déposée dans quelque église latine, mais par quel enchaînement de circonstances l'a-t-on trouvée cette année dans le sébakh au voisinage de Zagazig? Viendrait-elle de l'église érigée à Damiette pendant les quelques années que cette ville demeura au pouvoir des Croisés?

305. — Calcaire. — Haut. 1 m. 25 cent., larg. 0 m. 56 cent. — *Dimeh.*

Ce petit naos porte une date de l'an XI de Tibère Claude César : un des citoyens de Dimeh, Stotoumtithé, fils d'Harpaèsis, l'avait dédié au dieu local pour lui-même et pour les siens. Ce qui lui assure une importance réelle, c'est qu'il a été trouvé avec un certain nombre d'objets, entre autres des portraits peints qu'il nous permet de dater avec certitude.

Les deux petits sphinx qui flanquent le naos sont d'époque ptolémaïque, ainsi que la belle tête en marbre qui le domine :

306. — Marbre blanc. — Haut. tot. 0 m. 95 cent. — *Mit-Farès.*

C'est l'un des morceaux de sculpture grecque les plus précieux que l'on ait découverts en Égypte. Il représente un dieu barbu, dans une attitude calme et imposante. L'arrangement de la chevelure semble indiquer un Sérapis : dans l'antiquité même, on a abattu ces mèches qui tombaient presque sur les sourcils, de manière à dénuder le front. Malgré cette mutilation l'effet produit est assez heureux pour que l'on se demande si l'on n'a pas sous les yeux quelque copie du Sérapis de Bryaxis. — Époque des Césars.

Des autres morceaux qui achèvent de remplir la salle je ne vois guère à signaler que :

292. — Grès rougeâtre. — Haut. 1 m. 40 cent., larg. 0 m. 66 cent., épais. 0 m. 34 cent. — *Benha*.

Bloc provenant d'un naos, dont la frise offrait les cartouches de Psammétique Ier et de Sabakon alternés (XXVIe dynastie). Il fut employé dans la construction d'un portique à quatre entrées, et il porte une longue dédicace grecque au nom des empereurs Valentinien, Valens et Gratien. Elle nous donne le nom de l'architecte, Flavius Cyrus, et celui du préfet d'Égypte, Aelius Palladius.

304. — Granit noir. — Haut. y compris le socle 2 m. 30 cent., larg. 0 m. 73 cent. — *Menchièh*.

Cette stèle est datée du règne de Trajan. Elle porte la dédicace du temple élevé par la ville de Ptolémaïs au dieu Esculape ainsi qu'à la déesse Hygie, et elle nous a conservé le péan qui fut composé à cette occasion par un poète du cru. — Époque romaine.

SALLE Z.

On y a réuni quelques monuments de l'époque saïte et de l'époque gréco-romaine qui méritaient d'être mis en lumière. Et d'abord, contre les piliers qui séparent la salle V de la salle Z : à l'ouest, un superbe tronçon de colonne hathorique en granit noir, au nom d'Apriès (XXVI⁰ dynastie); à l'est, un fragment d'obélisque en granit rose au nom de Nectanébo I⁰ʳ (XXX⁰ dynastie), l'un et l'autre de fort bon travail.

Côté ouest de la Salle.

308. — Granit rose. — Haut. 2 m. 80 cent. — *Karnak*

Colosse représentant un roi macédonien, peut-être Alexandre II. La pose est celle des colosses égyptiens, mais l'agencement de la coiffure et le rendu des traits du visage sont grecs. L'ensemble est mou, sans vigueur, et ne soutient nullement la comparaison avec les belles œuvres des dynasties thébaines. — Époque ptolémaïque.

309. — Granit. — Haut. 2 m. 30 cent. — *Tanis.*

Cette statue représente un personnage attaché au culte des dieux de Tanis. Il porte à deux mains, devant lui, un petit groupe formé des trois divinités dont il exerçait le sacerdoce, un Amon, un Osiris et une Maout. — Époque romaine.

Côté est de la Salle.

1406. — Granit rose. — Haut. 2 m. 75 cent. — *Nazlet Saleh.*

Curieux spécimen de l'art égyptien à l'époque romaine. C'est une statue représentant un empereur, peut-être Caracalla, vêtu de la jupe des Pharaons et la tête surmontée de leur double couronne.

Le dernier colosse appuyé au pilastre nord provient de Kom-el-Gayef, l'ancienne Naucratis, et il nous fait connaître un haut personnage qui, sous les premiers Ptolémées, avait la surveillance de la colonie grecque. Il est en granit rose, d'un style mou et lâche, et il n'a d'autre mérite que sa masse.

Palier de la Salle.

1297. — Granit noir. — Long. 3 m. 17 cent. — Caire.

Ce superbe couvercle de sarcophage appartenait à un certain Ousimaris, qui vivait sous l'un des premiers Ptolémées : c'est un admirable spécimen de ce qu'était l'art de la gravure sur pierre à Memphis, vers cette époque. Il fut enlevé dans son puits à Gizèh ou à Sakkarah, sous l'un des Sultans Mamelouks, et employé dans les fondations de la mosquée de Saiedna Hussein, au Caire, d'où il a été transporté au Musée.

Contre les deux pilastres ouest, sont adossés deux monuments d'un genre particulier. Les Égyptiens, on ne sait par quelle association d'idées, avaient choisi la forme du lion couché pour les gargouilles par lesquelles s'écoulait l'eau qui inondait les terrasses de leurs temples, au moment des grandes pluies ou des lavages qui suivaient nécessairement les sacrifices sanglants qu'on y célébrait à certains moments de l'année. Ce sont deux de ces lions-gargouilles que nous avons placés contre les pilastres. Celui de l'est est en granit rose et vient de Louxor, celui de l'ouest est en grès rouge et vient de Kom-Ombo : tous les deux sont d'une facture simple et forte, bien qu'ils appartiennent à l'époque ptolémaïque.

Le grand lion en granit rose qu'on voit dans l'embrasure de la fenêtre n'a aucune de ces qualités : il paraît du reste être plus ancien, et peut-être remonte-t-il à la XII⁰ dynastie, mais il a été retouché sous les Ptolémées et il n'a conservé que très peu de son aspect original.

SALLE A'.

La plupart des stèles en écriture égyptienne réunies dans cette salle sont des proscynèmes funéraires en l'honneur de personnages inconnus de l'époque gréco-romaine, et elles n'ont d'autre intérêt que de révéler aux égyptologues des titres de sacerdoces locaux, qu'ils rencontrent rarement sur les monuments des grandes époques. Il y aurait des études curieuses à faire sur les écoles locales et sur les habitudes propres à chaque localité. A el-Hassaia, qui est une des nécropoles d'Edfou, les stèles sont assez souvent non seulement peintes mais dorées. A Akhmîm, on voit sur les tables d'offrandes la déesse Nouît dans son perséa, versant avec deux vases l'eau vivifiante qui ouvre définitivement au mort l'accès de l'autre monde ; parfois ni la déesse ni le défunt ne sont figurés, mais seulement les deux vases qui répandent leur eau bienfaisante. Beaucoup de stèles provenant du Fayoum se reconnaissent au crocodile qui y est représenté, et qui n'est autre que le dieu Sovkou. Quelques-unes des stèles sont bilingues, égyptiennes et grecques à la fois. Sur les dernières, celles qui datent du II⁰ et du III⁰ siècle après notre ère, les hiéroglyphes sont gravés souvent de façon si barbare qu'ils en deviennent indéchiffrables : on sent que l'ancienne civilisation s'en va rapidement. Les sculpteurs et peut-être même les scribes ne savaient plus rien de la vieille écriture, et ils en traçaient les caractères de façon méconnaissable.

SALLE B'.

Mur de l'ouest.

310. — Calcaire. — Haut. 2 m. 83 cent., larg. 2 m. 20 cent. — *Louxor.*

Bas-relief représentant Isis et Sérapis. Travail barbare : la tête et le corps sont représentés de face, les pieds sont tournés de profil. Sérapis égorge une gazelle, symbole des dieux typhoniens, ses ennemis. — Époque romaine.

Les deux colonnes dressées en face des pilastres qui séparent la salle B' de la salle D', ont reçu des usages fort différents. L'une d'elles provient d'Athribis, et se trouvait dans une église. Le fût en était plus mince que le chapiteau, et il est probable qu'ils n'étaient pas associés à l'origine, mais lorsque le temple païen auquel ils appartenaient fut détruit, les architectes chrétiens les ajustèrent tant bien que mal selon leur habitude : ils ont été tenus séparés. L'autre colonne provient de Kom-Gizèh, à l'est d'Alexandrie, et elle porte une échelle graduée en lettres grecques : c'est un nilomètre d'époque byzantine.

SALLES C'-D'.

Ces salles nous montrent les œuvres d'un nouvel art égyptien, produit d'une religion nouvelle. Le christianisme triomphant ne tarda pas à remplacer les scènes funéraires qui couvraient les stèles païennes par des représentations plus analogues aux idées qu'il se faisait sur la vie présente et la vie future. Un porche d'église, arrondi ou surmonté d'un fronton triangulaire, se substitua au naos des divinités égyptiennes. Sous le porche on grava, soit l'image du défunt ou d'un saint, le plus souvent les bras levés dans la posture de l'*orant*, soit une croix, soit une décoration mystique, une rosace, une série d'ornements géométriques : l'art égyptien ne fut plus qu'une branche provinciale de l'art byzantin. Les figures sont généralement d'un travail barbare, comme on le voit au n° 310 ; mais les ornements, colombes, croix de formes diverses, les feuillages surtout, sont d'une facture intéressante et souvent fort gracieux.

Les stèles, assez nombreuses, sont pour la plupart des épitaphes qui ne donnent que le nom du mort, la date du décès par jour du mois et par indiction, enfin une courte formule où l'on prie les survivants de se rémémorer celui ou celle qui les a quittés et de ne pas l'oublier dans leurs prières. Parfois la formule s'allonge et elle est remplacée par une lamentation assez développée, par une sorte de panégyrique en l'honneur du personnage, ou par une énumération des Saints les plus vénérés dans l'église Copte. Chaque province avait ses types préférés qu'il y aurait utilité à déterminer, afin de pouvoir classer les stèles sans indication d'origine qui abondent dans notre Musée. Ainsi les stèles décorées comme un porche d'église cintré et supporté de deux colonnes trapues, avec une croix ou une figure de Saint Georges terrassant le dragon ou tel autre emblème sacré dans la baie, se rencontrent de préférence dans la région thébaine. A Erment et dans les environs, vers le xie siècle, on substitua au porche la façade complète de l'église sur laquelle serpente la *radix Jesse*. Au voisinage d'Esnéh, la stèle est une sorte de plaque en marbre, arrondie, à base rectiligne, sertie sur son pourtour d'un bandeau plat que décorent parfois des feuillages : une longue inscription à lignes serrées en couvre le champ. Vers Edfou, la stèle est une dalle allongée, garnie de rosaces, d'entrelacs ou de rinceaux, sur lesquels sont découpés un porche d'église, un chrisme, une croix ansée, et où l'inscription n'occupe qu'une très petite place. Ces catégories ne s'entendent que des stèles riches : partout les pauvres n'avaient qu'une plaque de calcaire ou de grès mal dégrossie, avec une courte inscription et une rosace ou un emblème taillé rudement.

Les fragments d'architecture sont certainement ce qu'il y a de meilleur dans cet art copte. Les colonnes présentent les mêmes modèles que les colonnes byzantines, mais avec moins de finesse dans l'exécution. Les fûts sont en général sans ornements : les chapiteaux affectent, quelques-uns la forme plus ou moins altérée des chapiteaux corinthiens ou composites de la basse époque romaine, quelques autres des formes entièrement byzantines. C'est ainsi qu'on verra sur la paroi :

312. — CALCAIRE. — Haut. 0 m. 80 cent., côté 1 m. 05 cent. — *Alexandrie.*

Beau chapiteau, dont le coprs est couvert d'entrelacs, sur lesquels sont plaqués, au centre de chaque face, des fleurons de bon style flanqués chacun de deux feuilles plus petites, le tout lié en bouquet. Il rappelle les chapiteaux de la basilique de San Vitale à Ravenne, et il appartenait sans doute à l'Église de St-Marc. Il fut creusé plus tard et utilisé par les musulmans, comme auge à boire pour les chevaux et les bestiaux : un trou pratiqué au milieu d'une des faces évacuait le surplus de l'eau. — VIe siècle.

Des autres chapiteaux dressés contre les pilastres de la face nord ou qui flanquent les portes est et ouest de la salle, le plus remarquable est le grand chapiteau en calcaire, tout hérissé de feuillages verts sur fond noir : il provient des fouilles faites à Baouît, en 1902, par l'Institut français d'archéologie, et je l'attribuerai volontiers au ıx° ou au x° siècle après notre ère.

Non moins curieuses et plus variées de décors sont les longues bandes de calcaire sculpté qui bordaient les murs à hauteur des chapiteaux des colonnes. Elles sont décorées de tiges herbacées ou de feuillages qui, tantôt courent en droite ligne, tantôt se recourbent en enroulements et en méandres, au milieu desquels passent des processions de figures ou d'animaux, des amours et des Néréides montées sur des dauphins, des saints cavaliers lancés à tout le galop de leur cheval, des agneaux au milieu de monstres fantastiques. Souvent ces frises en pierre sont remplacées par des frises en bois, telles que celles que nous rencontrerons au premier étage (voir p. 254).

Les tympans qui surmontaient les niches où l'on plaçait un autel sont d'un art moins habile, mais ils offrent un intérêt considérable pour le mélange de sujets sacrés et profanes qu'on y remarque. La cavité en forme de conque qui y est creusée est encadrée le plus souvent dans un fronton triangulaire, qui parfois se relève de deux fleurons à droite et à gauche. Cette partie droite extérieure est décorée habituellement de feuillages sur le plat et de palmettes plus ou moins découpées aux deux angles; la croix grecque est sculptée au sommet. La conque est souvent rayée de cannelures qui se détachent d'un point saillant placé vers le milieu de la base. Ce point n'est le plus souvent qu'un simple fleuron, mais parfois il est marqué par une croix, et parfois aussi toute la cavité est occupée par une figure ou par un groupe en ronde-bosse, une Néréide sur son dauphin, un aigle qui déploie ses ailes, le roi David jouant de la cithare, un satyre poursuivant une nymphe, deux génies qui soutiennent une croix encadrée dans sa couronne de feuillages. On sent encore sur les plus anciens d'entre eux une influence de l'art classique : ici, comme dans bien des endroits, les premiers sculpteurs chrétiens n'ont fait que continuer la tradition technique de l'art païen.

Quelques-uns des panneaux de marbre ou de calcaire blanc qu'on voit dans notre collection ont décoré les montants des portes monumentales. Ils portent des scènes analogues à celles qu'on voit sur les tympans, une Léda avec son cygne qu'un Éros ailé encourage, ou des sujets de sainteté, une Vierge assise avec l'enfant sur ses genoux et deux anges debout à côté d'elle, un des anges du jugement avec sa trompette, le tout d'une facture rude et grossière qui n'est pas sans présenter quelque analogie avec celle de certains bas-reliefs de nos premières églises romanes.

Ce ne sont là que des indications : tout reste à faire dans le champ de l'archéologie copte. Jusque dans ces dernières années, elle a été négligée à la fois par les égyptologues, aux yeux desquels elle n'est qu'une suite grossière de l'archéologie pharaonique, et par les archéologues byzantins, qui en ignoraient tous les monuments : elle offre pourtant un intérêt considérable pour l'histoire de l'art en Égypte sous la domination des empereurs d'Orient et des souverains musulmans, et les savants qui l'étudieront avec soin y trouveront peut-être des lumières inattendues pour éclaircir les origines d'une partie de l'art byzantin ou de l'art arabe.

GRANDE GALERIE D'HONNEUR

Bras est.

La partie orientale de la galerie d'honneur contient, par opposition aux grands sarcophages de la vieille époque pharaonique, les grands sarcophages des époques saïte et ptolémaïque. Ils sont alignés sous les portiques, sur deux rangs de profondeur, les plus massifs entre les colonnes, les autres debout le long du mur derrière les premiers.

L'ensevelissement le plus riche comportait à cette époque, surtout dans la région de Memphis, un cercueil momiforme s'emboîtant dans un sarcophage rectangulaire. Parfois, le cercueil et le sarcophage étaient taillés dans la même pierre; le plus souvent, le cercueil était d'une pierre très dure, basalte, granit gris, schiste, et le sarcophage de calcaire blanc. Il peut arriver qu'une momie ait été trouvée directement dans le sarcophage; toutefois, à l'ordinaire, lorsqu'on ne donnait au mort qu'une seule enveloppe de pierre, c'est le sarcophage qu'on supprimait. Lorsque la famille visait à l'économie, elle remplaçait la pierre par le bois, et alors on peut rencontrer un sarcophage et un cercueil de bois pour une seule momie : plus fréquemment, le sarcophage est absent et le cercueil reste seul, taillé dans un tronc massif, de manière à reproduire la forme et autant que possible l'aspect du cercueil de pierre.

Le décor varie selon qu'il s'agit d'un cercueil ou d'un sarcophage. Le cercueil ne porte le plus souvent sur la face extérieure, de la poitrine aux pieds, que la copie très incorrecte d'un ou deux chapitres du *Livre des Morts*, de préférence le chapitre LXXIV, qui assure au mort la bienveillance de ses juges dans l'autre monde. Lorsque des figures ou des scènes accompagnent l'inscription, les quatre enfants d'Horus, Amsîti, Hapi, Douamaoutf, Kabhsnaouf, y jouent le rôle principal, tantôt seuls, tantôt accompagnés de plusieurs Anubis, de plusieurs Horus et de quelques génies secondaires ; elles sont réparties symétriquement le long des jambes, de chaque côté de l'inscription. Souvent alors, la partie bombée du couvercle qui correspond à la poitrine est couverte de tableaux destinés à illustrer les actes successifs de la vivification du mort par le soleil et de ses courses à travers le ciel. La déesse Nouît étend ses ailes pour le protéger, en tenant dans chaque main les plumes dont elle se sert pour faire la lumière, lui-même il est étendu sur le lit funéraire entre Isis et Nephthys qui le pleurent, et, d'un disque solaire, seul ou placé sur la montagne d'horizon, une nappe de lumière descend qui l'inonde et ranime sa momie. Il fallait que le mort trouvât écrits ou figurés sur son cercueil les formules et les personnages qui pouvaient lui être le plus utiles dans sa vie nouvelle : les ayant au-dessus de lui, il était certain de retirer le bénéfice complet de leur présence.

Le sarcophage, avec ses quatre parois et son couvercle, ouvrait un champ plus vaste que celui du cercueil à l'ingéniosité du décorateur. Il était comme le résumé du tombeau entier, et le mort avait le droit d'y trouver tout ce qui était représenté sur les parois du tombeau. Sur le couvercle, ce sont plutôt des chapitres du *Livre des Morts*, ceux qui, à l'époque ptolémaïque, passaient pour exercer l'influence la plus heureuse sur la destinée de l'âme, ceux surtout qui étaient destinés à faciliter la réunion de l'âme au corps. C'est pour cela qu'on voit si souvent, au milieu de la face plate ou bombée du couvercle, l'image d'une âme, l'épervier à tête humaine déployant ses ailes : elle est là, comme au petit monument de Râ (voir p. 214, n° 607), pour veiller sur le corps qui est sien et pour le ranimer. Sur les parois extérieures se déploie la série des génies et des dieux qui gardent la momie d'Osiris, jour et nuit, mois et ans, ou bien des extraits du *Livre de l'Hadès* (voir p. 223) : le mort y aperçoit l'image de celles des heures de la nuit dont il lui importe le plus de connaître la population et la topographie, afin de pouvoir les parcourir sans danger avec le soleil. L'intérieur présente souvent : sur la face interne du couvercle, l'image de la déesse Nouît, le ciel, qui s'allonge au-dessus du mort comme elle fait au-dessus de Sibou, son mari, pour le défendre du mal; sur les faces internes de la cuve, Nouît ou Amentît, la déesse d'occident, escortée de génies tutélaires. Le mort était entouré de tous côté par les dieux qui assuraient la perpétuité de son existence.

La série des grands sarcophages se développe entre les colonnes dans l'ordre suivant :

On rencontre d'abord, à l'extrémité ouest de la colonnade nord, le très beau cercueil momiforme en basalte gris, de Zannéhibou, découvert à Sakkarah en 1902, et long de 2 m. 60 cent., puis, à la suite, un des chefs-d'œuvre de la gravure égyptienne à l'époque des Ptolémées :

1299. — Granit gris. — Haut. tot. 1 m. 38 cent. — *Sakkarah.*

Sarcophage rectangulaire couvert de figures et d'hiéroglyphes à l'intérieur et à l'extérieur ; il provient du même puits que le n° 1300 (voir p. 135), et il a appartenu à Takhôs, fils de la dame Batêiti, à la fois prêtre et chef militaire. Mariette supposait que des deux Takhôs, fils de Batêiti, dont les deux sarcophages n°˚ 1299 et 1300 nous révèlent l'existence, l'un avait été le grand-père de l'autre, et que la mère du second aurait été la fille du premier, appelée Batêiti comme sa grand'mère; rien n'est venu confirmer cette conjecture. Les amulettes en pâte de verre de la salle C (voir p. 189, vitrine F) du Musée proviennent pour la plupart de leurs deux sarcophages. — Début de l'époque ptolémaïque.

1285. — Granit gris tacheté de rose. — Long. 2 m. 60 cent. — *Sakkarah*.

Sarcophage et cercueil momiforme de Ankhhapi, fils de Tafnakhti et de la dame Dadi (?). Le cercueil renfermait les restes du défunt. — Époque ptolémaïque.

1300. — Granit gris. — Long. 2 m. 85 cent., haut. 1 m. 35 cent. — *Sakkarah*.

Sarcophage de Takhôs, fils de Batêiti, découvert par Mariette dans le même puits que le n° 1299 (voir p. 134). — Époque ptolémaïque.

1280. — Granit gris. — Long. 2 m. 43 cent. — *Sakkarah*.

Cercueil anthropoïde au nom d'un Psammétique. — Époque persane.

On rencontre successivement, en commençant par l'extrémité est de la galerie, le sarcophage d'un certain Psammétique-Nebpahit (granit gris, longueur 2 m. 50 cent., Sakkarah), qui n'est autre que le Psammétique dans la tombe duquel ont été trouvés les beaux monuments exposés au premier étage, dans le salon nord (voir pages 281-282, n°ˢ 1017, 1018, 1019, 1020) : ensuite un superbe sarcophage également en granit gris (longueur 2 m. 80 cent., Sakkarah), sur lequel on a effacé avec soin le nom du premier possesseur, Ankhhapi. A la suite des guerres civiles et étrangères qui désolèrent l'Égypte au cours du IV siècle av. J.-C., les nécropoles de Memphis furent violées à plusieurs reprises par les Perses et par les Macédoniens : les grands sarcophages gravés furent retirés des tombes par des industriels peu scrupuleux et remis dans le commerce, probablement à prix réduit. Quelques-uns de ces sarcophages d'occasion furent exportés à l'étranger, en Phénicie surtout, et on les retrouve dans les tombes riches de Tyr et de Sidon : le sarcophage d'Eshmounazar qui est aujourd'hui au Louvre, et celui du Musée de Ste Irène à Constantinople sont de bons exemples de ces adaptations. D'autres demeurèrent en Égypte et furent réemployés dans les nécropoles de Gizèh ou de Sakkarah : le plus souvent on remplaçait le nom de l'ancien par celui du nouveau propriétaire, mais parfois aussi, après avoir effacé le vieux nom, on ne se donnait pas la peine d'écrire le nouveau, et c'est le cas ici, presque partout.

1286. — Calcaire compact. — Long. 2 m. 44 cent. — *Akhmîm*.

Sarcophage de Takhòs, rapporté d'Akhmîm en 1885. La décoration, d'une couleur harmonieuse et claire, est demeurée inachevée ; on voit encore sur les côtés la mise au carreau qui guida le dessinateur et le sculpteur. — Époque ptolémaïque.

Le dernier cercueil de cette série est celui de Péténisis qui fut découvert à Sakkarah en 1902, dans les fouilles exécutées autour de la pyramide d'Ounas. Il est en basalte gris, long de 2 m. 60 cent., et il a le même type que celui de Zannéhibou (voir p. 134) auquel il fait face symétriquement.

La plupart des cercueils dressés contre les murs sont remarquables par la finesse de la gravure et la beauté du poli. Les principaux sont :

1308. — BASALTE VERT. — Long. 1 m. 98 cent. — *Sakkarah.*

Sarcophage de la dame Batéiti, mère de l'un des Takhôs dont nous avons le sarcophage (voir p. 134, 135, n°ˢ 1299, 1300). Il est remarquable par la finesse extrême des gravures qui le décorent. Chaque hiéroglyphe y a été traité à part selon les procédés de la gravure sur pierre fine et est un petit chef-d'œuvre d'exécution. Que les Égyptiens aient réussi une fois à accomplir un tel travail, on ne doit pas en être surpris ; mais ce qui est étonnant, c'est que ce travail ingrat leur était si facile qu'ils en ont multiplié les produits pour ainsi dire à l'infini.

1301. — BASALTE GRIS. —Long. 1 m. 82 cent. — *Sakkarah.*

Cercueil en forme de momie trouvé dans le puits d'Ankhhapi (voir p. 135, n° 1285). La légende qui court sur le devant, de la poitrine aux pieds, nous apprend qu'il appartient à la dame Parhatibastit, mère d'Onnophris. — Époque ptolémaïque.

1302 et **1302** *bis*. — Basalte. — Long. 1 m. 88 c. — *Sakkarah.*

Le sarcophage d'Harmhabi, fils de la dame Térou, doit appartenir à la seconde période saïte, ainsi que le prouvent la grâce et le fini des légendes. Les patients artistes auxquels l'exécution en fut confiée semblent s'être imposée la tâche de le couvrir en entier, comme d'une tapisserie, de dessins et de signes tant à l'intérieur qu'à l'extérieur. — XXX⁰ dynastie.

1303. — Calcaire. — Hauteur 1 m. 93 cent. — *Sakkarah.*

Couvercle d'un sarcophage, aujourd'hui perdu, qui appartint à Ménéi, prêtre d'Osiris. On voit sur la poitrine la représentation du défunt couché sur son lit funèbre. L'âme se rapproche du corps, sur lequel elle plane les ailes déployées. Au-dessus de la scène, le soleil, soutenu par Isis et Nephthys, se lève et fait pleuvoir ses rayons sur la momie qu'il ranime et vivifie. — Époque ptolémaïque.

1306 et **1306** *bis*. — Basalte gris. — Longueur 1 m. 80 cent. — *Sakkarah.*

Couvercle et cuve du sarcophage de Kamhapi, trouvé dans le puits d'Ankhhapi. — Époque ptolémaïque.

1307 et **1307** *bis*. — Calcaire compact. — Haut. 1 m. 94 cent. — *Sakkarah.*

Sarcophage de Hakni, fille de Ranpinafri, trouvé dans le puits d'Ankhhapi. On remarquera au centre du disque solaire la représentation du dieu panthée à quatre têtes de bélier, avec corps humain, pattes d'oiseau et de bélier, qui permet à l'âme humaine de voyager en paix dans les quatre maisons du monde. — Époque ptolémaïque.

Adossé contre le pilier nord-est de la galerie, on voit un très beau couvercle :

1304. — Granit noir. — Long. 2 m. 27 cent. — *Sakkarah.*

Sarcophage d'Onnophris, fils de la dame Parhatibastit, qui provient du puits d'Ankhhapi. — Époque ptolémaïque.

Enfin, au milieu du vestibule de l'escalier est, se dresse le grand sarcophage en basalte gris de Pétésamtouî qui est d'époque ptolémaïque et qui provient de Kom Yasin, dans la Basse-Égypte.

II

SALLES DU PREMIER ÉTAGE.

Les salles du premier étage sont consacrées de préférence aux petits objets ou aux monuments de grande taille mais dont le poids n'est point trop considérable. On y rencontrera ce qui pour les voyageurs représente surtout la partie la plus caractéristique de la civilisation égyptienne, les vases, les meubles, les ustensiles de cuisine, les outils, l'appareil funéraire de toutes les époques, les papyrus, les cercueils, les momies. Parmi ces dernières figure cette incomparable série de Pharaons qui fut découverte dans les dernières années du xixe siècle à Thèbes, et qui assure à notre musée une place hors ligne parmi tous les musées du monde. Les objets y sont si nouveaux d'aspect qu'il a fallu souvent les décrire très longuement pour en faire comprendre l'usage à nos contemporains.

En montant à ce premier étage par l'escalier est, celui qui mène le plus directement aux salles par lesquelles notre description commence, on arrive dans la grande galerie d'honneur qui court tout le long de la face sud de l'édifice.

GRANDE GALERIE D'HONNEUR.

Elle est garnie d'un bout à l'autre par les momies que M. Grébaut découvrit un peu à l'est de Deîr-el-Bahari.

Le site lui en fut indiqué par le réis Mohammed Abd-er-Rasoul, en janvier 1891, et il y mit des ouvriers sans tarder. Une couche de sable enlevée, on reconnut l'existence d'un dallage sous lequel la bouche d'un grand puits se cachait : une maçonnerie de briques crues la fermait, puis un autre dallage, sous lequel descendait une sorte de béton formé de fragments de pierre, de sable et de morceaux d'argile. A huit mètres de profondeur, une porte fermée avec des branchages, des débris de cercueil et des blocs de pierre se dessina dans la paroi nord ; à onze mètres, on atteignit le fond et l'on aperçut sur la paroi nord une deuxième baie de porte bouchée par un mur en briques. Le 4 février, M. Daressy, chargé par M. Grébaut de surveiller les opérations, fit percer ce mur et pénétra dans une galerie encombrée de cercueils comme la cachette découverte dix années plus tôt à Deîr-el-Bahari : toutefois le style des cercueils annonçait une époque plus tardive, celle de la XXIe et de la XXIIe dynasties. La galerie mesurait 1 m. 70 c. ou 1 m. 90 c. de largeur et autant de hauteur. Elle se poursuivait, par une pente assez faible, sur une longueur de 93 mètres, après quoi elle aboutissait à une pièce presque carrée, d'environ quatre mètres de côté, communiquant avec une chambre plus étroite. A 76 mètres de l'entrée on avait creusé perpendiculairement à cette galerie une galerie nouvelle qui court vers l'ouest sur une longueur de 52 mètres. Le tout était encombré de momies, de cercueils, de vases, de canopes, de caisses à *ouashbatiou*, tantôt empilés sans ordre tantôt disposés sur deux rangs contre les parois ; des fleurs, des fruits desséchés, des statuettes, des lambeaux de linge formaient par endroits comme une litière épaisse. L'enlèvement des objets, commencé le 5 février, dura jusque dans les premiers jours d'avril : ils ne purent être exposés au public que dans l'hiver de 1892. Nous ne possédonsplus tous les personnages qui arrivèrent à Gizéh à cette époque. Sur la proposition de M. de Morgan, devenu alors Directeur général du Service, le Gouvernement égyptien préleva sur cette masse énorme de cercueils et de momies un certain nombre de sujets, souvent fort bien conservés, qu'il répartit entre les différents Musées d'Europe ou d'Amérique. On peut évaluer à près d'une centaine le nombre des monuments qui furent jetés alors à travers le monde, et dont nulle trace ne nous est restée.

La plupart des momies emmagasinées dans cette cachette se rattachent à la famille des grands-prêtres d'Amon, qui par moments furent rois à Thèbes sous la XXIe dynastie et dont les membres principaux étaient cachés dans le premier souterrain de Deïr-el-Bahari. Elles appartenaient également aux familles sacerdotales, alliées à la famille des grands-prêtres et qui exerçaient héréditairement leurs fonctions dans le temple de Karnak. Elles s'échelonnaient selon une hiérarchie rigoureuse, qui les approchait plus ou moins de la personne du dieu. Certains de ces personnages, admis à la connaissance des dogmes et des rites, étaient les *supérieurs des secrets du ciel, de la terre et de l'autre monde*, et jouissaient du droit de pénétrer jusqu'au fond du temple. Les autres n'allaient que jusqu'à une distance déterminée à l'intérieur. L'abord de la première salle était assez facile. Dans la seconde salle ou salle *ouaskhit*, on laissait encore entrer les porteurs d'offrandes, mais on les tenait à distance lorsqu'on prononçait les formules de la consécration. Quant aux portes suivantes, qui donnaient accès dans le ciel, salle dont les parois revêtues d'électrum resplendissaient à la lueur des flambeaux comme le ciel même, elles ne s'ouvraient qu'aux privilégiés ; plusieurs de nos prêtres d'Amon se glorifient du droit *d'ouvrir les portes du ciel de Karnak*. On se figure difficilement ce que devait être le sanctuaire de la grande divinité thébaine, et le mélange de luxe et de délabrement qu'il devait présenter : à côté de salles en ruines ou de portions d'édifices non achevées, on y rencontrait à chaque pas des chambres étincelantes d'or et d'argent et encombrées d'objets précieux. Chacune d'elles avait son personnel dont les membres figurent parmi nos momies. Il était donc comme une ville religieuse au milieu de la grande ville, et cette population spéciale pullulait dans les parties du temple qui lui appartenaient, de la même façon que plus tard, dans les mosquées et les fondations pieuses de l'Égypte musulmane, les employés et serviteurs chargés de l'entretien des bâtiments et des biens *aoukafs*.

La hiérarchie du sacerdoce d'Amon n'est pas encore établie en son entier, et certains des titres qu'on y rencontre semblent n'avoir eu qu'une valeur purement honorifique. C'est ainsi qu'une grande quantité des personnages ensevelis dans la cachette sont dits *Iotfou-noutir*, ou en français *Pères divins* : il n'est pas jusqu'à de petits enfants qui ne soient appelés de la sorte (n° 1141), et les adultes joignent d'ordinaire à ce titre des dénominations qui nous les montrent fonctionnaires civils, prêtres, chefs d'ateliers, directeurs d'exploitation rurale au bénéfice du dieu. Aux

Pères divins il semble que répondissent parmi les femmes les chanteuses d'Amon *Kamaîtou ni Amanou*, car on rencontre quelques petites filles ainsi qualifiées (n° 1140). Les chanteuses de métier s'appelaient *hosît*. Les *Kamaîtou* accompagnaient leur mari, leur frère ou leur père, et à l'occasion agitaient le sistre, mais sans en faire profession. Il n'y a qu'un petit nombre de fonctions sacerdotales réservées aux femmes : on rencontre surtout des *prophétesses* ou *hiérodules* de Maout, et des supérieures des *khenritou* ou *recluses* (?) d'Amon-Râ, roi des dieux. Ces *khenritou*, à la différence des *kamaitou*, formaient un corps organisé de prêtresses, dont le rôle n'est pas encore très bien défini, mais qui représentaient probablement le personnel inférieur du harem divin, un collège de courtisanes sacrées semblable à ceux de la Phénicie, de la Syrie et de la Chaldée. Peut-être la contre-partie masculine de cette corporation bizarre nous est-elle indiquée par le terme de *Nofriou*, les jeunes garçons, qu'on rencontre parfois. Des chantres — *hosiou* — correspondaient aux musiciennes — *hosouîtou* : des prêtres — *ouâbou* — de divers degrés remplissaient les fonctions matérielles du culte, dont les *khrihabou*, les hommes au rouleau, possédaient à fond le rituel, et les prophètes ou hiérodules *Honou noutir* représentaient le haut sacerdoce. Il y avait des prophètes hors cadre, qui probablement jouaient auprès du clergé officiel le même rôle que chez nous les prêtres attachés à une paroisse : les prophètes officiels étaient répartis entre quatre classes, dont la plus élevée ne comprenait qu'une seule personne, le premier prophète d'Amon *Honou noutir ni Amanrâ soutontêrou*. Le premier prophète d'Amon, d'abord enfermé dans son rôle sacerdotal, avait fini par en sortir et par réunir entre ses mains l'autorité civile et militaire, sinon sur l'Égypte entière, au moins sur Thèbes et sur l'Éthiopie.

Une première fois déjà, dans la seconde moitié de la XVIII⁰ dynastie, son ambition et sa richesse avaient inquiété les souverains : ce qu'on a appelé l'hérésie d'Aménôthès IV est moins une réforme religieuse qu'un essai de réaction contre le pouvoir envahissant du sacerdoce thébain. La théocratie d'Amon, sortie victorieuse de l'épreuve, s'établit solidement sous la XX⁰ dynastie : sous la XXI⁰, deux des premiers prophètes, Hrihorou et Painotmou I⁰ʳ, eurent les honneurs et le protocole de la royauté.

Amon-Râ était pour les Thébains le dieu unique, *noutir ouâiti,* celui auprès de qui tous les autres dieux n'étaient que des personnages de second rang. C'est à peine s'il admettait une déesse et un dieu-enfant, Maout et Khonsou, à partager quelques-uns de ses honneurs. La souveraineté que les rois thébains, ses adorateurs et ses protégés, avaient conquise sur le reste de l'Égypte et sur le monde, c'est à lui qu'ils la devaient : de même que les Pharaons des XVIII⁰, XIX⁰ et XX⁰ dynasties étaient les rois des rois de ce monde, il était lui le roi des dieux, Amonrâsonthêr ; pour bien marquer son autorité supérieure, il avait groupé les autres divinités de l'Égypte autour de lui soit dans les salles de son grand temple, soit dans de petits temples dispersés par la ville. Il les tenait ainsi sous sa domination, tout en leur accordant le traitement honorable dû à leur caractère divin ; ses prêtres pouvaient exercer leurs sacerdoces sans déchoir, et rien n'est plus fréquent que de rencontrer parmi nos momies des gens qui s'intitulent prophètes de Mantou, de Khnoumou, de Khonsou, de Phtah, *Grand voyant* de Râ et de Toumou. Les biens d'Amon couvraient d'ailleurs le tiers du territoire égyptien et il fallait, à côté du sacerdoce voué au culte, toute une administration qui vaquât aux intérêts temporels du dieu. Nos personnages sont donc à l'occasion intendants des bœufs d'Amon ou des bestiaux du domaine de Râ, chefs de l'enceinte de la maison d'Amon, scribes du domaine d'Amon, scribes attachés aux revenus sacrés, écrivains des ordres du registre d'Amon, chefs des métallurgistes dans la demeure d'Amon-Râ, scribes de la double maison blanche (préfecture), régulateurs de la justice de la ville de Thèbes, surveillants de la maison du prince d'Éthiopie. Lorsque l'un ou l'autre des égyptologues que ce genre d'études intéresse aura eu la patience de dépouiller les inscriptions de nos cercueils et d'en extraire les titres, nous serons bien près de connaître l'organisation entière de la mainmorte d'Amon.

La technique de ces cercueils est fort remarquable. Ils ont tous la forme générale de la momie couchée sur le dos, et les contours, très simplifiés en ce qui concerne la cuve même, prennent une exactitude et un relief remarquables en ce qui concerne les couvercles. Le plus souvent la face seule est représentée à découvert, avec le masque doré ou peint en rouge, en rose, en vert sombre ou clair, quelquefois avec les yeux en émail rapportés; dans bien des cas les deux mains font saillie sur la poitrine, tantôt fermées et serrant un emblème osirien, le sceptre, la croix ansée, le *dadou*, tantôt allongeant les doigts comme pour étaler les bagues qui les décorent. Assez rarement le mort est figuré comme couché au-dessus de son cadavre, en costume civil. Les inscriptions et les tableaux s'enlèvent en couleurs sur un fond jaune, dont la coloration, assez pâle au moment où l'enduit fut étalé sur le bois, s'est assombrie avec le temps par l'oxydation lente du vernis. On y observe d'habitude les mêmes formules et les mêmes sujets que sur les cercueils des personnages civils ou militaires de la même époque, la représentation des génies qui veillent sur l'intégrité du corps avec Anubis et Horus, les scènes du jugement de l'âme, l'introduction du mort dans les domaines d'Osiris ou de Râ; quelquefois pourtant des textes nouveaux et des figures inconnues surgissent et se détachent sur les lieux-communs de la décoration. M. Virey a signalé, par exemple, une variante des scènes de la création où le dieu Shou est remplacé par le dieu Bîsou : celui-ci, coiffé de ses plumes, soulève à deux mains la déesse Nouît du ciel pour la tenir séparée de Shou, le dieu de la terre. Bîsou est un des dieux orientaux dont l'industrie phénicienne avait répandu l'image dans tous les pays qui bordent la Méditerranée, l'un de ceux dont les Hellènes se servirent pour donner corps à la légende de leur Hercule : c'est donc avec raison que M. Virey rapproche la variante fournie par notre cercueil, et qui montre Bîsou élevant Nouît, de cette partie de la légende grecque dans laquelle il nous est dit comme quoi Hercule se substitua à Atlas pour supporter le ciel. Sur un autre cercueil, celui d'un Petamôn, qui remplissait des fonctions élevées parmi le sacerdoce, on lit, au milieu des inscriptions usuelles, un texte qui nous révèle l'une des explications que les théologiens thébains donnaient de l'Ennéade à l'époque Ramesside. Le mort, identifié avec le dieu créateur, s'écrie : « Je suis *un* qui deviens « *deux*, je suis *deux* qui deviens *quatre*, je suis *quatre* qui « deviens *huit*, et je suis *un* par-dessus celui-là ! » Le dieu créateur était l'expression suprême de l'Ennéade complète: par conséquent, le *Un* qui devient *deux* c'est Râ, qui tira de lui-même la première paire de l'Ennéade, le dieu Shou et la déesse Tafnouît. *Deux* qui devient *quatre*, c'est la production des quatre dieux qui étayent le monde comme autant de piliers Heh, Nâou, Kakou, Amânou, et qui paraissent au moment où Shou sépare Nouît le ciel de

Sibou la terre. *Quatre* qui devient *huit,* c'est le dédoublement de ces quatre personnages en couples comprenant chacun un dieu et une déesse, Hehou-Hehouît, Nâou-Nâouît, Kakou-Kakouît, Amânou-Amanît. Enfin le *un* qui vient après ce *quatre* qui devient *huit,* c'est le chef suprême, celui qui, s'ajoutant à l'ogdoade hermopolitaine, la transforme en Ennéade, c'est-à-dire le dieu Amon-Râ de Thèbes, en qui se résument tous les dieux. On voit quel rôle les nombres jouaient dans le développement de la pensée thébaine vers le xi° siècle avant J.-C. Les cercueils de la seconde trouvaille de Déîr el-Baharî nous font connaître plusieurs textes du même genre, extraits probablement de quelque livre composé à Thèbes pour expliquer les conceptions des écoles antérieures : c'était, à côté du texte immuable des livres sacrés, la somme où les écrivains avaient incorporé les spéculations inspirées par ce texte aux penseurs de l'école.

Il est fâcheux que les documents de cette nature ne soient pas plus nombreux. Amon, devenu le souverain des dieux de l'Égypte et le dieu unique, avait fini par devenir dans l'esprit de ses prêtres le seul dieu qui existât par lui-même. Tous les autres n'étaient que ses créatures ou que ses formes secondes, qu'il avait appelées à la vie en détachant de ses doubles ou de ses âmes des parcelles de doubles ou d'âmes dont il avait animé des corps façonnés par les hommes, des statues divines et prophétiques : aux yeux du théologien thébain, ce qui, dans le Phtah de Memphis ou dans le Khnoumou d'Éléphantine, était vraiment divin, c'était ce qu'Amon-Râ thébain y avait mis de lui-même. Bien entendu les autres sacerdoces n'admettaient point qu'il en fût ainsi, et ils considéraient le dieu de leur ville comme unique et existant par soi au même titre qu'Amon : mais le sacerdoce thébain maintenait sa doctrine, et tant que Thèbes dirigea les doctrines de l'Égypte, il sut l'imposer partout. Les prêtres et les prêtresses que furent nos momies n'appartenaient plus à l'âge de prédominence d'Amon : la royauté terrestre s'était déplacée vers le Nord, et le jour où elle avait quitté Thèbes, le dieu de Thèbes avait perdu du coup sa primauté. Le sacerdoce n'en continua pas moins d'exalter son dieu au-dessus de tous les autres, et jamais peut-être la grandeur d'Amon ne fut proclamée plus haut qu'au moment où elle venait de s'éclipser. Non-seulement elle s'étala dans des textes spéciaux, tels que ceux dont j'ai cité un spécimen, mais on remania les formules anciennes pour y en introduire l'expression, et souvent, en parcourant une prière bien connue de tous, nous sommes surpris d'avoir à constater qu'une variante d'apparence innocente en détourne le sens et l'efficacité au profit d'Amon. Pour bien faire sentir l'importance de la série en ce qui concerne l'histoire religieuse de l'Égypte, il nous faudrait donc étudier chaque momie par le menu, et indiquer à mesure qu'on les rencontrerait les éléments de connaissance nouvelle qu'elle apporte à la science. Cette recherche ne présenterait pas autant d'intérêt pour le public que pour les savants de métier. Il ne faut pas oublier d'ailleurs que, la plupart du temps, chaque ensevelissement comportait, outre la momie, quatre ou cinq pièces, un ou deux cercueils, munis chacun de son couvercle, plus un cartonnage plat que l'on posait d'ordinaire immédiatement sur la momie, sous le couvercle du cercueil intérieur : la description, pour être complète, risquerait de se développer à l'infini. Je me bornerai donc à signaler quelques momies-types, et d'abord plusieurs momies d'enfants, dont les unes étaient, comme la petite Ankhousnisit (n° 1140, long. 1 m. 23 cent.), *chanteuses d'Amon*, ou comme le petit Tarnofirouf (n° 1141, long. 1 m. 66 cent.) *père divin d'Amon* (voir p. 142). D'autres ne possédaient aucun titre, mais elles avaient un cercueil à leur taille (n° 1137, long. 0 m. 95 cent.; et n° 1138, long. 0 m. 65 cent.); d'autres enfin avaient été enfermées dans un cercueil d'occasion, tel que celui du n° 1139 qui était un cercueil d'homme ajusté à la taille exacte de l'enfant au moyen d'une cloison de bois chevillée en travers. Ce remploi de cercueil n'était pas borné aux enfants, en l'honneur desquels on était assez peu disposé à faire les sacrifices d'argent nécessaires à l'acquisition d'un matériel neuf. Pour beaucoup de personnages, même de rang très haut, on utilisait des cercueils d'occasion. Nous avons déjà vu qu'à l'époque saïte d'immenses cercueils en basalte ou en granit avaient été retirés du fond de leurs puits, au cours d'une révolution, et vendus à des Égyptiens qui les utilisèrent sur place, ou à des étrangers qui les exportèrent en Phénicie (voir p. 136). Sept ou huit siècles plus tôt, les bandes de voleurs qui exploitaient la nécropole jetaient sur le marché de très beaux cercueils des XVIII°, XIX° et XX° dynasties, que les familles ou les entreprises de pompes funèbres achetaient sous main à l'usage de leurs clients. On grattait alors le nom du premier maître et ses titres, qu'on remplaçait par les noms et par les titres du possesseur nouveau. J'en citerai seulement quelques exemples caractéristiques parmi ceux qui abondent dans la trouvaille de M. Grébaut :

1146. — Sarcophage du divin père d'Amon Ankhoufnimaout, fils de Manakhpirrî. Ce sarcophage avait appartenu d'abord à la dame Tamaritra ou Tentmariphrâ dont on a oublié de gratter le nom sur le cercueil extérieur.

1151. — Cercueil de Nassitapenharîtahaît, quatrième prophète ou hiérodule d'Amon. Ce cercueil était dans un très grand sarcophage, usurpé sur un premier occupant dont le nom, constamment gratté jusqu'à la moitié, se terminait par celui du dieu Amon. Le nom du propriétaire nouveau est tracé en écriture cursive sur les mains des deux couvercles. On trouve sur les côtés une scène de pleureuses assez remarquable.

Autant qu'il est permis d'en juger d'après les noms des souverains cités et d'après la filiation des personnages découverts par M. Grébaut dans la seconde cachette de Déîr el-Baharî, la série entière comprend six ou sept générations. La mode funéraire ne s'est pas modifiée grandement pendant les deux siècles qu'elles vécurent; toutefois, il ne serait pas difficile à qui voudrait s'en donner la peine de distinguer dans cet ensemble un certain nombre de cercueils, que leur facture et le style de leur décoration nous prouveraient sortir d'un même atelier. On pourrait donner comme type d'un premier groupe :

1135. — Cartonnage du cercueil de Pameshon, *prêtre en chef d'Amon, et maître d'aller dans toutes ses places*, c'est-à-dire jouissant du privilège de pénétrer dans toutes les parties du temple de Karnak. Le décor est très soigné et d'un bon style : nous signalerons surtout la tête de bélier sortant de la fleur qui s'épanouit, symbole du dieu qui se lève chaque matin dans les fourrés du ciel d'Orient.

1147. — Sarcophage d'Ankhoufnimaout, prêtre de Maout, scribe de l'administration du domaine d'Amon, et prophète ou hiérodule de la reine Ahhotpou, à qui les prêtres d'Amon rendaient les honneurs divins ainsi qu'au roi Aménôthès Ier divinisé et à la reine Ahmasis Nofritari; ces deux souverains étaient devenus, sous la XXe dynastie, les patrons de la nécropole thébaine.

1149. — Couvercle du second cercueil de Paifouzaro, prêtre célébrant, chef de la comptabilité des terres de la maison d'Amon. — Mention des honneurs divins rendus au roi Aménôthès Ier et aux reines Ahmasis Nofritari et Ahhotpou : Paifouzaro appartenait, comme on le voit, à la même confrérie qu'Ankhoufnimaout.

1150. — Couvercle du second cercueil de Pakhaloui, le Syrien, surnommé Khalnofiramanou, le brave soldat d'Amon. Il était père divin, prophète d'Amon, *ouvreur des portes du ciel dans Karnak,* premier célébrant d'Amon prêtre chargé des encensements à Amon dans Karnak, et chef des secrets du ciel, de la terre et de l'autre monde. *Les portes du ciel dans Karnak* étaient les portes de la troisième salle du temple, dont les parois étaient revêtues d'électrum : nous savons par un texte du tombeau de Rekhmarâ, que ce revêtement d'or et d'électrum, fabriqué avec le butin rapporté de Syrie par le Pharaon Thoutmôsis III, était d'une splendeur telle, qu'*on eût dit l'horizon du ciel.*

1151 bis. — Il appartient, comme le n° 1151 (voir page 152), à Nassitapenharitahaït, quatrième prophète d'Amon. Il avait été usurpé lui aussi sur un premier occupant dont le nom, constamment gratté jusqu'à la moitié, se terminait par *amen.* Le nom de Nassitpenharittahaït y est tracé également en écriture cursive sur les mains des deux couvercles. De même que le premier cercueil, celui-ci porte sur le côté une scène de lamentations des plus remarquables.

1153. — Cercueil d'Ankhoufnikhonsou, divin père, supérieur des secrets, chef des métallurgistes de la demeure d'Amon La direction des ateliers de métallurgie des temples d'Amon était un poste considérable à cause du maniement des métaux précieux qui, après des guerres heureuses, arrivaient en quantité prodigieuse.

1154. — Cercueil de Nsipanofirho, divin père d'Amon, divin père de Maout, scribe des jeunes garçons de la demeure d'Amon (voir à la p. 145, l'une des interprétations possibles du titre de *jeune garçon*).

1155. — Beau cartonnage blanc qui provient du cercueil d'Amannouitnakhîtou, chef des métallurgistes de la demeure d'Amon.

1156. — Cartonnage du cercueil de la vénérable Marîtamanou, dame chanteuse d'Amon-Râ, roi des dieux. La figure de femme représentée sur ce cartonnage se distingue par une disposition particulière de la coiffure, plus élevée qu'à l'ordinaire, partagée en deux masses et un peu ondulée. Les bras ne sont pas croisés, mais un seul, le bras gauche, est ramené sur la poitrine; le bras droit descend le long du corps. Le vêtement est une robe blanche à rayures verticales, blanches aussi, déterminées par les différences d'épaisseur du tissu, alternativement serré et ténu. Une des mains serre une branche de vigne.

1157 et 1157 *bis*. — Couvercles du cercueil intérieur de la même Marîtamanou, et d'un autre cercueil semblable appartenant à une chanteuse d'Amon dont le nom n'a pas été inscrit. La figure de femme représentée sur ce second couvercle présente les mêmes dispositions que nous avons rencontrées au cartonnage n° 1156; de plus, la forme du corps est très accentuée sous le vêtement, et les pieds nus sortent de la robe, comme au cercueil de la dame Isit, provenant du tombeau de Sannotmou.

1458. — Sarcophage de Nsiamenopît, prêtre en chef ou grand prêtre maître de s'approcher d'Amon, admis auprès d'Amon dans Karnak, maître des offrandes dans la salle d'Anubis, l'ensevelisseur, ce dieu grand qui est au commencement de la demeure divine, et grand chantre dans la connaissance d'Amon et fils des chantres thébains. C'est donc un grand-prêtre admis à pénétrer au sanctuaire d'Amon.

1159. — Caisse du cercueil intérieur de Zadmâousônuokhou, dame chanteuse d'Amon et musicienne avec la main pour Maout : la musicienne ou chanteuse — *hosit* — avec la main est celle des almées qui bat la mesure en frappant ses mains l'une contre l'autre, tandis que ses compagnes dansent, chantent ou jouent de leurs instruments.

Les cercueils qui suivent forment un second groupe dont la facture est très caractéristique. Ils proviennent tous des deux galeries du fond. Les cercueils extérieurs y sont blancs, décorés avec une certaine richesse, mais d'une manière moins compliquée que la plupart des autres ; tous portent à la même place la scène des génies funéraires. Les cercueils intérieurs sont d'une belle couleur jaune clair ; les cartonnages sont généralement décorés d'une façon très remarquable. Les sarcophages les plus soignés de cette belle série portent les noms et les titres du prêtre de haut rang Petamôn, et de la chanteuse d'Amon Mashasobkît.

1160. — Petamôn était divin père, aimé du dieu, supérieur des secrets qui sont dans le ciel, la terre et l'autre monde, supérieur des secrets d'Amon, de Maout et de Khonsou, ouvreur des portes du ciel dans Karnak, officiant en chef de celui dont le nom est mystère, c'est-à dire d'Amon, grand-prêtre de Râ et de Toumou dans Thèbes, desservant de la chapelle funéraire d'Aménôthès Ier, prophète ou hiérodule d'Amon, probablement à titre honoraire, bon chantre dans la science d'Amon et fils de chantres thébains : l'art du chant était donc héréditaire dans sa famille.

1161. — Mashasobkît était peut-être la femme de Petamôn. Elle porte les titres de dame chanteuse d'Amon-Râ, roi des dieux, grande chanteuse avec la main pour Maout dans Ashîrou, aimée d'Hathor de Thèbes, grande chanteuse le jour de l'enfantement diurne dans la retraite des femmes, hiérodule du dieu enfant de la triade, Khonsou dans Thèbes.

1164. — Cartonnage de Khonsounironpi, prêtre d'Amon-Râ, roi des dieux, divin père d'Anhour-Shousirâ, dieu du nome de Thinis, écrivain des ordres de la maison de Khnoumou, écrivain des ordres et grand surveillant de la maison du prince d'Éthiopie, qui était l'héritier du trône d'Égypte et le grand-prêtre d'Amon.

Les sarcophages de ces deux groupes proviennent surtout des deux galeries qui conduisent au fond de la cachette. On formerait aisément un troisième groupe de ceux qui furent extraits de la chambre du fond et qui appartiennent probablement aux premiers possesseurs de la tombe, à Tanofir (n° 1166) et à sa famille. Les cercueils en étaient très soignés, mais leur richesse même leur devint funeste : on leur arracha les mains et les visages afin de prendre la dorure qui les couvrait. Ils n'en conservent pas moins leur intérêt pour l'abondance des textes et des tableaux qui recouvrent leurs parois. La technique en présente d'ailleurs quelques particularités qui les distinguent nettement des monuments compris dans les deux séries précédentes. L'un des cartonnages qu'on y rencontre est finement découpé à jour; les scènes s'y détachent groupe à groupe et personnage à personnage. Sur les autres, les ornements caractéristiques de l'époque se détachent en relief sur le fond du bois au moyen d'application en pâte, ainsi les cœurs qui pendent sur la poitrine ou les scarabées à tête de bélier qui figurent Amon.

1166. — Sarcophage de Tanofir, troisième prophète d'Amon-Râ, roi des dieux, prophète de Mantou, intendant des troupeaux du domaine de Râ, prophète du dieu Khnoumou d'Éléphantine, grand-prêtre de Râ et de Toumou dans Thèbes, desservant de la chapelle funéraire d'Aménôthès Ier, ouvreur des portes du ciel dans Karnak, chef des secrets qu'il y a dans le ciel, la terre et l'autre monde. C'était un fort grand personnage, et son rang explique à la fois la beauté de son appareil funéraire et l'étendue de son tombeau.

1167 et **1167** *bis.* — Sarcophage et cartonnage de la vénérable Mâkerî, chanteuse d'Amon. Le sarcophage a conservé sa dorure, tandis que tous les autres en ont été dépouillés. Le cartonnage a la figure et les mains couvertes d'un enduit blanc préparé pour recevoir une dorure qui n'a pas été appliquée. Cette blancheur des mains et du visage produit un effet saisissant.

1169. — Sarcophage de la supérieure en troisième ordre du harem ou des recluses d'Amon-Râ, roi des dieux, fille du premier prophète d'Amon Manakhpirrî de la XXI⁰ dynastie, Katsashni.

1171. — Sarcophage de Haroub, fille de Manakhpirrî, grand-prêtre d'Amon sous la XXI⁰ dynastie, et de la princesse Isimkhabiou, dont la momie fut découverte à Déir-el-Bahari en 1881, et se trouve exposée avec ses cercueils et cartonnages dans la salle P du premier étage (voir p. 338, n° 1238). Elle était deuxième prophétesse ou hiérodule de Maout dans Ashîrou, hiérodule de Maout dans la demeure de l'enfantement, — *Pa-misou*, — la chapelle où la déesse mettait au monde le troisième dieu de la triade thébaine, le dieu-enfant. Haroub serait la sœur du grand-prêtre Painotmou II, le dernier de la famille qui exerça le souverain pontificat à Thèbes, avant l'avènement de la XXII⁰ dynastie. Ce rapprochement établit d'une manière intéressante l'étroite parenté qui existe entre les deux collections des prêtres d'Amon et des momies royales, puisque nous trouvons la momie de la fille dans l'une, et celle de la mère dans l'autre.

SALON MÉRIDIONAL

Le salon méridional n'est pour le moment qu'une sorte de dépôt, où sont entassés sans ordre un certain nombre d'objets d'acquisition ancienne ou récente qui n'auraient pu être rangés dans leurs séries. Ils seront remis à leur place naturelle sitôt que nous aurons le temps de remanier le Musée : en attendant, je me bornerai à indiquer brièvement les principaux monuments qu'on y rencontre actuellement.

Vitrine A.

La première vitrine qu'on y aperçoit au centre, en y accédant de la galerie d'honneur, contient quelques-uns des objets trouvés auprès des prêtres d'Amon. On y remarquera un bel éventail en feuille de palmier (n° 1131), des mitaines en toile (n° 1132) dont on ne connaît aucun autre exemple jusqu'à présent ; des chaussures en cuir de différentes couleurs et des sandales en jonc tressé ; une canne en bois d'ébène avec le bout et le pommeau en ivoire (n° 1133), du genre de celles qu'on fabrique à Siout encore aujourd'hui ; un fouet composé d'un manche de bois et d'une lanière en cuir blanc (n° 1134) ; enfin des scarabées du cœur, des génies funéraires en cire, des fleurs recueillies dans les cercueils, et d'autres pièces de l'appareil funéraire commun à toutes les momies. Ces objets ne représentent pas, loin de là, tout ce qui était contenu de ce genre dans la cachette découverte par M. Grébaut. Nous avons encore en magasin un certain nombre de momies non développées qui nous rendront de quoi enrichir considérablement cette série.

Armoires B-E.

Les quatre armoires d'angle qui ont été disposées en croix derrière la vitrine A contiennent un choix de statuettes de l'empire memphite, du genre de celles qu'on a vues au rez-de-chaussée dans les salles A-F. Elles sont en général de travail mauvais, et isolées n'inspireraient qu'un intérêt médiocre : réunies de la sorte, elles permettent au visiteur de se faire une idée de ce qu'était la sculpture funéraire à cette époque la plus brillante de l'art égyptien. Elle était aussi banale et aussi dépourvue d'individualité que la nôtre, et les marbriers qui tiennent boutique aux environs de nos cimetières nous en montrent tout autant : c'était de l'art à bas prix pour les particuliers de fortune moyenne et de goût aisément satisfait. Outre l'intérêt historique elles présentent une valeur ethnographique qui n'est pas à dédaigner. Les gens qu'elles nous montrent appartenaient aux classes les plus diverses de la société égyptienne, et ils nous font connaître les types fort variés qu'on y rencontrait. Ils se retrouvent tous dans la population contemporaine, nous prouvant qu'elle descend bien en ligne directe des vieux Égyptiens. On y reconnaît le personnage mince, élancé, alerte, aux traits fins et bien découpés; le demi-bourgeois trapu et lourd; le fellah épais et disgracieux, à la face camuse et ronde. Les femmes surtout ont un air fort contemporain et quiconque fréquente les campagnes en rencontre nécessairement parmi les fellahines qui vont puiser l'eau au Nil. Les visiteurs qui ont déjà fait le voyage de la Haute-Égypte ne pourront manquer de se rappeler devant elles quelques figures aperçues au cours de leurs excursions.

Les vitrines rangées le long du balcon nord contiennent une partie de notre collection de fleurs, de feuillages et de plantes antiques : le reste est exposé sur le balcon oriental du premier étage (voir p, 400-401). La moitié des graines qu'elle contient remonte à l'empire memphite et fut recueillie par Mariette dans les tombeaux de la IVe, de la Ve et de la VIe dynasties : le blé et l'orge s'y rencontrent parfois en quantités considérables. Je dois ajouter pour les personnes que la question du *blé de momie* intéresserait que, si le blé acheté par les touristes aux marchands d'antiquités germe parfois et produit des épis, le blé que nous avons recueilli nous-mêmes dans les hypogées n'a jamais germé.

— 161 —

La partie orientale du grand salon méridional, celle qui précède la chambre A, est occupée, partie par un ensemble d'objets divers provenant des fouilles récentes et encore mal classés, partie par certaines catégories d'objets civils.

Armoire A.

Bâton de commandement muni d'un crochet; canne avec inscription au nom de Sannotmou, de la XX⁰ dynastie, dont le tombeau fut découvert à Thèbes, en février 1886; outils et fragments d'outils en cuivre et en bronze, haches, ciseaux, couperets, tranchets, rasoirs, aiguilles, poinçons, pointes de lames et de flèches, etc.

Armoire B.

Arcs (nᵒˢ 825 et 825 *bis*); flèches (nᵒˢ 826 et 826 *bis*), terminées tantôt par une pointe aiguë, tantôt par une petite pointe tranchante; très beau carquois en cuir (n° 827); pointes de flèches en bronze ou en cuivre, montrant les diverses formes en usage dans l'Égypte pharaonique, plates, avec ou sans nervures; triangulaires, à ailettes, en feuille de saule, etc.

Armoire C.

Elle contient des outils et des armes de bronze : une herminette provenant d'Abydos (n° 828); un tranchet de cordonnier (n° 829); des rasoirs (n° 830); une belle hache qui semble porter encore des traces de dorure (n° 831); des pierres à aiguiser (n° 832); des ciseaux et des pinces (n° 833), dont plusieurs ont pu servir d'instruments de chirurgie.

Cadres D-E.

Ils renferment chacun un linceul en gros treillis, provenant de la momie d'un des personnages de la famille des grands-prêtres d'Amon. Une grande figure d'Osiris-momie est d'ordinaire dessinée à l'encre noire sur ces toiles. Celle du cadre D, appartenait au *Père divin d'Amon*, Petamonou : dans le cadre E, la chanteuse d'Amon et de Thot, Bakitnikhonsou, fait offrande à Osiris.

Armoire D.

On y voit la suite des armes, des masses, des sabres de bois, des boumérangs, et la poignée en bois au moyen de laquelle les soldats égyptiens manœuvraient leur bouclier.

Armoire E.

On a exposé dans cette armoire E des hampes en bois et des pointes de lance en cuivre et en bronze, quelques haches, un fragment d'arc, enfin, ce qui est plus précieux, des débris d'armes et d'instruments en fer fortement oxydé.

Vitrine F.

On a réuni dans la vitrine plate F des spécimens, choisis parmi les plus beaux, des vases, plaquettes et figurines en terre émaillée des diverses époques. La pièce capitale est le vase n° 747, qui fut donné par le Pharaon Aménôthès III à la reine Tii et qui porte le nom de ces souverains. Le fond est d'un blanc crémeux, sur lequel s'enlèvent en vigueur le décor et les hiéroglyphes : chaque figure avait été tracée à la pointe, puis évidée dans la pâte et remplie de l'émail voulu. L'habileté de l'ouvrier a été telle que nulle des couleurs n'a fusé, ni bavé sur les voisines. C'est un des chefs-d'œuvres de la céramique égyptienne.

Les pièces bleues abondent : en premier lieu, celles qui remontent aux XVIIIe; XIXe et XXe dynasties, parmi lesquelles on remarque les beaux gobelets en fleur de lotus épanoui provenant de Touna (n° 1385), le couvercle de boîte en forme d'anthérion (XVIIIe dynastie), la plaquette de Ramsès II, les étuis à collyre. Les découpures figurant des déesses, les images des quatre génies funéraires, les scarabées avec ou sans ailes, sont de l'époque saïte et de l'époque grecque; la couverte en est fine, pure, mate, répartie également. On reconnaîtra au contraire les émaux bleus de l'époque gréco-romaine à l'épaisseur et à l'irrégularité de la couche colorée. La couverte est grossière; mêlée et noircie de fumée pendant la cuisson, elle a empâté les lignes et coulé dans les creux.

Quelques verres à fond bleu complètent la collection : un étui à collyre en forme de colonne à chapiteau, des feuilles de palmiers, un poisson qui provient de Sakkarah, un vase à décor de fougères.

Cage G.

On a réuni provisoirement dans la cage G des objets d'époques diverses, provenant pour la plupart des fouilles de l'*Egypt Exploration Fund*, en Haute-Égypte.

Dans la partie sud, sont exposés les monuments découverts par Quibell à Kom-el-Ahmar. Au centre, la grande palette en schiste du roi Bouzaou de la IIe dynastie thinite. Sur la face qui est tournée au public, le souverain, coiffé du bonnet de la Haute-Égypte, lève la massue à tête blanche contre un prisonnier de type asiatique qui, d'après l'inscription tracée à côté de lui, semble être un Hirou-Shaïtou, un nomade du désert arabique ; devant le roi, un épervier, posé sur un buisson de feuilles de lotus, paraît amener des prisonniers enchaînés qu'on peut croire avoir été au nombre de 6000 ; derrière lui, son serviteur porte les sandales royales, et un vase à eau, comme c'est aussi l'usage en Chaldée chez les vieux rois de Lagash. Au-dessous de cette scène, deux ennemis se sauvent en tendant la main en signe de supplication. Sur la face opposée, qu'on aperçoit réflétée dans la glace, le même roi, coiffé de la couronne de la Basse-Égypte ☒, et suivi de son serviteur, au-dessus duquel est la caisse ⵏ qui sert de demeure au *double*, se rend au lieu du sacrifice, précédé des quatre étendards consacrés aux dieux des quatre points cardinaux, les deux Horus (Horus et Set), Anubis et Saptou, qui marquent sa domination sur les quatre maisons du monde : dix cadavres d'ennemis, décapités après la bataille, sont étendus sur le sol, la tête entre les jambes, et au-dessus d'eux la barque qui contient l'image des dieux. Dans le registre du milieu, deux personnages essaient de retenir deux animaux à corps d'antilope, à têtes de félin et aux longs cous de serpents entrelacés, de ces monstres fantastiques dont l'Égypte peuplait le désert. Au-dessous, un taureau démolit à coups de cornes un camp fortifié ; il est probable que les deux fuyards de l'autre face se sont échappés de cette enceinte. C'est, comme on voit, un monument des victoires de ce vieux roi. Dans la partie ouest de la vitrine, nous avons mis le moulage d'une autre palette plus petite, provenant des mêmes fouilles et conservée aujourd'hui à Londres. Le champ en était fermé par deux renards ou deux chacals dressés sur leurs pattes de derrière et affrontés, mais dont les têtes ont disparu. Sur les deux faces sont figurés les animaux du désert, d'abord les deux monstres de la palette précédente, dont le cou démesuré enveloppe le godet central, puis des daims, des bouquetins, des gazelles forcés par de gros chiens. Sur l'autre face, une girafe se mêle aux antilopes et aux taureaux sauvages, mais la chasse est menée par des lions, par un chacal fantastique, et par un griffon à ailes et à tête d'épervier. Pour compléter cet ensemble, on remarquera, sur le côté est de la cage, une statuette en schiste de fort bon style représentant un Pharaon, probablement Khâsakhmoui de la III° dynastie, en Osiris coiffé de la couronne de la Haute-Égypte : des prisonniers sont entassés le long des tranches du socle, tordus en toutes sortes de postures diverses. Bien que la moitié de la face ait disparu, l'ensemble donne une bonne idée de ce qu'était déjà la sculpture égyptienne à cette époque reculée. Des figures en ivoire sculpté ont la même provenance : elles sont malheureusement en si mauvais état qu'on désespère de pouvoir les conserver longtemps.

La plupart des menus objets ont été découverts à Dendérah par M. Petrie : on y remarquera le vase à libations en bronze au cartouche de Ramsès II, et les plaquettes de verre multicolores qui servaient, vers l'époque gréco-romaine, à la décoration des stèles, des cercueils ou des murailles, enfin un bel encensoir en bronze.

1383. — Ivoire. — Haut. 0 m. 15 cent. — *Thèbes.*

Statuette du dieu Bisou, ayant servi de manche de miroir. Elle est d'un fort beau travail, mais d'une fragilité qui en rend la conservation très précaire. — XVIII° dynastie.

Vitrine H.

Elle renferme provisoirement des objets provenant des fouilles entreprises dans ces dernières années et qu'on n'a pas encore répartis entre leurs séries.

1387. — Bois. — Haut. 0 m. 14 cent. — *Gournah*.

Pot à collyre, découvert par M. Daressy à Thèbes, dans le tombeau de Hatiaï : un homme agenouillé porte sur son épaule une grosse outre. Travail charmant. XVIIIe dynastie.

1388. — Bois doré. — *Gournah*.

Ces deux pectoraux étaient attachés au cou de la momie du prêtre Hatiaï, par une double chaîne composée de perles d'émail, de cornaline et de bois doré qui est exposée dans la partie gauche de la vitrine. Au milieu du plus grand est encastré un gros scarabée en ambre, qui était intact au moment de la découverte ; il a été brisé pendant la confection du catalogue général. — XVIIIe dynastie.

1389. — Bois. — *Gournah*.

Cuiller à parfums. Le manche représente un bouquet de fleurs de lotus ; le bol est formé par une feuille de plante aquatique à bords ondulés. — XVIIIe dynastie.

1390. — Bois, Cuir, Corne. — *Gournah*.

Arc à double courbure, formé d'un morceau de bois serré entre deux lames de corne et recouvert d'écorce d'arbre ; il a encore sa corde antique. Il a été trouvé, avec le brassard en cuir qui lui appartenait et qui est exposé également dans la vitrine, à Gournah, dans le tombeau d'un archer. — XVIIIe dynastie.

On remarquera également la palette du scribe Hatiaï, en bois et en bronze, avec ses calames en roseaux ; un beau rasoir en bronze avec son manche et sa garde en bois; des balles de fronde en plomb, d'époque romaine; la coupe en bronze de Hatiaï, dont le fond est décoré d'animaux sauvages gravés à la pointe sur un champ de plantes aquatiques; enfin :

1407. — Bronze. — Diam. o m. 275 mill.

Coupe à fond plat, décorée d'oiseaux et de fleurs symboliques. Les anses ou charnières sont garnies de sphinx ailés à tête de dieu Bisou : les ailes se terminent par des têtes de taureau, et on sent dans l'ensemble une influence assyrienne. — Époque saïte.

PORTE QUI MÈNE A LA SALLE A.

Les deux armoires dressées à plat dans l'embrasure de la porte qui mène du grand salon à la chambre A contiennent la suite des bijoux et objets civils :

Armoire A.

On y voit une belle collection de miroirs. Les miroirs égyptiens étaient formés d'un disque en métal, généralement en cuivre ou en bronze, parfois simplement poli, parfois revêtu d'un vernis d'or; le manche était de bois, d'ivoire, de terre émaillée ou de bronze. Il figurait d'ordinaire une colonnette ou une tige de lotus, souvent surmontée d'une tête d'Hathor (n° 846), la Vénus égyptienne aux oreilles de vache, ou de Bisou, l'Hercule grotesque et le dieu de la toilette (n° 847); quelquefois c'était une statuette de femme ou de déesse, en ivoire (n° 848) ou en bronze (n° 849). On peut encore signaler le manche à jour du n° 850, le n° 851 avec légende hiéroglyphique de la dame Hathorhotpou, prêtresse d'Hathor, et le n° 852, qui provient de la trouvaille des momies royales de Deîr-el-Bahari.

Armoire B.

Elle contient, à la rangée supérieure, une série de chevets en albâtre et de statuettes en bois peint de la XII° dynastie, provenant des fouilles faites à Meïr en 1892. Le texte hiéroglyphique gravé sur la tablette qui occupe le centre a pour objet de présenter à Osiris une offrande en faveur d'un défunt.

On voit sur la deuxième tablette la fin des statuettes de Meïr; deux d'entre elles représentent le même personnage, nommé Nakhîti, l'une en bois (n° 913), l'autre en bronze et qui est une pièce unique (n° 913 *bis*). Le gros scarabée ptolémaïque en pâte de verre bleu provient également de Meïr (n° 914); il faisait partie d'un masque de momie. Sous le scarabée, un joli chat en terre émaillée bleue mouchetée de noir, et un lion en bronze provenant de la trouvaille de Tell-Moqdam (voir plus bas n° 920, p. 169); un peu plus loin, une petite table d'offrandes en bronze sur laquelle sont rangés une grenouille, un lion et deux éperviers en relief.

Pièces du mobilier funéraire trouvé avec la momie de la dame Amonît, prêtresse d'Hathor, dont on verra plus loin la momie et le cercueil. Miroirs (n°˚ 915 et 915 *bis*); le manche du n° 915 *bis*, surmonté d'une tête d'Hathor aux yeux rapportés, est en bois revêtu d'incrustations bleues et rouges; un autre manche en bois jaune a la forme du support d'honneur. Vases à parfums en albâtre; l'un d'eux, fermé d'un linge, est encore scellé (n° 716). Ils se trouvaient dans les jolis filets n°˚ 917, 918 et 918 *bis*, ornés de perles bleues. Deux anses de fil servaient à soulever ou à suspendre ces filets; à l'extrémité inférieure, une sorte de couronne, également en fil, était le socle ou le support sur lequel se tenaient ces vases au fond arrondi.

On distingue à la rangée inférieure, entre autres objets curieux :

919. — Bronze. — Long. 0 m. 057 mill.

Table d'offrandes d'un aspect particulier. Elle représente une sorte de plateforme, sur les côtés de laquelle sont assis deux chacals et deux cynocéphales se faisant face; trois petits personnages, agenouillés dans le fond, présentent l'offrande et versent une libation.

Une bonne partie de la tablette est occupée par de beaux lions de bronze (n° 920) provenant de Tell-Moqdam. La petite stèle en calcaire n° 921 offre une représentation unique jusqu'à présent sur les monuments de ce genre : un singe monte à un arbre et cueille des fruits pour sa maîtresse, qui, d'une main, le tient en laisse, et de l'autre porte un panier à fruits.

SALLE A.

La salle A contient la fin des objets de toilette, le linge et les objets d'habillement, les instruments de musique, les jouets, le commencement de la céramique et de la vaisselle métallique.

Côté sud de la Salle.

Armoire A.

On y remarque, à la tablette supérieure, des plaques d'ivoire, débris d'un coffret, puis deux bois d'éventails complets. Les éventails égyptiens se composaient d'un manche et d'une pièce centrale qui couronnait le manche, et dans laquelle venaient s'engager les plumes, maintenues en place au moyen d'un ressort qui, ici, est en bois. Deux de ces pièces centrales sont exposées à la deuxième tablette, dont la principale est :

941. — Bois. — Haut. o m. 15 cent.

Couronnement d'un manche d'éventail au nom de Minnakhîti, scribe de la maison du Soleil.

Sur cette même deuxième tablette et sur la troisième sont rangés des anneaux fendus, en ivoire, en cornaline et en or, qui servaient peut-être de boucles d'oreilles. Une série de ces anneaux (planchette 942) provient des fouilles faites à Mit-Rahineh en 1892; une autre série (planchette 942 *bis*) a été trouvée à Mendès. A côté d'eux, sont exposés des peignes en bois et en ivoire (n°⁵ 937 et 938), des spatules en ivoire (n°⁵ 939 et 939 *bis*), et :

940. — Bois. — Haut. o m. 08 cent. — *Thèbes.*

Une petite tortue en bois formant pelote. Les trous pratiqués sur son dos servaient à fixer des épingles de toilette en bois, terminées par des têtes de chien. Cet ustensile a été trouvé à Drah abou'l-Neggah, dans une tombe de la XI° dynastie.

Enfin, sur la tablette basse, sont disposés, avec des peignes à double rangée de dents, des manches de fouet en bois, représentant d'un côté un bras humain terminé par un poing fermé, de l'autre le plus souvent un poisson *latus* sortant d'un bouquet de lotus, quelquefois un singe, un renard courant ou quelque autre animal. C'est le fouet qu'on voit si souvent à la main des conducteurs de char. Le nœud en cuir qui le rattachait au poignet du propriétaire et la tresse également en cuir ont disparu; on en voit seulement des fragments, encore engagés dans les trous qui percent le bois aux deux extrémités.

Armoire B.

L'armoire B contient un mélange d'objets de nature et de provenances diverses, qu'il faudra répartir plus tard entre les séries auxquelles ils appartiennent. J'y signalerai les sept boucliers sortis des tombes de Berchéh; les taches qui sont distribuées sur la surface de chacun d'eux forment ce qu'on pourrait appeler les *armes* du soldat qui le possédait. Dans la partie gauche de la vitrine, sont des pierres de fondation découvertes par M. Petrie à Sheikh Abd-el-Gournah, parmi les ruines d'un édifice construit par Siphtah Ménephtah et par son chancelier Baï. Dans la partie centrale, on voit de beaux spécimens de ces verreries multicolores dont on composait des décorations complètes de stèles et de sarcophages, dans le Fayoum, à l'époque ptolémaïque. Les deux sellettes en bronze, avec leur garniture de vases servant au sacrifice funéraire, proviennent de Berchéh et remontent à la XII° dynastie.

Vitrine C.

Chaussures, sandales et semelles en bois et en cuir. On remarquera le travail des lanières multicolores qui fixaient sur le cou de pied les paires de sandales n°ˢ 845 et 845 *bis*.

Cadres D-R.

Linceuls tirés de la collection des prêtres d'Amon, aux noms de Senou, de Nsipekashouîti, de la chanteuse Tarpou, de la supérieure des recluses d'Amon, Tentapai, du premier prophète Pinotmou, du prêtre Shadsouamanou, de la chanteuse d'Amon Zatmaout et du prophète de Maout Pariousakhir.

Vitrine S.

Vases en pierre dure de provenance et d'époques diverses.

Armoire I.

Instruments de musique, jeux et jouets d'enfants :

Instruments de musique. — Lyre en bois (n° 853), provenant des fouilles exécutées à Meïr en 1892; guitares (n°ˢ 854 et 854 *bis*); cymbales de bronze (n°ˢ 855 et 855 *bis*); sistre de bronze (n° 856); cloches de bronze (n° 857); tambourins provenant d'Akhmîm (n°ˢ 858 et 858 *bis*), décorés de peintures qui représentent précisément des joueuses de tambourin; flûtes simples et flûtes doubles (n°ˢ 859 et 859 *bis*); fragment d'instrument de musique (n° 860).

1393. — Bronze. — Long. o m. 60 cent.

Tambour en forme de baril, dont les extrémités étaient recouvertes de peau. Les anses sont ornées de petites palmettes dans le style de la XVIII° dynastie.

Jeux. — Damiers en bois; (n°˚ 861 et 861 *bis*), le second avec une légende au nom d'Abibi (Thèbes, XVIII° dynastie); collection de pions pour le jeu de dames (terre cuite bleue émaillée, n°˚ 862 et 862 *bis*); pions en ivoire (n° 863) et en bois (n° 864); cubes en terre émaillée et en verre (n° 865) pour le jeu de dés; boîte à jeu en bois incrusté d'ivoire, avec tiroir en ivoire contenant des pions (n° 866, Thèbes, XVII° dynastie); jeu de solitaire qui se jouait au moyen d'épingles d'ivoire enfoncées dans les trous d'une des parois de la boîte à jeu (ivoire et bois n° 867); disque en calcaire sur lequel un serpent s'enroule, la tête au centre, la queue en dehors, de manière à simuler une sorte de labyrinthe, et sur lequel on pouvait jouer un jeu analogue à notre jeu de l'oie.

Jouets. — Poupée (n° 868); poupée ou pantin articulé qu'on faisait manœuvrer en tirant une ficelle (n° 869); petits animaux (n° 870); grenouille avec mâchoire articulée (n° 871); balles (n° 872) couvertes de peau; autres balles en ficelle ou (n° 872 *bis*) en feuilles de papyrus découpées et tressées. — Thèbes, XI° dynastie.

Armoire U.

Commencement de la collection des poteries : terre cuite noire, blanche et rouge, le plus souvent sans décor modelé ou peint.

Côté nord de la Salle.

Armoire A.

Sur trois des tablettes, on voit : des colliers de diverses époques, en terre émaillée, en cornaline, en cristal, etc. Sur la deuxième tablette en partant du haut, larges colliers de la XI⁰ dynastie, trouvés à Sakkarah (n°⁸ 873 et 873 *bis*).

Armoire B.

Objets de toilette (parfumerie). Boîtes à parfums en bois : les unes, de forme arrondie, sont ornées de jolis dessins (n° 925); d'autres représentent un canard dont les ailes se soulèvent (couvercle à deux battants, le manche est une statuette de nageuse; cfr. n° 896), ou un poisson évidé qui se fend, l'un des côtés est le fond de la boîte, l'autre le couvercle (n° 926). Le poisson n° 926 *bis* est orné du cartouche de Thoutmosis III. Les parfums et les pommades étaient extraits de la boîte avec des cuillers de bois ou d'ivoire (n° 927) et des spatules de bronze (n° 928). La cuiller n° 929, (bois, hauteur 0 m. 202 mill.), a la forme d'un cartouche qui sort d'un lotus épanoui. La cuiller n° 929 *bis* se termine par un cou d'oie recourbé. Un brûle-parfums, provenant de Sakkarah (émail vert, haut. 0 m. 05 cent.), appartient à l'époque saïte. C'est un petit singe assis, soutenant de ses deux mains un grand plat qui repose sur un chapiteau à feuilles de palmier (n° 930). Les cynocéphales servent aussi très fréquemment de sujets d'ornement aux pots et aux étuis à collyre (n° 931). Ces étuis sont très nombreux dans l'armoire B, avec ou sans ornements, en un, deux, trois, quatre ou cinq compartiments, en bois, en albâtre, en ivoire, en terre émaillée, accompagnés parfois de l'aiguille en bois ou en bronze qui servait à appliquer le collyre autour des yeux (nᵒˢ 932, 933, 934). De petits coffrets de toilette sont ornés en marqueterie ou en incrustations d'ivoire (nº 935).

On remarque enfin, sur la tablette supérieure, une plaque (nº 936) en bois (haut. 0 m. 21 cent., larg. 0 m. 129 mill.) où l'on a évidé avec soin les formes d'un manche de miroir et de deux petits godets. On y coulait de la cire sur laquelle on établissait ensuite les moules qui servaient à la fonte des objets en question.

Vitrine C.

Sandales en jonc tressé, d'un travail assez délicat. Quelques-unes se terminent par la pointe recourbée que nous verrons ailleurs sur divers dessins de la salle 1 (nᵒˢ 526, 529, 549).

Armoires D-O.

Les armoires D et F contiennent du linge de la XIᵉ dynastie, appartenant à la dame Amonît, prêtresse d'Hathor, dont nous verrons la momie sous le nº 115. Les deux pièces d'étoffe (nº 842 et 842 *bis*), disposées à droite et à gauche de l'armoire F, appartiennent également à cette prêtresse. La lingerie contenue dans les armoires E, G, H, I, provient de la collection des prêtres d'Amon. L'armoire B nous montre des étoffes ornées de jolies bordures bleues aux dessins variés, de festons et de franges; l'armoire G, des tissus d'une merveilleuse finesse (nᵒˢ 843 et 843 *bis*) comparables à la plus belle batiste; l'armoire I, une sorte de grande chemise ou vêtement cousu, avec des ouvertures ménagées pour passer la tête et les bras (nº 844).

Les chemises et les autres pièces de linge trouvées sur les momies des prêtres d'Amon portaient souvent la marque Paamanou, Temple d'Amon.

Vitrine P.

La vitrine P contient une collection de vases en pierre dure, analogue à celle qu'on voit dans la vitrine S, au côté sud de cette salle.

Armoire Q.

Poteries rouges, blanches et noires, d'époques et de provenances diverses.

Armoire R.

Linge provenant de la momie de la dame Amonît, comme celui qui est dans les armoires D et F.

PORTE QUI MÈNE A LA SALLE B.

Dans l'embrasure de la porte qui conduit de la salle A à la salle B, deux armoires plates sont disposées, qui contiennent la série des vases commencée dans la salle A.

Armoire A.

Petits vases en albâtre, en granit et en autres matières dures. Le vase en albâtre n° 820 est une figure grotesque de femme agenouillée, les mamelles pendantes, le ventre gonflé, les bras collés au corps.

Armoire B.

Vases en terre cuite d'époques et de provenances diverses. Les plus intéressants sont modelés en forme d'animaux : taureau debout, vache couchée et retournant la tête, en terre rouge peinte en blanc, relevée de rouge et de noir; sauterelle en terre rouge, dont le détail est indiqué fort exactement à l'encre noire; oies ou canards; enfin, un chameau portant deux vases à droite et à gauche. Plusieurs vases représentent des figures grotesques d'hommes ou de femmes, surtout des pleureuses qui lèvent la main à la tête comme pour s'arracher les cheveux.

SALLE B.

La salle B contient le gros de la poterie en terre cuite, simple ou émaillée ainsi que la vaisselle en pierre, en cuivre et en bronze.

Côté ouest de la Salle.

Armoires A-B.

Elles contiennent de bons spécimens de poterie commune sans distinction d'époques ni de localités : pots allongés ▮ et ▮▮ ou ronds ●, vases communiquants ⚭, brûle-parfums ▼, supports ⚊, pichets à anse simple ♀, ♥, ou double ◉●, avec ou sans goulot, en terre blanche, rouge et noire.

Armoire C.

Vases en bois, les uns évidés, les autres peints pour simuler diverses espèces de pierre, surtout l'albâtre. Les n°⁸ 812, 812 *bis*, 813, 813 *bis*, 814, proviennent du tombeau de Sannotmou (cfr. salon méridional, armoire A).

Armoire D.

Chapeaux de boue compacte, dont on se servait pour sceller les jarres qui renfermaient le vin. Dans la plupart des cas, la terre demeurait nue; parfois, elle recevait une couche de peinture noire ou un lait de chaux, sur lequel on traçait un décor de fleurs peintes. Des inscriptions, imprimées sur la terre molle encore au moyen d'un sceau en bois, et relevées souvent de couleur jaune, donnaient l'indication du liquide contenu dans le vase et de l'administration à laquelle il appartenait : *Vin du temple d'Amon* ou *Vin du temple d'Atonou dans la Ville d'Atonou*. Pour boucher les cruches, on employait des tampons formés de joncs roulés et liés en disques plats, sur lesquels on appliquait ensuite la terre du chapeau.

Armoire E.

Vases et plateaux en albâtre, en granit, en diorite, etc. Les vases de la forme ❙ servaient d'ordinaire à contenir les parfums pâteux et les onguents parfumés, qu'on offrait aux dieux et aux morts, et dont les vivants s'enduisaient le corps ou se frottaient les cheveux; ceux de la forme ❦ contenaient le *kohol*, c'est-à-dire les poudres noires, les unes à base de charbon pulvérisé, les autres à base de cuivre ou d'antimoine, dont les hommes et les femmes se teignaient les paupières et les sourcils.

Centre de la Salle.

Vitrine F.

Poteries de l'époque archaïque, provenant de la Haute-Égypte; beaucoup d'entre elles sont ornées de dessins d'un style barbare, représentant des animaux, des bateaux et des hommes. La poterie bicolore, rouge et noire, se trouve dans les tombeaux jusques aux débuts du premier empire thébain, notamment à El-Khizàm et à Gébéléin.

Vitrine G.

Poteries de la XVIII° à la XX° dynastie. Les n°ˢ 838 et 838 *bis*, décorés de couleurs encore fraîches, proviennent du tombeau de Sannotmou (cfr. armoire C). Le grand vase du centre est orné de dessins où l'on remarque un oiseau pêcheur (n° 839). Plus loin, sont des vases bleus de diverses formes, et de petits pots avec des inscriptions en écriture hiératique; l'un des plus curieux représente un Bisou femelle tirant la langue (n° 837).

Côté est de la Salle.

Armoire H.

Poteries analogues à celles qui remplissent les armoires A et B, rangées sans distinction d'époque ni de provenances. Au centre de la vitrine, un vase rond, peu profond, simule un canard qui nage la tête droite et les ailes levées.

Armoire I.

Pots et bouteilles en terre cuite émaillée. Bouteilles de nouvel an, avec des souhaits de prospérité (n°ˢ 834 et 834 *bis*). Vases pour contenir le fard (cfr. n° 824 *bis*). Coupe peinte, avec figures de poissons (n° 835). Petite bouteille verte de galbe élégant (n° 836) et flacon blanc de forme originale (n° 836 *bis*), simulant un bracelet ou un anneau. Pot bleu, provenant des fouilles de M. Naville à

Toukh-el-Garmous, en 1887; la légende, en écriture hiératique, annonce le don du vase à Isis, en faveur du bon chef des Mashaouasha, Pouarma.

Armoire J.

Ustensiles en bronze. On peut y noter le vase à goulot (n° 815), souvent représenté sur les monuments de l'ancien et du moyen empire; deux plateaux, provenant du Fayoum (n°˙ 816 et 816 *bis*); une passoire (n° 817); un plat creux à anses mobiles (n° 818).

Armoire K.

Vases en granit, en albâtre, en brèche. On distinguera, parmi les grands vases, les n°˙ 821, 822, 823, au centre de la vitrine; puis un vase noir et blanc en brèche (n° 824), et un petit pot à collyre, contenant encore l'aiguille mousse ou petit bâton qui servait à appliquer le fard autour des yeux (n° 824 *bis*).

Entre les armoires, on a disposés d'énormes jarres à filtrer et à rafraîchir l'eau, identiques pour la forme aux *zirs* de l'Égypte moderne. Les grands vases qu'on voit sur le haut des armoires étaient destinés à contenir l'huile, le vin, les grains, etc, toutes les provisions du ménage égyptien.

SALLE C.

La salle C contient la fin des objets civils et le commencement des objets funéraires, surtout les amulettes.

Vitrine A.

La vitrine A renferme les dépôts de fondation trouvés par Naville, à Deïr-el-Bahari, couteaux, haches et herminettes en miniature, ciseaux, poinçons, etc., au nom de Thoutmosis III, vases à parfums, modèle de bascule à soulever les pierres. On y remarque également :

702 et 702 *bis*. — ALBÂTRE. — Haut. o m. 11 cent. et o m. 10 cent. — *Thèbes* (Assassif).

Deux vases contenant du bitume et portant le cartouche de Thoutmosis III. Ils ont été trouvés à Thèbes sur le sol de la tombe d'un fonctionnaire nommé Ramà.

ARMOIRE B.

L'armoire B renferme des statuettes et des fragments de statuettes d'époque diverse, surtout du deuxième empire thébain :

723. — SERPENTINE. — Haut. o 22 cent. — *Eléphantine*.

Statuette assise d'Ousori ; sa mère porte le nom d'Anoukît, la déesse des cataractes. — XIIIe dynastie.

724. — BASALTE GRIS. — Haut. o m. 10 cent. — *Sakkarah* (Sérapéum).

Tête de statue d'un style soigné, mais un peu sec, d'époque saïte. A comparer à la belle tête en calcaire de l'ancien empire, n° 725, provenant des grandes pyramides. — XXVIe dynastie.

726. — BALSATE VERT. — Haut. o m. 37 cent. — Don de M. le Comte Michel Tyszkiewicz.

Belle statue du temps du premier empire thébain.

Armoire C.

727. — Calcaire jaune. — Haut. o m. 28 cent.

Statuette thébaine. Personnage debout, vêtu d'une longue jupe à raies horizontales : les yeux sont relevés de noir. — XIII° dynastie.

728. — Calcaire. — Haut. o m. 31 cent. — Époque saïte.

Personnage assis, les genoux relevés.

729. — Calcaire. — Haut. o m. 09 cent. — *Sakkarah*.

Tête provenant d'une statue brisée. Style un peu mou. On y reconnaît cependant à première vue l'art des anciennes dynasties.

730. — Granit noir. — Haut. o m. 21 cent. — *Abydos*.

Personnage assis à l'orientale. Il est enveloppé d'une robe à franges. Il s'appelait Khaïti, fils d'Hathor. — XII° dynastie.

731. — Granit noir. — Haut. o m. 40 cent. — *Abydos*.

Statue du prêtre Anhouri, contemporain d'Aménôthès II : il est agenouillé et il tient à deux bras devant lui l'emblème de sa dignité. Le cartouche prénom d'Aménôthès II est gravé sur la peau de panthère qui lui couvre l'épaule gauche. — XVIII° dynastie.

732. — Calcaire. — Haut. 0 m. 23 c. — *Karnak.*

La tête de cette statue d'un habitant de Thèbes a été sculptée à la ressemblance du roi Séti Ier, souverain alors régnant.

734. — Calcaire. — Haut. 0 m. 41 cent.

Statuette naophore, d'époque saïte: les chairs étaient dorées, ainsi que l'image d'Osiris qu'on voit dans le naos.

735. — Albâtre. — Haut. 0 m. 18 cent. — *Eléphantine.*

Statuette de la femme d'Ousori (v. le n° 723, p. 181).

736. — Calcaire noir. — Haut. 0 m. 17 cent. — *Abydos.*

Statuette accroupie de Kamhou, fils de la dame Paitou. — XIIIe dynastie.

737. — Granit noir. — Haut. 0 m. 10 cent. — *Abydos.*

Personnage assis à l'orientale et enveloppé de la longue chemise nouée par-devant. Ses mains sont étendues sur ses cuisses: par exception la paume en est tournée en dehors vers le spectateur. — XIIIe dynastie.

700. — Albâtre. — Haut. moy. 0 m. 25 cent. — *Thèbes.*

Quatre vases sans couvercles trouvés dans le même coffre que la momie de la reine Ahhotpou. Ils contenaient des matières animales embaumées, et faisaient office de canopes. Pas d'inscription.

701. — Bronze. — XXV° dynastie.
Gond de porte avec le nom de Éthiopien Piànkhi.

703. — Statuette en bronze. — Une reine assise.

704. — Bronze. — Haut. o m. 12 cent. — *Sakkarah* (Sérapéum).
Une reine debout, vêtue de la chemise collante. Elle a la perruque ronde à courts tuyaux. Deux longues plumes lui servent de coiffure symbolique.

705. — Calcaire. — Haut. o m. 21 cent. — *Thèbes.*
Fragment de figurine funéraire au nom de Ramsès III.

706. — Bronze. — Haut. o m. 07 cent. — Don de M. V. Maunier.
Statuette représentant Horus enfant, coiffé de la double couronne du midi et du nord. Le socle porte quatre cartouches, parmi lesquels celui d'Ahmôsis.

707. — *Grandes pyramides.*
Deux captifs, un Syrien et un Éthiopien, sont liés dos à dos. — XVIII°-XX° dynasties.

708. — Granit rose. — Diam. o m. 25 cent. — *Tell-el-Amarna.*

Fragment d'autel (?), au nom du Pharaon hérétique Khouniatonou. — XVIII° dynastie.

709 et **709** *bis.* — Bronze.

Pentures de porte, ou pièces de serrures en bronze, aux noms de Psammétique II et d'Ahmasis. — XXVI° dynastie.

710. — Terre émaillée bleue. — Haut. o m. 30 c. — *Abydos.*

Statuette funéraire du roi Ramsès IV. — XX° dynastie.

711. — Calcaire. — Haut. o m. 06 cent. — *Daphné.*

Admirable tête de prisonnier asiatique. — XXVI° dynastie.

712. — Schiste noir. — Haut. o m. 19 cent.

Fragment de statuette d'un personnage vêtu d'une robe d'étoffe plissée. La tête est coiffée de l'uræus. — XX° dynastie.

713. — Feldspath vert. — Haut. o m. 07 cent., long. o m. 12 cent., larg. o m. 048 mill.

Petit sphinx brisé aux cartouches d'Apriès. — XXVI° dynastie.

718. — Calcaire. — Haut. o m. 43 cent.

Remarquable stèle de Nebouaou, hiérodule de Hakaït, déesse à tête de grenouille, qui symbolisait l'état embryonnaire, ou la transition entre la fin d'une existence et le commencement d'une autre. Une colonne, dont le chapiteau est une tête d'Hathor surmontée de deux plumes d'autruche, divise la stèle par le milieu. Le roi Thoutmôsis III est représenté deux fois à droite et à gauche de la colonne: son image de droite et son image de gauche se tendent la main, l'une est sa personne vivante, l'autre son *double*.

719. — Calcaire. — Haut. 0 m. 41 cent. — *Abydos.*

Stèle gravée en l'honneur du roi Ramsès III et de son père Setnakhîti, au nom de Marinatef, prêtre du roi Setnakhîti. — XX° dynastie.

752. — Jaspe rouge. — Hauteur 0 m. 03 cent. — *Karnak.*

Belle tête de lion, avec les cartouches de la reine Hatshepsouitou. — XVIII° dynastie.

Armoire D.

Au centre de l'armoire se trouve un grand vase en calcaire aux cartouches de Ménephtah. Les plus importants parmi les autres objets sont :

688. — Balsate vert. — Long. 0 m. 15 cent., larg. 0 m. 12 cent.

Pieds et socle d'une statue représentant le roi Tahraka (XXV° dynastie). Vingt-huit captifs enchaînés, quatorze Asiatiques et quatorze nègres symbolisent autant de nations ennemies et servent d'ornements au socle.

689. — Albâtre. — Haut. 0 m. 31 cent.

Belle tête royale. — XIXᵉ dynastie.

690. — Calcaire. — Hauteur 0 m. 52 cent. — *Thèbes* (Assassif).

Stèle de Besmaout, prêtre du soleil, né l'an 18 de Psammétique Iᵉʳ (648 avant notre ère) et mort à l'âge de 99 ans, c'est-à-dire sous la 23ᵉ année d'Ahmasis, 549 avant notre ère.

691 et **691** *bis*. — Calcaire. — *Tell-el-Amarna*.

Stèles. Le scribe royal Anoui se rend sur son char chez le roi, où il sera le bienvenu (691). Le même, assis sur un siège pliant, reçoit des offrandes funéraires (691 *bis*). — XVIIIᵉ dynastie.

692. — Terre émaillée bleue. — Haut. 0 m. 28 cent. — *Thèbes*.

Casque royal. — XXᵉ dynastie.

692 *bis*. — Albâtre. — Haut. 0 m. 14 cent. — *Karnak*.

Fragment de vase sur lequel on lit la légende d'un roi dont le prénom était Manakhpirrî, et dont le nom, martelé avec soin, devait peut-être se lire Râmeni. Ce roi, qui ne régna que sur la Thébaïde, vivait à la fin de la XXVᵉ ou au commencement de la XXVIᵉ dynastie.

693. — Calcaire. — Haut. 0 m. 25 cent. — *Gournah.*

Fragment de bas-relief, avec la figure d'Aménôthès Ier. — XXe dynastie.

694. — Porcelaine bleue. — Haut. 0 m. 30 cent. — *Memphis.*

Sistre, avec le cartouche de Darius. — XXVIIe dynastie.

695 et 695 *bis*. — Pierres avec inscriptions, vases votifs, amulettes d'époque saïte (n° 695) et d'époque ptolémaïque (n° 695 *bis*), trouvés par M. Petrie dans les fondations des édifices de Naucratis et de Tanis.

696. — Bronze. — Haut. 0 m. 10 cent. — *Sérapéum de Memphis.*

Égide surmontée d'une tête finement sculptée du roi Ahmasis. — XXVIe dynastie.

697. — Calcaire. — Haut. 0 m. 11 cent., long. 0 m. 173 mill.

Personnage allongé écrasant le grain. Le nom est Aménôthès. — XIXe dynastie.

698. — Calcaire. — Haut. 0 m. 60 cent. — *Thèbes* (Médinet-Habou).

Cette jolie statue, au profil si pur, qui rappelle les plus beaux portraits de Séti Ier au temple d'Abydos, représente Amon debout, la face peinte en bleu, ou plutôt représente le souverain à qui elle est due en Amon. L'époque de son érection est inconnue. Sur la ceinture, on lit, tracée en rouge, la légende d'Aménôthès I*er*. La figure en pied de *la royale épouse qui l'aime, Ahmasi Nofritari*, femme d'Ahmasis, prédécesseur d'Aménôthès, occupe un des côtés du pilier qui sert d'appui au monument. Le derrière de ce même pilier est gravé au nom de Séti. — Si la base n'avait pas été détruite, nous y verrions, sans doute, les cartouches d'Ahmôsis, qui deviendrait le fondateur du monument. — XVIII* dynastie.

1368. — Basalte noir. — Haut. o m. 18 cent.

Petite tête royale paraissant offrir les traits d'Amenemhaît III; cfr. la belle statue exposée dans la salle H du rez-de-chaussée. — XII* dynastie.

Vitrine E.

Cette vitrine contient, sous le n° 1394, une série d'objets provenant des dépôts de fondation de Deîr-el-Bahari, aux noms de Thoutmosis II, de Thoutmosis III et de la reine Hatshepsouîtou, herminettes, ciseaux, houes, vases, et le modèle de bascule en bois destiné à soulever les blocs de pierre. — XVIII* dynastie.

Vitrine F.

La vitrine F contient une série d'amulettes en pâtes de verre de couleurs diverses qu'on coulait dans des moules en terre, du genre de ceux qu'on rencontre dans les vitrines G, H, I, et dont le sens et la signification seront définis par la suite. Ils ont été rassemblés ici comme spécimens de la verrerie à cette dernière époque de la civilisation païenne de l'Égypte. Ils proviennent pour la plupart de Memphis et du Fayoum.

Vitrine octogonale G.

La vitrine octogonale du centre, contient, dans ses huit compartiments, la suite des amulettes dont on équipait les momies aux époques saïte et grecque.

A. — Dans le haut, les deux doigts humains allongés, en obsidienne, en jayet ou en verre noir : ils servaient à écarter le mauvais œil, puis à *ouvrir la bouche* de la momie pour la préparer à accomplir ses fonctions. Au-dessous, les mains fermées ou ouvertes, tout en écartant le mauvais œil, prêtaient au mort le pouvoir de saisir et de garder ce dont il avait besoin. Par le pied, il marchait ; par la réunion sur les deux corbeilles des deux emblèmes du vautour et de l'uræus, il avait tout pouvoir sur les régions du Sud et du Nord. Ce pouvoir lui était confirmé par la possession des deux amulettes représentant les deux couronnes de l'Égypte, la rouge et la blanche ; grâce à elles, il était identifié aux rois de la Haute et de la Basse-Égypte, il montait avec eux dans la barque solaire, selon un chapitre du *Livre des Morts*, et il parcourait le monde sans danger. Les petites tables d'offrandes lui permettaient de se réciter à lui-même la formule du *Souton di Hotpou*, et de s'assurer la réalité des offrandes qui étaient figurées ou censées figurer sur le plat de la table. Enfin, le bœuf du sacrifice, les quatre pattes liées, la tête coupée, lui fournissait éternellement la viande du bœuf réel.

B. — Dès une époque très ancienne, avant même l'avènement de la Ire dynastie, les habitants de l'Égypte employaient comme ornement des coquilles d'espèces diverses de préférence des *Cyprea* : ils les perçaient, pour en faire des colliers ou des bracelets, qu'ils déposaient dans la tombe, avec la momie de la personne qui s'en était parée pendant la vie. Les plus gros de ces coquillages, pendus sur le devant du jupon en lanières de cuir, dénotent aujourd'hui encore, chez certaines peuplades de la Nubie, la jeune fille nubile : peut-être en était-il de même autrefois, et le coquillage 30388 a-t-il servi à un usage analogue dans l'ancienne Égypte. Par la suite des temps, on imita ces coquilles en faïence bleue ou verte, et on leur attacha une signification mystique, mais nous l'ignorons encore : nous constatons seulement que ce genre d'amulette est fréquent dans la nécropole d'Abydos. Des coquilles d'huîtres portant le cartouche d'Oursirtasen Ier ne sont pas d'une authenticité absolue. — Enfin, les amandes ou olives en cornaline, en verre ou en émail verdâtre, sont destinées, comme l'indique la légende de certains d'entre elles, à donner la lumière au défunt par la protection d'Isis et d'Osiris. Le n° 3804 porte le cartouche prénom d'Aménôthès III, et montre ce souverain perçant un lion de sa lance devant un personnage agenouillé qui implore son appui.

C. — Collection d'amulettes fabriqués au repoussé sur des lamelles d'or, et qu'on logeait dans l'épaisseur du maillet des momies aux époques saïte et grecque, l'âme, le serpent ⸺, le vautour ⸺, la déesse Hathor, tout cela selon les prescriptions des chapitres du *Livre des Morts*, où les propriétés de ces emblèmes sont définies. — Les plaquettes en terre émaillée verte ou bleue servaient aux vivants comme aux morts, et rangeaient le porteur sous la sauvegarde des divinités qui y sont figurées : on remarquera surtout le serpent à jambes et à bras d'homme, qui a pour fonctions de fournir à l'alimentation et qui donne l'abondance de ses provisions aux âmes. — La chapelle de Phtah et celle d'Hapi ou d'Hathor sont une garantie de la bienveillance de Phtah, d'Hapi ou d'Hathor pour le porteur ; le naos couronné de sa corniche d'uræus a un rôle analogue vis-à-vis de la divinité dont il contient ou dont il est censé contenir l'image. — Enfin le pectoral, avec le scarabée isolé ou dressé sur la barque solaire, concédait au mort la faculté de pénétrer dans cette barque et d'y adorer le soleil levant, ainsi qu'il est prescrit au chapitre afférent du *Livre des Morts*.

D. — Le nom était une partie essentielle de la personnalité des hommes et des choses : rien n'existait qui n'avait pas reçu son nom, et qui perdait son nom perdait sa personnalité et son indépendance. Les dieux eux-mêmes étaient soumis à la fatalité du nom : lorsqu'on les invoquait par leurs noms réels, dans les conditions requises, ils devaient obéir à la volonté de celui qui les appelait. L'amulette en forme de cartouche, le plus souvent de lapis-lazuli, avait ce double effet d'assurer au mort la possession de son nom, et de lui faire connaître le nom des dieux qu'il souhaitait appeler : on ne le remplissait pas en général, afin d'éviter qu'un sorcier ou un ennemi ne vînt ainsi à savoir le nom de la momie et ne l'employât à ses fins mauvaises. — Les plaques inscrites à des noms de rois ou de particuliers ne sont pas des amulettes, non plus que les cylindres en émail, mais les unes appartenaient à des colliers, les autres servaient de cachet à ceux qui les portaient. L'usage des cylindres remonte aux époque primitives de l'Égypte, et peut-être est-il dû à une influence asiatique. On trouve encore des cylindres royaux sous l'empire Memphite, entre autres celui de Nofiririkari, dont la légende est presque entièrement

— 193 —

effacée ; la mode en reparait un moment sous la XIIe dynastie, surtout avec Amenemhaît III, puis elle cesse bientôt.

E. — Pectoraux provenant pour la plupart des momies des prêtres d'Amon trouvées à Deir-el-Bahari. Ce ne sont pour la plupart que des variantes de l'amulette décrit dans la notice du compartiment C. Quelques-uns pourtant sont dignes d'être notés, ainsi le n° 26711, découvert à Abousir en 1889, et qui montre Anubis, à tête de chacal, debout devant Osiris-momie. Les personnages et les motifs du décor sont formés de pâtes de verre, ou de lamelles de pierre découpées et ajustées sur un fond de bois; un petit scarabée, au nom de Phtah le Juste, est incrusté au-dessus de la scène.

F. — Le compartiment F est consacré presque tout entier aux amulettes qui dépendent de la déesse Hathor et du dieu Bisou, qui lui est souvent associé.

Dans le haut, est exposé un instrument en bronze découpé (n° 762), qui appartient à l'objet appelé *monaït* par les Égyptiens. Comme on pense d'ordinaire que la *monaït* est un collier, on dit que notre objet est le contrepoids de ce collier ; mais les Égyptiens rangeaient la *monaït* à côté du sistre, par conséquent parmi les objets qu'on agitait, ainsi qu'on faisait du sistre. De fait, la *monaït* était une sorte de fouet, avec lequel on battait l'air pendant les cérémonies qui affectaient un caractère religieux, une audience royale ou une procession aussi bien qu'un sacrifice, afin d'écarter les mauvais esprits dont la présence invisible aurait pu compromettre le bon effet des rites. Elle complétait donc par là l'effet du sistre. Ce qu'on appelle le contrepoids du collier n'est que le manche de cette sorte de fouet. Cet amulette en émail bleu et vert parait avoir eu la vogue sous la XXVIe dynastie, et nous en possédons des spécimens aux noms

13

de Néchao II et d'Ahmasis. — Les têtes d'Hathor étaient un véritable porte-bonheur; Hathor étant la destinée, qui portait sa tête se la rendait favorable et jouissait d'un heureux destin. — Enfin, Bisou, le dieu nain venu du Pouanît, protégeait le sommeil des vivants et des morts contre les animaux dangereux et les esprits mauvais.

G. — Le compartiment G renferme des amulettes en forme d'animaux : l'oie consacrée à Sibou et à Amon : l'épervier consacré aux deux Horus ; l'uræus, qui est la déesse de la flamme solaire comme de la flamme terrestre ; la grenouille de Bastît et de Hakaît, symbole de durée et de rénovation, qui, chez les Égyptiens chrétiens des premiers temps, marqua la résurrection ; les poissons *latus*, oxyrrhynque et autres, adorés à Esnéh et dans Bahnésa ; le crocodile de Sovkou, et l'hippopotame de Set-Typhon.

H. — La série des animaux s'achève dans le compartiH, par les hérissons consacrés à Râ et à Bisou ; la chatte de Bastît, le chien d'Anubis et d'Ouapouaîtou, le taureau Hapis ; les béliers couchés d'Amon, de Khnoumou et d'Harshafîtou ; les lions de Shou et de Tafnouît ; les singes de Thot ; la truie de Thouéris ; le lièvre d'Osiris. Un emblème spécial, formé de deux avant-corps de lion supportant le disque solaire est attribué tantôt à Shou-Tafnouit, tantôt à Khonsou.

Au centre de la vitrine, sur un socle isolé, est placée la statuette :

791. — Granit gris. — Haut. o m. 65 cent. — *Karnak*.

Le deuxième prophète d'Amon, Harnakhîti, est accroupi. les bras croisés sur un naos portatif qu'il tient entre ses jambes, et qui renferme la tête de bélier surmontée du disque solaire, emblème de son dieu. — XIX° dynastie.

Vitrine H.

Suite des amulettes qu'on déposait sur le cadavre aux époques saïte et ptolémaïque :

I. — Dans le haut du compartiment, le petit vase à deux oreillettes représentait le cœur, tantôt simple , tantôt surmonté d'une tête humaine. Il était destiné à remplacer le cœur de chair que l'embaumement avait ravi au défunt; un chapitre du Rituel, le trentième, récité sur cet amulette, empêchait le cœur de se lever en face de son ancien maître le jour du jugement, et de porter contre lui un témoignage défavorable. Le bas de la vitrine est occupé par le nœud de ceinture ou *Tait*, qui met le mort sous la protection d'Isis par la vertu du sang de cette déesse (chap. CLVI du *Livre des Morts*); le double nœud est un équivalent du cœur, comme le prouvent les inscriptions qu'on y lit, et il procure au mort les mêmes avantages que l'amulette cordiforme .

J. — L'amulette nommé *Dadou*, *Doudou*, , représente les quatre colonnes qui supportaient les quatre angles du ciel, mais vues l'une derrière l'autre, de telle sorte que leurs chapiteaux se superposent et simulent un autel à quatre tablettes. C'est l'emblème de la stabilité éternelle, à laquelle le défunt avait droit; c'est aussi l'emblème d'Osiris, seigneur de Mendès, avec qui le défunt était identifié. Le chapitre CLV du *Livre des Morts* opérait la consécration de cet amulette.

K. — Amulettes de valeurs diverses : la *croix ansée*, ,

sorte de nœud de corde qui symbolisait la vie de l'homme et des dieux; la combinaison en un seul amulette des signes ☥ ⚱ ❘ *la vie, la stabilité, la richesse*; les niveaux de maçon △ et les équerres ⌐, qui valaient au mort l'équilibre de ses facultés; le soleil à l'horizon ◠, *Khouit,* grâce auquel il pouvait circuler dans l'horizon avec et comme le soleil; les sceaux carrés, qui portent pour lui des souhaits de bonne année; le *Samou* ⊥, au moyen duquel il se réunit aux dieux; la  *Mânakhit,* ou gros gland qui décorait l'attache du collier par derrière la tête, et, par suite, confirmait au mort la possession du collier *ouoskhou* ◡, dont il avait besoin pour sa sécurité dans l'autre monde.

L. — On y a rangé les demi-serpents qui, lancés comme le boumerang dont ils étaient une forme, fournissaient une arme au mort contre ses ennemis pendant ses voyages au delà du tombeau; ils le protégeaient également contre la piqûre des serpents et des scorpions. A côté des demi-serpents, on voit les doubles plumes d'autruche ‖, et le *posch-kefaou,* qui se confondent souvent : par la *double plume,* le mort obtenait le droit de parcourir, de couper (*ten*) comme disaient les Égyptiens, le ciel en deux à l'imitation du soleil; avec le *posch-kefaou,* il s'ouvrait la bouche, le nez, les yeux, les oreilles, afin de pouvoir respirer, manger, parler, voir, entendre, remplir toutes les fonctions de la vie. Enfin, les quatre yeux ou *ouzait* rassemblés lui octroyaient la faculté de voir dans les quatre *maisons* du monde et d'y être en sûreté, tandis que les yeux multipliés au delà de quatre le rendaient capable de tout voir comme Osiris, dont le nom était rendu par calembour le dieu « aux yeux multiples » (*Osh-iri* pour *Osiri*), et avec qui on l'identifiait.

M. — L'œil mystique 𓂀 *ouzait*, représente l'œil enduit de kohol et en bon état : il était l'emblème des deux yeux d'Horus, le soleil et la lune, et il garantissait au mort la protection et les vertus de ces deux divinités.

N. — Dans le haut de la vitrine, sont rangés les chevets 𓏏 en hématite, dont on gratifiait le mort au lieu des chevets en bois, pour qu'il eût dans son tombeau un sommeil paisible, protégé contre les attaques des ennemis par la puissance des génies qui sont attachés à cet amulette et qu'on voit représentés sur les chevets en bois. Le reste de la vitrine est rempli par de bons exemplaires de la colonnette verte 𓊽, chap. CLIX du *Livre des Morts*, qui donne au mort une *verdeur* et une fraîcheur éternelle.

Vitrine I.

La vitrine I contient, à côté d'un certain nombre d'amulettes en pâte émaillée bleue, et d'instruments votifs en cuivre ou en bronze, herminettes, ciseaux, hachettes, provenant des dépôts découverts par M. Petrie dans les fondations de plusieurs temples de la rive gauche de Thèbes (n° 1395), les feuilles d'or originaires de Tanis et gravées au nom du roi Siamanou Méiamoun de la XXI° dynastie (n° 741), enfin des vases en albâtre au nom du roi Téti de la VI° dynastie et enlevés à la pyramide de ce souverain.

Armoires J-K.

Les deux armoires J et K renferment le commencement de la série des vases canopes de diverses époques. On peut noter dans l'armoire K les n°ˢ 672 et 672 *bis*, provenant de Meïr, le dernier n'étant qu'un bloc massif, non évidé, simulant un canope (XIII⁰ dynastie); le n° 673 (XIX⁰ dynastie), et quatre vases bleus émaillés d'époque ptolémaïque (n⁰ˢ 674, 675, 676 et 677). Il y a dans l'armoire J, sous les n⁰ˢ 678 et 679, de beaux vases canopes d'époque saïte, en albâtre oriental, et sous les n⁰ˢ 680 et 689 *bis* de jolis coffrets provenant d'Akhmim.

Vitrine L.

746. — Brique votive au nom de Ramsès II.

Dans la même vitrine, nombreuses tablettes en terre bleue émaillée, avec les cartouches du roi Psioukhànou Méiamoun, de la XXI⁰ dynastie; elles ont été trouvées sous le dallage du grand temple de Tanis.

PORTE QUI MÈNE À LA SALLE D.

Les deux armoires qui sont placées dans l'embrasure de la porte qui ouvre sur la salle C, contiennent de nombreuses statuettes funéraires, de diverses provenances, la plupart de l'époque saïte. On nommait ces statuettes *Oushbatiou* ou *Shabtaiou, les Répondants*, à cause de la fonction qu'elles remplissaient dans l'autre monde : elles devaient *répondre* à l'appel du nom du défunt, et se présenter à sa place pour exécuter les corvées qu'Osiris avait le droit d'exiger de lui. Les formules diverses qu'on lit sur leur corps ne laissent subsister aucun doute à cet égard : «Je suis X, le serviteur de l'Hadès», ou : «Je suis X, le serviteur d'Osiris». La plupart s'adressent aux statuettes elles-mêmes, et les conjurent de venir fidèlement en aide du défunt : «O Répondant d'Ahmôsis! Si Ahmôsis est appelé pour travailler dans l'Hadès, crie : » Me voici!» Cette idée développée avait fini par devenir une oraison assez longue, qui est le chap. VI du *Livre des Morts*, et qu'on gravait fort souvent tout entière sur les statuettes : «O ces Répondants! si l'on appelle, si l'on dénombre le «nomarque Phtahmôsis, pour qu'il fasse tous les travaux «qu'il y a à faire dans l'autre monde — lui qui a combattu «l'ennemi, — comme un homme qui doit la corvée, pour «ensemencer les champs, pour remplir les canaux, pour «transporter les grains de l'est à l'ouest : «C'est moi, me «voici!» exclamez-vous, et puisses-tu être appelé à toute «heure, au cours de chaque jour».

Pour rendre leur service plus efficace, on les déposait en très grand nombre, par milliers même, avec les momies. Tantôt elles sont jetées au hasard dans le sarcophage, tantôt on les a rangées debout contre le sarcophage ou répandues sur le sable de la chambre. On les entassait souvent dans des boîtes spéciales, grandes ou petites. Elles sont en toutes matières, mais les plus vieilles, celles qui sont antérieures à la XVIIIe dynastie, sont plutôt en bois, en granit, en calcaire ou en albâtre. Sous la XVIIIe dynastie, la terre cuite, vêtue d'un émail bleu, commence à paraître, et sous la XXVIe, la pierre et la terre émaillée verte l'emportent, à l'exclusion du reste. Au début, les statuettes funéraires ne sont qu'une dégénérescence des statues en calcaire qui servent de support au *double;* aussi leur prête-t-on l'aspect et le costume de l'homme vivant, plus rarement le costume et l'aspect de la momie. Il arrive alors qu'afin de mieux marquer leur identité avec l'individu à qui elles étaient consacrées, on les représente serrant sur la poitrine l'épervier à tête humaine, symbole de l'âme : on facilitait ainsi, par leur entremise, la réunion de l'âme au corps. Plus tard, l'idée de leur qualité de remplaçants du mort détermina de plus en plus la forme de leur costume : on leur mit à la main la pioche pour travailler la terre, ou le sac à grains pour ensemencer, parfois un vase à libations ou une croix ansée, signe de la vie. Aux dernières époques, leur identification avec le mort est si complète qu'elles ne sont plus que des momies de petite taille. La plupart d'entre elles portent alors la simple mention : «Illumination de l'Osiris un tel», qui assure à leur maître la faculté de vivre et d'agir à la lumière du soleil comme pendant la vie.

CHAMBRE D.

La plupart des objets exposés dans la chambre D appartiennent au mobilier funéraire, à celui surtout qu'on recueille dans les tombeaux du second empire thébain et des époques postérieures, statuettes, coffrets, figures osiriennes, bateaux, plus des cartonnages de momies saïtes ou ptolémaïques et des momies d'animaux.

Partie méridionale de la Salle.

Armoire A.

Barques funéraires avec leur équipage de matelots et les personnages qui suivaient le convoi du mort. Elles proviennent de Meïr, et elles appartiennent à la XIIe dynastie.

Armoire B.

Statuette osirienne debout sur un pavois ou brancard (n° 787), découverte dans les fouilles de M. Petrie, au Fayoum. Coffrets funéraires du prêtre d'Amon Pakhali (n°ˢ 788 et 788 *bis*); la vache Hathor y est représentée sortant de la montagne (n° 788 *bis*).

Au centre de l'armoire :

789. — Terre cuite. — Haut. o m. 40 cent., diam. o m. 35 cent. — *Abydos*.

Petit naos trouvé dans le sable, à Abydos; sur un des côtés, une porte quadrangulaire avec corniche, surmontée d'une rangée d'uræus. D'un montant de la porte à l'autre s'étendent des tableaux qui font le tour à l'extérieur de l'édicule : ils représentent Osiris recevant l'hommage d'une famille d'Abydos. — XXe dynastie.

Armoire C.

L'armoire C est remplie des figurines funéraires des prêtres d'Amon.

Armoire D.

Petites rames et barques avec leur équipage. Les barques du moyen empire (n°s 780, 781, 782, 783 et 784) ont été découvertes à Meïr pendant l'été de 1892.

Armoire E.

Le masque de momie (n° 810) provient des fouilles de Meïr (moyen empire). Les petits cercueils sont la plupart en bois, mais le plus remarquable est en terre cuite, de forme ovale; le défunt y est représenté appuyant la tête sur un bord, les pieds sur le bord opposé, et se soulevant avec les bras comme pour se hisser hors du tombeau (n° 811).

Tout au bas de l'armoire, divers vases d'offrandes en miniature, et la représentation d'un troupeau de bœufs en bois stuqué et peint ont été trouvés dans une tombe du premier empire thébain. C'est comme le support matériel des troupeaux que l'on assignait au mort pour sa nourriture. D'ordinaire on se bornait à les représenter, sculptés ou peints, sur la muraille : les habitants de la Moyenne-Égypte, contemporains du premier empire thébain, qui avaient une tendance à rendre en groupes isolés tout ce que leurs prédécesseurs et leurs successeurs mirent à plat sur les bas-reliefs funéraires, enfermèrent souvent des représentations de ce genre dans les hypogées des gens riches.

Armoire F.

Petites tables d'offrandes en terre cuite (n°⁵ 775 et 775 *bis*), provenant de Rizagat, près d'Erment, dans la Haute-Égypte : le travail en est grossier, et la comparaison avec les luxueuses tables en albâtre et en granit que nous avons vues dans les salles du rez-de-chaussée montrera les différences qu'il y avait, aux mêmes époques, entre la civilisation des différentes parties de l'Égypte. Les objets d'offrandes de l'ancien empire proviennent du voisinage des Pyramides, pains coniques (n° 776), vases de fruits et de grains (n° 777), pièces de viande (n° 778) représentées en calcaire, ainsi que les statuettes en bois de porteurs et de porteuses (n°⁵ 779 et 779 *bis*).

Armoire G.

Contient, comme les armoires de la porte, des *Répondants* en émail bleu, qui proviennent de la cachette des prêtres d'Amon à Deïr-el-Bahari. — XXIᵉ et XXIIᵉ dynasties.

Armoire H.

Contient surtout des coffrets destinés à renfermer les statuettes funéraires, et quelques-unes de ces grandes figurines osiriennes en bois peint et doré où l'on mettait les papyrus destinés au mort, exemplaires du *Livre des Morts* ou du *Livre de l'Hadès*.

722. — Grès peint. — Haut. 0 m. 39 cent. — *Gournah*.

Tête royale, coiffée du casque dont nous avons vu un exemplaire sous le n° 692, p. 187.

720. — Granit noir. — Haut. 0 m. 55 cent. — *Thèbes*.

Fragment d'une statue appuyée contre un autel (?) gravé au nom d'Aménôthès III. — XVIII° dynastie.

Armoire I.

Répondants, pour la plupart en émail bleu, et provenant de la cachette des prêtres d'Amon à Deîr-el-Bahari.

Partie septentrionale de la Salle.

Armoire J.

Figures funéraires ou *Répondants* de matières, d'époques et de provenances diverses.

Armoire K.

Momies d'oiseaux provenant pour la plupart d'Abydos et de Sakkarah, ibis (n° 793), éperviers (n° 798) : momies de gazelles ou de chèvres provenant de Kom-mereh, au sud d'Esnéh. On voit, au milieu de l'armoire, un tout petit crocodile embaumé (n° 796).

Armoire L.

Figurines funéraires de diverses époques.

Armoire M.

Momies d'animaux avec leurs cercueils. Les cinq jarres en terre cuite, peintes de couleurs vives et surmontées d'un couvercle en forme de tête d'épervier, proviennent de la Chounét ez-Zébib d'Abydos, et contiennent des momies d'ibis (n° 800). On reconnaîtra aisément à leurs formes les cercueils qui contiennent des momies de singe (n° 806) et de chat (n° 807). Le petit coffret en pierre, dont le couvercle est surmonté d'un scarabée, renferme une momie de scarabée provenant de Sakkarah (n°˙ 808 et 808 *bis*). Momie de chacal (n° 809).

Armoire N.

Cartonnages de l'époque gréco-romaine, représentant l'équipement complet d'une momie, du masque qui couvre la tête aux sandales qui protègent les pieds.

Armoire O.

Coffrets à figurines funéraires. On peut signaler, sur la tablette inférieure, les n°˙ 791 et 791 *bis*, provenant du tombeau de Sannotmou; sur la tablette supérieure, des coffrets surmontés d'obélisques (n°˙ 792 et 792 *bis*) et de petits obélisques en bois (n°˙ 793 et 793 *bis*), provenant des fouilles de M. Petrie.

Armoire P.

Figurines de matières et de provenances diverses; comme partout ailleurs, les figurines en émail bleu sont originaires de Thèbes et ont appartenu aux prêtres d'Amon.

Armoire Q.

Momies de chien (n° 802), de veau (n° 803), de bouc (n° 804), de chèvre (n° 805) et de chats, quelques-unes avec la face dorée; masques en carton provenant de momies de chiens ou de chacals.

Armoire R.

Statuettes en bois de la XII° dynastie, représentant les serviteurs du mort; statuettes funéraires en bois; âmes en bois et en pâte dorée de basse époque.

Milieu de la Salle.

Vitrine S.

790. — Bois. — Long. 0 m. 55 cent. — *Meïr.*

Barque à voile du moyen empire, provenant des fouilles exécutées pendant l'été de 1892. Spécimen probablement unique.

Cage T.

La cage T contient une série de ces statues d'Osiris où l'on enfermait des papyrus funéraires. On voit souvent des éperviers accroupis devant elles; au n° 681, l'épervier est posé sur le couvercle d'un sarcophage, dont les quatre angles supportent quatre autres éperviers plus petits. La plupart des statuettes exposées dans cette vitrine sont originaires d'Akhmîm pour la plupart et d'époque ptolémaïque (n° 681). Les coffrets à figurines funéraires appartiennent à la collection des prêtres d'Amon. On peut citer le coffret n° 785, au nom du prêtre officiant Paifaza.

Vitrine U.

Matériel funéraire extrait des tombes de Berchêh, de la XI° et de la XII° dynastie : table d'offrandes en forme d'auge, où sont représentés en relief des aliments peints de leurs couleurs naturelles; troupeau de bœufs (cfr. armoire D, p. 201), volailles en pâte et en bois peints; vases à libation en émail bleu et vert, miroirs, palette de scribe, petits porteurs d'offrandes, simulacres de boucliers; modèle en relief d'un grenier, où l'on voit des ouvriers mesurant le blé au boisseau puis allant le verser dans les magasins, en présence d'un scribe enregistreur, du défunt Sépa, et de son intendant; bateaux représentant le convoi funéraire qui emporte le mort de sa ville à son tombeau, puis de son tombeau dans l'autre monde.

Vitrine V.

Séries de cônes funéraires en terre cuite rouge : peut-être ce sont des offrandes fictives, simulant des pains de forme conique. Ils sont estampés au nom du défunt, sans doute pour lui parvenir plus sûrement dans l'autre monde. On n'a jusqu'à présent découvert de cônes funéraires qu'à Thèbes; les plus anciens sont de la XI° dynastie, les plus modernes de la XXVI°.

Vitrine W.

Modèles de barques analogues à celles qu'on voit dans les vitrines Q et S de cette salle D, et simulant le convoi du défunt : l'on remarquera la ressemblance que plusieurs d'entre elles présentent avec les sampans en usage aujourd'hui dans l'Extrême-Orient, chez les Annamites et chez les Chinois.

Dans l'embrasure de la porte qui conduit à la galerie est de l'atrium vitré, on remarque :

801. — Bois. — Haut. 1 m. 15 cent. — *Akhmîm.*
Cercueil d'enfant, avec tête d'épervier coiffée de la couronne du midi et du nord.

699. — Granit gris. — Haut. 0 m. 19 cent., long. 0 m. 80 cent., larg. 0 m. 34 cent. — *Médinet-Habou.*
Socle d'une statue, supporté par deux figures de rois vaincus, le chef de Koush (Éthiopie) et le chef de Naharaina (Syrie du nord). Les côtés du socle sont ornés de figures d'oiseaux fantastiques. — XVIIIe dynastie.

Dans la portion de la galerie qui correspond à la salle D, on a plaqué contre le mur est quelques cadres renfermant la suite des toiles exposées dans la salle A (v. p. 172).

SALLE E.

La salle E contient la fin de la série des statuettes funéraires et la série presque complète des vases canopes.

Partie méridionale de la Salle.

Armoire A.

Statuettes funéraires en bois, en granit, en albâtre, en terre cuite, émaillée ou non (XIIIe-XXIe dynastie). Les plus anciennes de ces statuettes sont en bois ou en calcaire: l'émail n'apparaît qu'à partir de la XVIIIe dynastie. Quelques-unes sont en costume civil, surtout sous la XVIIIe dynastie, la plupart ont la forme ordinaire de momie. On peut noter encore le n° 657 (XIIIe dynastie), et le n° 658 (XVIIIe dynastie); l'âme, sous la forme d'un oiseau à tête humaine, vient se poser sur la poitrine du défunt, pour ranimer son cœur.

639. — Calcaire. — Haut. 0 m. 50 cent., larg. 0 m. 30 cent. — *Abydos.*

Au fond de chaque temple, il y avait une chapelle monolithe semblable pour la forme, sinon pour les dimensions, au n° 639; c'était là qu'était censé résider le dieu du temple, et on y renfermait soit l'emblème de ce dieu, soit l'animal vivant qui lui était consacré.

L'usage voulait qu'on plaçât parfois des naos de ce genre dans les tombeaux. Celui-ci avait une statue, aujourd'hui perdue, du mort auquel il était destiné, Iouf, fils de Sonit. Il est décoré à l'extérieur de deux scènes d'adoration, dont l'une occupe deux faces et l'autre une seule; la famille et les amis, conduits par la dame Sazît, défilent devant Iouf et lui font l'offrande. — XIIIe dynastie.

Armoire B.

Statuettes funéraires en bois, granit, albâtre, terre cuite peinte ou peinte et émaillée (XIIIe-XXIe dynasties). On peut noter les nᵒˢ 652 (XIIIᵉ dynastie), 653 et 654 (XVIIIᵉ dynastie), 655 et 656 (XIXᵉ dynastie); ces dernières sont en costume civil.

Armoires C-D.

La série des canopes commence dans ces deux armoires C-D. On appelait de ce nom les vases en calcaire et en albâtre qui recevaient les viscères du défunt, retirés du corps pour l'embaumement, et confiés aux soins de quatre génies funéraires, fils d'Horus ou d'Osiris. L'estomac, renfermé dans le premier vase canope, était veillé par Amsit, génie à tête humaine. Dans le second vase, les intestins étaient sous la garde de Hapi, génie à tête de cynocéphale. Dans le troisième vase, Tioumaoutf, génie à tête de chacal, défendait les poumons. Enfin le foie était placé dans le quatrième vase, sous la protection de Kabhsnéouf, génie à tête d'épervier.

Les deux armoires C-D renferment des canopes de la XIIᵉ et de la XIIIᵉ dynastie, provenant des pyramides royales de Licht et de Dahchour. L'armoire C contient, en outre, des boîtes d'albâtre en forme d'oies creusées, trouvées dans la pyramide de Licht, et où l'on avait déposé des oies momifiées comme offrandes au roi Ousirtasen; plus, deux coffrets en bois, renfermant chacun une collection de vases en albâtre qui contenaient les essences et les huiles canoniques. Dans l'armoire D on notera des queues d'aronde au nom d'Ousirtasen Iᵉʳ, et une charmante statuette représentant un petit personnage debout (XIIᵉ dynastie).

Armoire E.

Figurines funéraires de diverses époques. Au centre, jolies statuettes, les unes debout, les autres couchées dans le cercueil; leurs couleurs ont conservé toute leur fraîcheur. Toutes sont de la XXᵉ dynastie et proviennent du tombeau de Sannotmou. On peut noter la statuette vernie n° 647, et les n°ˢ 648 et 648 *bis*, portant le costume civil; les n°ˢ 649 et 650 sont enfermés dans de petits cercueils.

Étagère F.

Vases canopes en albâtre ou en calcaire d'époque saïte et ptolémaïque.

Armoire G.

Statuettes funéraires, la plupart en calcaire peint, provenant de Thèbes et ayant appartenu à des personnages de la XXIIᵉ dynastie.

Dans l'embrasure de la porte qui conduit à la galerie est du grand atrium vitré, on voit les

Étagères H-I.

Suite des vases canopes : époque saïte ou ptolémaïque.

Dans la partie de la galerie attenante à la salle E, on a réuni, sous le n° 1346, la série des canopes en albâtre et en calcaire découverts à Dahchour, dans le souterrain des princesses et dans les tombes environnantes, ainsi que dans les caveaux du roi Horou et de la princesse Noubhotpoutakhrodît.

Armoire J.

Figurines funéraires en calcaire peint et en matières diverses, de provenances et d'époques différentes.

Étagère K.

Suite des canopes d'époque saïte et ptolémaïque.

651 et **651** *bis*. — Bois peint et doré. — Haut. 0 m. 84 cent. — *Hassaïa*.

Coffrets à quatre compartiments où l'on enfermait les viscères du défunt, retirés du corps pour l'embaumement. Très souvent ces coffrets étaient remplacés par quatre vases canopes isolés.

Armoire L.

Dans l'armoire L, on voit quelques chevets en bois avec inscriptions (n°˙ 641 et 642); une enveloppe de chevet en jonc tressé (n° 643); une jolie petite stèle votive en albâtre (n° 644), au nom du gouverneur Shaïti et de la dame Hotpoui (XIII° dynastie, Abydos). Un certain nombre de tablettes ou petites stèles en bois peint sont du type que Mariette appelait le type de Râ-Harmachis, et la plupart appartiennent à la collection des prêtres d'Amon, notamment le n° 645, au nom de la vénérable Katseshitou (cfr. n° 594).

Étagères M, N, O.

Suite et fin de la série des vases canopes des époques saïte et ptolémaïque.

Armoire P.

Statuettes funéraires en émail vert ou bleu des époques saïte et ptolémaïque.

646. — Calcaire. — Haut. 0 m. 37 cent., larg. 0 m. 24 cent., prof. 0 m. 22 cent. — *Abydos.*

Naos (cfr. p. 208, n° 689) de Nakhiti. La statuette du défunt, représenté accroupi, est encore à sa place au fond du naos.

Armoire Q.

Tablettes ou stèles de bois, provenant de Gournah, et appartenant à diverses époques, depuis la XXe dynastie jusqu'à l'époque ptolémaïque. L'une d'elles (n° 640) offre un exemple fort rare d'un paysage égyptien. La montagne, peinte en jaune rayé de rouge, couvre le champ de gauche : deux petites portes surmontées de pyramidions marquent la tombe de la dame Zodamonou Efônoukhi. Une femme agenouillée se lamente et s'arrache les cheveux en signe de deuil ; des arbres, dessinés derrière elle, figurent le jardin funéraire, où l'âme viendra s'ébattre et se nourrir à la table qui l'attend chargée d'offrandes. Au registre supérieur, la dame Zodamonou Efônoukhi vient réclamer auprès d'Harmachis sa part des sacrifices que lui font ses parents. — XXIIe-XXVIe dynasties.

On a rangé sur le devant de l'armoire quelques chevets en pierre ou en bois, du genre de ceux que les Nubiens emploient encore aujourd'hui pour reposer leur tête pendant le sommeil. Ceux qu'on donnait aux morts étaient destinés à leur procurer des nuits paisibles dans l'autre monde ; certains manuscrits du *Livre des Morts* ont même un chapitre du chevet, dont des extraits sont gravés quelquefois sur les chevets funéraires. Rarement on les trouve sous la tête de la momie ; presque toujours ils sont à terre, à côté du cercueil.

PORTE QUI MÈNE A LA SALLE F.

Armoire A.

Équipement complet de deux momies, dont l'une (n° 623) provient de Sakkarah et était celle d'un général Zaharsato : masque doré ou peint; sur la poitrine s'étale un collier *ouoskhou* agrafé aux épaules par deux têtes d'épervier ; au-dessous du collier, la déesse Nouît, accroupie, allonge ses deux ailes pour en envelopper le corps du défunt, enfin, une sorte de tablier découpé couvrait le bas du ventre et les jambes, et de chaque côté de ce tablier, l'image des enfants d'Horus, Amsit, Kabhsnéouf, Tioumaoutf, Hapi, veillent sur les quatre points cardinaux pour écarter le mal qui pourrait en venir.

Dans le bas de l'armoire sont posés des emboîtages de carton qui figurent les pieds du mort et les sandales dont ils étaient garnis pendant la vie. — Époque ptolémaïque.

Armoire B.

Matériel funéraire du même genre que celui qui est exposé dans les vitrines des salles précédentes.

SALLE F.

La salle F continue la série des objets funéraires, mais on y a réuni plus spécialement les pièces qui forment le revêtement extérieur de la momie et qui lui constituent comme une armure magique destinée à la protéger contre les atteintes des esprits malins.

Vitrine A.

667. — Calcaire blanc et granit noir. — Haut. du sarcophage o m. 20 cent., long. o m. 21 cent., prof. o m. 15 cent.

L'âme égyptienne était figurée par un épervier à tête et à bras d'homme : elle s'envolait à la mort, et l'un des souhaits adressés au défunt était que *son âme pût rejoindre son corps à son gré*. Le petit monument représente cette réunion de l'âme et du corps. La momie, enveloppée de son maillot et couchée sur le lit funéraire à pieds de lion, attend. L'épervier est descendu dans le tombeau et, posé à côté d'elle, place les deux mains sur l'endroit où battait le cœur, en regardant attentivement, la face impassible. Le mouvement du petit oiseau symbolique, l'expression douce et presque suppliante de son visage, le contraste entre la vie qui anime ses traits et l'immobilité de la momie font de ce groupe un véritable chef-d'œuvre en son genre. Il était enfermé dans un sarcophage de calcaire blanc, couvert d'inscriptions et de figures, Isis à la tête, Nephthys aux pieds, sur les côtés Anubis et les génies des morts. Le personnage étendu sur le lit funéraire était premier héraut du roi et s'appelait Râ. — XX⁰ dynastie.

668. — Serpentine grise. — Haut. o m. 04 cent., long. o m. 16 cent., larg. o m. 03 cent.

Lit funèbre du chef des scribes Miri; l'âme est venue s'abattre à côté de lui et lui met les deux mains sur la poitrine. La formule est celle qu'on trouve sur les statuettes funéraires. — XX⁰ dynastie.

A côté de ces deux pièces, quelques *Répondants* sont couchés dans le petit cercueil où on les enfermait pour mieux compléter leur identification avec la momie du mort qu'ils étaient censés représenter (v. p. 198-200).

Vitrine B.

Les figures de femme qui lèvent les bras vers la tête sont des pleureuses, qui se lamentent sur le mort, comme Isis et Nephthys s'étaient lamentées sur leur frère Osiris. A côté d'elles, un certain nombre de terres cuites représentent une femme entièrement nue, couchée sur son lit, souvent avec un petit enfant qu'elle allaite. La femme est une Isis et l'enfant un Horus. Le mort, identifié à Osiris, devenait par là même le mari d'Isis et le père d'Horus; ces figures lui assurent dans l'autre monde la possession de la déesse, et, par suite, celle de l'enfant qui naît du mariage de la déesse avec le dieu. Le n° 670 montre deux *Répondants* jumeaux, taillés dans le même morceau de granit noir.

Armoire C.

Suite du matériel funéraire, statuettes, canopes, vases, amulettes du même genre que ceux qui sont exposés dans les armoires précédentes.

Le petit groupe en granit noir, à gauche de la porte, représente un grand-prêtre de Phtah, sous la XXIIe dynastie, du nom de Shodsouamonou, assis à côté de sa femme, la dame Tachepnisit.

1398. — Albâtre. — Diam. 0 m. 52 cent. — *Gournah.*

Vase pour les ablutions. L'inscription qui en fait le tour donne le nom de Khebnisepet, petite-fille d'Osorkon II. — XXIIe dynastie.

Armoire D.

Réseaux et tissus de perles qu'on plaçait sur les momies à diverses époques; quelques-uns de ces ouvrages sont d'un travail très fin, notamment le n° 611, avec figure d'Anubis (époque persane), et les n°ˢ 612 et 613, à visages humains, qui proviennent de Méïr et qui remontent peut-être à la XII⁰ dynastie.

Mur oriental de la Salle.

Armoire E.

Cartonnages de momies, du genre de ceux qui sont décrits dans l'armoire A de la porte qui mène à la salle E; les semelles sont celles qu'on leur mettait sous les pieds, pour qu'aucun contact impur ne souillât la demeure d'Osiris. Ces cartonnages sont d'époque ptolémaïque, et l'un d'eux portait l'inscription grecque suivante, tracée en lettres d'or :

ΔHMωCLK'ΔAïMNHCTOC.

Vitrine F.

634. — Cuir rouge et jaune. — *Déïr-el-Bahari* 1901.

Vers la fin de la grande époque thébaine, les momies portaient sur leur maillot des bretelles en toile, terminées par des bouts en parchemin bordés de cuir rouge. Ces bouts en parchemin, fabriqués par les prêtres, présentent ordinairement, comme marque d'origine, une scène d'adoration à Amon-Râ par le grand-prêtre ou par le roi régnant. Ils sont donc précieux, comme fournissant des indications certaines sur la date des ensevelissements. Les bouts de bretelles exposés dans cette vitrine ont été trouvés pour la plupart sur les momies des prêtres d'Amon; beaucoup portent le cartouche d'Osorkon II.

Armoire G.

Masques de momies, peints ou dorés; hypocéphales en terre cuite (n° 614), en bronze (n° 615), ou en cartonnage (n° 616). Placés sous la tête de la momie, les hypocéphales devaient, par la vertu des formules dont ils étaient couverts, conserver au corps sa chaleur vitale pour la résurrection.

618. — Bois peint. — Long. 0 m. 25 cent.
Figure du taureau Hapis, qu'on plaçait souvent sous les pieds de la momie.

Vitrine H.

Petits cercueils blancs, tenant lieu de canopes et renfermant les entrailles des morts. Quelques-uns étaient empaquetés de linge, pour mieux rappeler l'aspect de la momie et du cercueil qu'ils étaient censés représenter. Ils ont été trouvés dans le tombeau de Sannotmou.

Armoire I.

Momie serrée dans une gaine de jonc (n° 620), provenant du tombeau de Sannotmou. Les deux masques de momie, en fort cartonnage, sont originaires du même tombeau (n°ˢ 621 et 621 *bis*). Chevet en bois, identique pour la forme à certains chevets dont se servent encore les indigènes du Congo (n° 622).

Milieu de la Salle.

Vitrine J.

Les pectoraux sont des ornements de momie en forme de petite chapelle, qui contient soit des figures de dieux, soit un scarabée, symbole des transformations par où la vie se renouvelle. Ce scarabée est placé entre Isis et Nephthys (n° 624), ou seul (n° 625). D'autres pectoraux représentent Anubis, dieu de l'ensevelissement (n° 625), Osiris et Horus (n° 526), ou l'épervier d'Horus, en cuivre ou en bronze doré, les ailes déployées (n°s 627 et 628). D'autres encore sont en forme de scarabées bleus, aux ailes d'or émaillées de bleu (n°s 629 et 635). Quelle que fût l'image, le pectoral avait pour vertu de placer le mort sous la protection des divinités représentées et de l'identifier au soleil levant pour la résurrection. Le scarabée volant, emblème du soleil, placé sur la poitrine de la momie, jouait le même rôle que le pectoral en forme de naos.

C'est ensuite une collection d'yeux mystiques en cuir (n° 630), en toile et cire (n° 631). Ces yeux mystiques, en égyptien *ouzait*, sont, comme je l'ai déjà dit, les yeux du dieu Râ, considéré comme dieu suprême; l'œil droit est le soleil, l'œil gauche est la lune. L'œil, isolé de la figure divine à laquelle il appartenait, devenait une divinité *Ouzait-Horou*, l'œil d'Horus, qui avait son existence indépendante et jouait un certain rôle dans la légende osirienne; il avait pleuré en différentes occasions, et ses pleurs avaient donné naissance à toutes les substances utiles, au vin, à l'huile, etc. Menacé par Set, il n'échappait à un danger que pour retomber dans un autre, mais sortait toujours victorieux de chaque épreuve; aussi les vivants et les morts avaient-ils l'habitude de se mettre sous sa protection, et d'opposer sa puissance à tous leurs ennemis. On le consacrait en récitant sur lui certaines prières, le chap. CXL du *Livre des Morts*, par exemple, puis on l'attachait au poignet de l'individu, à son cou, sur sa poitrine, ou bien on le mettait avec d'autres amulettes dans la cavité du ventre, après l'extraction des intestins, ou sur le flanc de la momie pour boucher la fente par laquelle on avait enlevé ces intestins. On le fabriquait en toutes matières, en lapis, en cornaline rouge, en feldspath vert, en agate, en bois, en pâtes émaillées, et on en variait la forme et la grandeur à l'infini.

Les n°ˢ 632 et 633 nous montrent deux exemplaires des gros scarabées qui étaient le symbole du cœur. Après avoir enlevé le cœur du mort, on le remplaçait par un scarabée, sur lequel était gravée une formule magique (*Livre des Morts*, chap. XXV et LXIV, l. 33-36) : «O mon cœur qui «me vient de ma mère, mon cœur de quand j'étais sur «terre, ne te lève pas contre moi, ne porte pas témoignage «en ennemi contre moi par devant les chefs divins; ne «m'abandonne pas devant le dieu grand, seigneur de l'Occi-«dent! Salut à toi, cœur d'Osiris, qui vit dans l'Occident: «salut à vous, viscères divins, salut à vous, dieux à la «barbe tressée, puissants par votre sceptre; dites du bien «du mort et accordez qu'il prospère par l'intermédiaire de «Nahbkoou». Le cœur était placé dans la balance, au moment du jugement suprême, et son témoignage décidait du sort de l'homme; la formule avait pour effet de le contraindre à ne dire que le bien devant les dieux et à taire les mauvaises actions. Pour plus d'efficacité, on joignait souvent à la prière des représentations de divinités qu'on gravait sur les élytres, sur le corselet, même sur le plat du scarabée. Ces scarabées du cœur étaient fabriqués à l'avance et s'achetaient tout faits chez le marchand. On en trouve où les lignes sont marquées, mais non remplies, où la formule a été gravée et le nom laissé en blanc, où la formule est incomplète et où les signes n'offrent aucun sens.

Cage K.

Statues agenouillées des deux pleureuses Isis (n° 662) et Nephthys (n° 663), provenant de Hassaïa (cfr. n°ˢ 660 et 661). Isis porte sur la tête un siège, hiéroglyphe de son nom, Nephthys, la façade d'un édifice. — Statuettes en bois d'Osiris, destinées souvent à contenir des papyrus funéraires, et accompagnées d'éperviers en bois, images d'Horus, ou d'éperviers à tête humaine, représentant l'âme. Un de ces Osiris, accompagné de l'âme, porte le n° 664. — Un beau coffret à figurines funéraires (n° 665), offre le nom d'Amannouitnakhîtou, chef des ouvriers en métaux du temple d'Amon (trouvaille des prêtres d'Amon). — Enfin, on remarquera (n° 666) une stèle en bois peint, opisthographe, au nom d'Ankhoufnikhonsou, prêtre de Montou.

Contre les deux piliers qui séparent la salle F de la salle H sont adossées les

Cages L et M.

660 et **661**. — Bois peint. — Haut. 1 m. 09 cent. — *Déir-el-Bahari.*

Ces jolies statues en bois ont été trouvées dans la cachette des prêtres d'Amon, en février 1891. Elles représentent Isis et Nephthys, les deux pleureuses d'Osiris défunt, au moment où elles prononçaient sur la momie du dieu les conjurations qui l'avaient rappelée à la vie; elles rendaient le même office au mort, identifié avec Osiris, et c'est pour cela qu'on trouve souvent leur image dans le tombeau. Les statues en bois de l'ancienne Égypte sont assez rares; on peut comparer celles-ci (XXI° dynastie) à celles de l'ancien empire (rez-de-chaussée n°ˢ 19, 35, 95).

SALLE G.

La salle G est consacrée toute entière aux manuscrits sur papyrus ou sur toile. Les Égyptiens employaient généralement, pour la fabrication de leur papier, les tiges de la plante appelée *cyperus papyrus*, qui croissait et était cultivée dans la Basse-Égypte. Après avoir coupé les extrémités de la tige, on détachait les fines membranes concentriques qui enveloppaient la moelle; on posait à plat sur une planche une première couche de ces membranes, et on appliquait une seconde couche en travers sur la première. Les Romains appelaient la première couche *stamen* (chaine), et la seconde *subtemen* (trame). Il est impossible de savoir d'une manière certaine quel était le liquide dont on se servait pour faire adhérer le *subtemen* au *stamen*. Lorsqu'on avait ainsi obtenu une feuille de papier, on la pressait, et divers feuillets (*plagulæ*), collés latéralement les uns au bout des autres, au nombre d'une vingtaine habituellement, et placés par ordre de finesse, les meilleurs d'abord, puis les plus grossiers, formaient un rouleau (*scapus*). Ces rouleaux variaient beaucoup plus en longueur qu'en hauteur, la hauteur étant déterminée par la dimension des bandes détachées de la plante, la longueur, au contraire, pouvant être prolongée indéfiniment par l'addition de nouveaux feuillets à la suite des premiers.

La plupart des papyrus exposés sur le mur et dans les vitrines qui remplissent la salle G sont des papyrus funéraires appartenant à deux types différents. Ce sont d'abord ces exemplaires du *Livre des Morts* qu'on plaçait sur les défunts, pour leur permettre de reconstituer leur personnalité après la sépulture, de vivre au fond du tombeau ou d'en *sortir pendant le jour,* — d'où le titre de l'ouvrage, — puis de les guider dans leurs voyages d'outre-tombe, et de leur faciliter l'examen qu'ils subiraient devant Osiris et ses quarante-deux assesseurs; l'âme était pesée dans la balance divine, et le défunt devait prononcer une confession négative, énumérant toutes les fautes dont il se déclarait innocent : «Je n'ai commis aucune fraude envers les hommes. Je n'ai pas tourmenté la veuve. Je n'ai pas menti devant le tribunal. Je ne connais pas le mensonge. Je n'ai pas imposé à un chef de travailleurs, chaque jour, plus de travaux qu'il n'en devait faire. Je n'ai pas été négligent. Je n'ai pas été oisif. Je n'ai pas desservi l'esclave auprès de son maître. Je n'ai pas affamé. Je n'ai pas fait pleurer. Je n'ai pas tué. Je n'ai pas ordonné le meurtre en trahison. Je n'ai pas eu de gains frauduleux. Je n'ai pas usurpé dans les champs. Je n'ai pas faussé l'équilibre de la balance. Je n'ai pas enlevé le lait de la bouche des nourrissons. Je suis pur, je suis pur, je suis pur! Ô magistrats, en ce jour du jugement suprême, donnez au défunt de venir à vous, lui qui n'a point péché, qui n'a point menti ni fait le mal, qui n'a commis nul crime, qui n'a point rendu de faux témoignage, qui n'a rien fait contre lui-même, mais vit de la vérité et se nourrit de la justice. Ce qu'il a fait, les hommes le disent et les dieux s'en réjouissent; il a donné des pains à l'affamé, de l'eau à l'altéré, des vêtements au nu, il a offert des sacrifices aux dieux, des repas funéraires aux défunts. Sa bouche est propre, et ses deux mains sont propres ». Pendant la pesée de l'âme, Horus, à tête d'épervier, faisait miséricordieusement pencher la balance du bon côté, et Thot, à tête d'ibis, inscrivait les résultats et proclamait le jugement.

Le second ouvrage, qu'on réservait plus spécialement aux dignitaires et aux affiliés du culte d'Amon à partir de la XVIIIe dynastie, était intitulé : *Le livre de savoir ce qu'il y a dans l'Hadès*. Il représentait la course du soleil mort, le dieu Aoufou, la *chair* du soleil, dans le domaine de la nuit. La barque du dieu s'enfonçait vers Abydos, à ce qu'on appelait la Bouche de la Fente, dans la montagne qui bordait le monde, et elle remontait vers le nord en parcourant les territoires assignés aux douze heures nocturnes ainsi qu'aux dieux qui y résidaient : elle visitait ainsi l'*Ammah* ou le *Rostaou*, royaume du dieu Phtah de Memphis, les royaumes Osiriens, l'Agarît où les morts d'Héliopolis se rassemblaient, puis, au matin, elle remontait à l'orient avec le nouveau soleil pour parcourir la région des heures du jour. Le *Livre de l'Hadès* était un guide illustré qui enseignait aux morts embarqués en compagnie du soleil l'itinéraire de la barque nocturne, les dieux qui en composaient l'équipage, ceux qui habitaient chaque heure, le moyen de traverser la nuit avec Râ mort pour renaître avec lui au matin. Il est rare que les papyrus nous rendent ce livre au complet : le plus souvent, ils n'en contiennent que deux ou trois heures, avec leurs vignettes dessinées rapidement et leurs textes copiés si négligemment qu'ils sont à peu près inintelligibles.

On voit surtout dans la salle G des exemplaires du *Livre des Morts*, en hiéroglyphes cursifs ou en hiératique. Les plus anciens remontent à la XVIIIe dynastie et sont près de la porte de la salle G ; la plupart des autres proviennent de la seconde trouvaille de Deïr-el-Bahari, et ont appartenu à des hommes ou à des femmes de la race des prêtres et grands-prêtres d'Amon thébain. Les livres de l'Hadès qui les accompagnent sont peu soignés. A l'extrémité ouest de la salle sur la fin du mur sud, on remarque quelques recueils mixtes, où des scènes du *Livre des Morts* sont mêlées à des scènes du *Livre de l'Hadès*, ainsi, le papyrus n° 684, du prêtre Zodkhonsouaoufankhou.

Enfin, nous signalerons (paroi ouest et côté correspondant de la vitrine centrale) les papyrus funéraires de Zanofir, hiérodule de Khnoumou et de Katseshni, fille du roi-prêtre d'Amon Manakhpirri (n°° 593 et 594).

Le papyrus situé immédiatement au-dessus de celui de Zodkhonsouaoufankhou appartenait à une chanteuse d'Amon du nom de Nsimaoutnabittaoui. C'est l'un des plus curieux de la collection pour les scènes représentées, et l'un des plus parfaits comme exécution : j'appellerai l'attention des visiteurs sur la vignette finale, qui montre la morte debout devant l'entrée de son tombeau, dans la nécropole thébaine, et faisant offrande à la déesse-serpent Maritsakro, ainsi qu'à la vache Hathor pour obtenir d'elles le libre accès de l'autre monde.

Sur la partie du mur ouest qui s'étend entre le mur sud et la porte de la galerie qui donne sur l'atrium central, on voit, sous le n° 587, le beau papyrus funéraire de Haroub, hiérodule de la déesse Maout, fille du grand-prêtre d'Amon Manakhpirri et de la princesse Isimkhabiou, première grande supérieure des recluses d'Amon-Râ, roi des dieux. Les vignettes de ce papyrus dont le texte n'appartient ni au *Livre des Morts* ni au *Livre de l'Hadès*, sont très finement dessinées et peintes. Elles représentent : la défunte en présence de Phtah-Sokar-Osiris; le dieu Thot, principe conservateur, et le dieu Horus, principe rénovateur, versant les germes de vie sur la défunte agenouillée; — le cynocéphale, consacré à Thot, s'approche, accompagné de la défunte, de l'asile mystérieux où se prépare une renaissance : — cet asile, disque porté par deux lions, contient l'enfant qui va paraître bientôt à la lumière, et dont l'*ouzaît*, œil symbolique du soleil, semble attendre et préparer la venue. — Jolie figure de la défunte, prosternée en présence du crocodile, seigneur de l'élément humide : des arbres indiquent l'action fécondatrice de l'humidité ; — les semailles et la moisson dans les Champs-Elysées : la défunte, qui sème en suivant la charrue, puise les graines dans un sac semblable à ceux qui pendent au dos des statuettes funéraires.

On voit, non loin de là, de fort beaux exemplaires du *Livre de l'Hadès*, au milieu desquels, à l'extrémité est du mur nord, s'est égaré un superbe *Livre des Morts*, au nom d'Ousorhaîtmès.

Quelques-uns des papyrus exposés dans les vitrines, méritent une mention spéciale : ainsi, dans la vitrine placée le long de la paroi sud, le *Livre des Morts* en hiératique de la princesse Katseshni, fille du roi-prêtre Manakhpirrî de la XXIe dynastie (n° 594). Dans la vitrine double qui forme épine au centre de la salle, on voit quelques papyrus de style excellent, entre autres :

686. — Les prêtres d'Amon, gens d'esprit juridique, avaient imaginé de faire rendre à leur dieu des décrets qui assuraient le bonheur dans l'autre monde des personnages en faveur de qui ils étaient rendus. Celui-ci est en l'honneur de la dame Nsikhonsou ; une tablette de bois, exposée dans la salle Q, nous donne un autre décret du même genre, dédié à cette même femme.

687. — Papyrus de la reine Makerî, dont nous verrons la momie dans la salle Q, auprès de la momie de sa petite fille, morte et ensevelie avec elle. Les vignettes sont d'une finesse et d'une fraîcheur admirables.

Le papyrus placé à côté de celui-là, vers l'ouest, vient également d'une des momies trouvées à Deîr-el-Bahari en 1881, celle de la reine Honîttaoui. Il est tracé d'une main aussi habile, mais plus libre, et quelques détails seulement en sont rehaussés de couleur. La vignette qui montre la reine debout, l'encensoir à la main, devant un monceau d'offrandes, est un chef-d'œuvre de dessin pur et délicat.

Outre les papyrus funéraires nous possédons quelques papyrus littéraires dont un au moins est célèbre parmi les égyptologues :

Centre de la Salle.

589. — Haut. 0 m. 23 cent., larg. 2 m. 42 cent. — *Déir-el-Médineh.*

Papyrus épistolographe écrit en hiératique, monté entre deux verres. Curieux traité de morale, en forme de dialogue entre le scribe Ani et son fils Khonshotpou. — XXVIe dynastie.

SALLE H.

La salle H contient, avec quelques papyrus, le matériel employé par les scribes pour écrire, dessiner et peindre, et des spécimens d'écriture cursive tracés sur des *ostraca* en calcaire pour la plupart; on y a joint la collection des moules destinés à fabriquer les petits amulettes.

Le matériel des scribes est exposé dans la vitrine A, qui est placée au milieu de la salle.

Vitrine A.

Palettes en bois ou en ivoire (n°ˢ 595, 596 et 597), avec godets pour contenir la couleur ou l'encre, et entailles, où l'on insérait les calames ou roseaux employés pour l'écriture; palettes votives en albâtre (n° 598), que le défunt devait tenir en récitant une prière à Thot, dieu de l'écriture (ch. XCIV du *Livre des Morts*); pains de couleur pour préparer l'encre (n°ˢ 599, 600, 601, 602 et 603); petits mortiers avec des pilons pour broyer les pains de couleur (n°ˢ 604 et 605); tablettes à six godets contenant encore les couleurs préparées (n° 606); couleurs broyées (n° 607). Enfin, les n°ˢ 608, 609 et 610, sont des papyrus roulés et dans l'état où on les retrouve aujourd'hui; il faut, pour les déployer, une attention minutieuse et des soins spéciaux.

Vitrine B.

Ostraca hiératiques et tablettes de scribes ou d'écoliers, portant pour la plupart des spécimens de l'écriture du deuxième empire thébain. Le n° 582, qui porte des notes de comptabilité, est de la XIIe dynastie.

Vitrine C.

Creux en calcaire et en terre cuite, qui servaient à fabriquer en grandes quantités des statuettes funéraires (n° 576), des offrandes votives et des amulettes. Dans beaucoup de cas, nous avons fait tirer un exemplaire de chacun de ces creux, et nous l'avons exposé à côté de l'original.

Les creux en terre cuite ne paraissent pas avoir été préparés à l'ébauchoir et au poinçon; un objet fabriqué à la main, servant de modèle, a été enfoncé dans la terre molle, et l'image ainsi obtenue a été cuite au four.

Les objets représentés sont des plus variés : colliers, dieux grotesques, Horus sur les crocodiles, égides, scarabées, yeux, chats, dieux Bisou, Isis, même des statuettes funéraires avec leur inscription complète. Tous ces moules sont simples ; les pièces qu'on y jetait n'avaient qu'une face en relief, le dos était égalisé d'un coup de racloir et ne recevait aucune empreinte. Je ne suis pas bien certain, du reste, que ces moules aient eu un usage industriel ; j'en ai trouvé quelques-uns dans les tombeaux, ce qui semblerait leur assurer une valeur votive. Peut-être, en mettant les moules près de la momie, pensait-on procurer à celle-ci le moyen de se fabriquer à elle-même des amulettes, quand ceux qu'on lui avait prodigués avaient été ou volés ou usés. Cela expliquerait le genre des figures et la simplicité du procédé ; le mort, n'étant pas d'ordinaire un potier, aurait été assez embarrassé de manier les moules compliqués dont on faisait usage dans l'industrie.

L'autre série comprend des moules en calcaire ou en albâtre. Le type est celui de l'oiseau *Bonou*, sorte de demoiselle de Numidie consacrée à Osiris, et qui suggéra plus tard aux Grecs la légende du Phénix égyptien ; l'un d'eux a encore les deux pièces dont la réunion servait à fabriquer l'oiseau complet (n° 581). Je ne pense pas que ce fût toujours de la terre qu'on coulait dans les creux de cette série. Certains indices me porteraient à penser que c'étaient plutôt des moules à pâtisserie. Le choix du Bonou comme forme de certains gâteaux d'offrande se rattacherait alors aux idées de renaissance qu'exprimait cet oiseau.

Les *ostraca* sont exposés dans les vitrines et armoires D-H, rangées le long des murs est et ouest de la salle. Comme le papyrus était fort coûteux, on employait souvent, pour écrire des brouillons, des notes rapides, de courts inventaires, et parfois même des textes importants, soit des planchettes de bois, blanchies ou non (n°⁸ 582 et 583), soit des tessons de poterie, notamment les n°⁸ 584 et 585, dans la vitrine I, soit ces lames et ces blocs de calcaire, auxquels on applique improprement le nom d'*ostraca*. Les textes exposés dans les cinq vitrines D-H de la salle H sont généralement en écriture cursive hiératique ; le plus remarquable (vitrine E, n° 586), provient du tombeau de Sannotmou. C'est une pièce de calcaire brisée en deux morceaux, longue en tout d'un mètre, haute de vingt centimètres en moyenne, couverte d'assez gros caractères hiératiques ponctués à l'encre rouge. La cassure n'est pas récente ; le calcaire avait été brisé au moment de la mise au tombeau, comme beaucoup des objets de parure ou de ménage qu'on déposait près de la momie. L'Égyptien s'attendait à jouir dans l'autre monde des mêmes distractions qu'il s'était procurées ici-bas. Ici, c'est un roman qu'on lui avait donné ; *en brisant la pierre sur laquelle ce roman était transcrit, on la tuait, et on l'envoyait ainsi dans l'autre monde*, où le *double* du mort s'en délectait quand il était en humeur de lire. Il y trouvait le commencement des aventures de Sinouhît, dont on n'a connu longtemps que le milieu et la fin sur un papyrus de Berlin en partie détruit. C'est l'histoire d'un Égyptien de la XII⁰ dynastie, mis par hasard en possession d'un secret d'État qu'il n'aurait pas dû connaître. Il craint que le roi ne le fasse périr pour être assuré de son silence, et il s'enfuit en Syrie. Égaré dans le désert, mourant de soif, il est recueilli par une tribu de Bédouins, qui l'adopte. Il vit parmi eux pendant des années et devient un de leurs chefs ; enfin le roi lui envoie sa grâce, et l'invite à rentrer à la cour d'Égypte, où il compose un récit curieux de ses aventures et des mœurs des Bédouins.

Les papyrus sont répartis en quatre groupes le long des murs. Le plus important est celui qu'on voit sur le mur est au-dessus de la vitrine E :

590. — Haut. 0 m. 28 cent., long. 4 m. 39 cent. — *Déir-el-Médineh.*

Ce papyrus a été déchiré en plusieurs morceaux au moment de la trouvaille. La page du début, donnée par L. Vassalli bey, conservateur du Musée, a été volée en 1877. La partie du milieu, achetée par Mariette, est exposée sous le n° 590. La fin, acquise par un touriste inconnu, est aujourd'hui cachée dans un château d'Angleterre. C'est un traité de géographie, mais d'une géographie un peu mythique. Il traitait du Fayoum et des localités voisines. Au début, on voit deux figures du dieu Sovkou, naviguant chacune en sa barque et recevant les prières de deux femmes coiffées de plantes fluviatiles; c'est le dieu Sovkou du midi qui entre dans le lac Mœris et le dieu Sovkou du nord qui en sort pour tomber dans le Nil. Derrière, et à mi-jambe, Râ s'avance, tandis que quatre divinités, deux à tête de grenouille, deux à tête de serpent, sont rangées deux à deux sur les rives. Les légendes indiquent que nous sommes au débouché du lac; les dieux qui président à la scène sont les Khmounou, les huit dieux créateurs du monde.

Une femme de forte taille, étendue le long du papyrus, est la déesse-vache Mihitouérit, qui passait pour être *le fondement du bassin qui se trouve dans la terre de Tashe*, en d'autres termes, du lac Mœris qui est au Fayoum. De sa tête semble partir une sorte de canal, qui aboutit bientôt à la représentation très conventionnelle du lac et des campagnes environnantes, un rectangle oblong, divisé en huit compartiments longitudinaux. Les quatre compartiments du milieu représentent le lac lui-même; ils devaient être remplis, les deux compartiments internes de poissons, les deux externes de canards et d'oies. Sur chaque rive, un compartiment semé de figures d'arbres simulait le terrain planté qui bordait le lac. Un dernier compartiment, occupé par une inscription hiéroglyphique, servait de cadre au tableau. Mais le scribe ayant, par erreur, laissé en blanc l'un des compartiments du milieu, toute l'économie de la composition s'est trouvée dérangée. Les poissons ont envahi le compartiment des oiseaux d'eau; ceux-ci sont descendus dans le domaine des arbres, et les arbres, à leur tour, se sont rejetés sur la place réservée à l'inscription hiéroglyphique qui courait sur la rive méridionale. Des deux côtés du bassin et du canal, sont rangées les localités importantes pour l'histoire de la guerre que les dieux Horus et Set se sont livrée dans le Fayoum, Hàouar, Parohes, Pakhnoumou, etc. Les légendes nous révèlent l'idée qui a présidé à la rédaction de cet ouvrage. Les dieux égyptiens avaient l'habitude de se rendre visite dans leurs temples, et ces visites étaient, chaque année, l'occasion de fêtes splendides. Notre papyrus est l'itinéraire que suivait le dieu Sovkou, le dieu Crocodile, roi du Mœris, quand il rendait visite à l'une des divinités voisines. — Époque ptolémaïque.

SALLE I.

La salle I contient, avec la fin de nos papyrus, la plus grande partie des documents relatifs aux arts du dessin, surtout des esquisses tracées sur pierre aux encres rouge et noire, ainsi que des modèles de sculpture.

1°. — *Papyrus.*

Les papyrus sont rangés dans le haut des parois nord et sud, et n'offrent que des exemplaires plus ou moins complets soit du *Livre des Morts*, soit du *Livre de l'Hadès*. Le n° 592, exposé sur la paroi méridionale, provient de Sakkarah et n'a point le nom de son propriétaire. On préparait, en effet, les exemplaires du *Livre des Morts* à l'avance, laissant en blanc les endroits où le texte exigeait le nom du mort : lorsqu'on vendait le papyrus, on intercalait le nom du personnage à qui on le destinait, mais il arrivait parfois, — et c'est le cas ici, — que le scribe oubliât ou négligeât de faire l'insertion. — Le n° 738, qui s'étale un peu plus loin sur la même paroi, a été trouvé avec la momie du roi-prêtre Pinotmou Ier de la XXIe dynastie : le texte en est en hiéroglyphes linéaires assez médiocres, mais les vignettes sont d'un beau style, celle surtout qui montre le roi debout, en adoration devant Osiris-momie, assis sous son dais dans la salle des deux vérités.

De tous les papyrus qui ornent la paroi septentrionale, un seul mérite d'être cité :

682. — Papyrus de la dame Isimkhabiou. Il est orné de vignettes jetées à grands traits par une main exercée, et il offre un excellent modèle de l'habileté et de la hardiesse des dessinateurs égyptiens.

2° — *Ostraca.*

Les esquisses sont pour la plupart tracées sur des éclats ou des lames de calcaire de dimensions variables, qu'on appelle par abus des *ostraca*. Elles sont exposées dans et sur les longues vitrines qui sont appliquées le long des parois nord et sud. Elles proviennent pour la plupart des tombes royales du Bab-el-Molouk à Thèbes, et elles y ont été recueillies par M. Daressy, au moment où il les déblaya à fond pour en faciliter l'accès au public.

Paroi méridionale.

Au-dessus de la vitrine A-B :

548. — Trait rouge. — Jolie figure de Pharaon présentant l'offrande.

Dans la vitrine C :

543. — Trait rouge. — Jolie figure de Pharaon, adressant sa prière à un dieu non figuré.

Au-dessus de la vitrine E :

544. — Prêtre en prière, avec une longue inscription gravée devant lui.

Dans la vitrine E :

533. — Trait noir. — Princesse égyptienne, en longue robe transparente.

Au-dessus de la vitrine F :

549. — Trait noir. — Ramsesnakhitou, premier prophète d'Amon-Râ, roi des dieux. Il est chaussé de sandales à pointe recourbée.

Dans la vitrine F :

530. — Trait noir. — Le dieu Phtah, revêtu d'une cuirasse d'écailles comme un poisson.

Au-dessus de la vitrine F :

525. — Trait noir. — Prêtre agenouillé, coiffé d'un masque de chacal et tenant un vase. Légende : *Anubis, qui est à l'ensevelissement, chef de la demeure divine : dieu beau, seigneur de la nécropole.*

Dans la vitrine H :

552. — Trait noir. — Deux personnages, coiffés de plantes aquatiques, le Nil de la droite et le Nil de la gauche, lient au signe *samou* ⊥, les plantes symboliques du midi et du nord.

Dans la vitrine I :

540. — Trait noir. — Figure agenouillée, sans doute un *ex-voto* consacré à un défunt par ses fils Hori et Pariousokhir. — *Collection des prêtres d'Amon* (?).

Au-dessus de la vitrine J :

528. — Sanguine. — Lion et griffon (?), ou animal fantastique.

535. — Chacal dessiné à la sanguine. — Taureaux.

532. — Sanguine. — Animal fantastique, sorte de griffon à tête de femme, avec le collier d'Hathor passé au cou.

Au-dessus de la vitrine K :

550. — Trait noir. — Vache représentant la déesse Hathor.

Paroi septentrionale de la Salle.

Au-dessus de la vitrine L :

534. — Trait noir. — Le dieu Harmakhis tient le roi Ramsès IV embrassé.

Au-dessus de la vitrine M :

538. — Trait noir et sanguine. — Le fonctionnaire Amenhotpou, en présence du roi, portant les insignes du dieu Amon. Date de l'an II, 23° jour du second mois de l'été.

Au-dessus de la vitrine O :

551. — Trait noir et trait rouge. — Pharaon tenant deux barbares représentés de petite taille.

526. — Trait noir rehaussé de sanguine. — Le roi Ramsès IV, chaussé de sandales à pointe recourbée, présente une offrande au dieu Mìnou. Sous ses pieds deux barbares agenouillés, les mains liées derrière le dos.

539. — Trait noir et sanguine. — Ramsès IV sur son char ; Pharaon agenouillé ; épervier ; tête de lionne ; visage humain. Ce sont des exercices de dessin pour reproduire divers mouvements et diverses attitudes.

Dans la vitrine O :

531. — Sanguine. — Combat à coups de flèches entre deux guerriers montés sur des chars.

Au-dessus de la vitrine P :

527. — Trait noir. — Ramsès IV traîne, liés à son char de triomphe, des prisonniers barbares que son lion fidèle menace de dévorer.

Dans la vitrine P :

541. — Trait noir rehaussé de rouge. — Deux lutteurs vont combattre pour le divertissement de Pharaon.

542. — Trait noir. — Deux chasseurs nègres ramènent une gazelle (?).

Au-dessus de la vitrine Q :

547. — Trait noir. — Déesse ou princesse agitant les deux sistres devant le roi Ramsès-Meïamoun.

Au-dessus de la vitrine R :

546. — Trait noir. — Le premier prophète d'Amon, Amenhotpou, devant son souverain représenté sous la forme d'Horus (cfr. n° 538).

Dans la vitrine R :

524. — Trait noir. — Jolie tête de Pharaon.

Dans la vitrine S :

545. — Trait noir. — Esquisse d'une tête au trait noir rehaussé de couleur.

3° — *Modèles de sculpture et statues à différents états d'achèvement.*

Les modèles de sculpture et les pièces ébauchées sont distribuées entre les six armoires dressées, A-B contre le mur est, C-F contre le mur ouest de la salle. Les modèles de têtes royales sont précieux, surtout parce qu'ils nous permettent de suivre le procédé que le praticien employait pour commencer et achever son œuvre. Quinze d'entre eux proviennent de Sakkarah, onze de San (Tanis), et trois de Mit-Farès (Crocodilopolis), dans le Fayoum. La série de Sakkarah, la plus complète de toutes, est aussi la plus instructive : c'est une véritable suite d'exercices gradués destinés aux élèves sculpteurs. Le n° 563 (haut. o m. 23 cent.) nous fournit le point de départ, avec une tête à peine ébauchée. En regardant sur la face plane de derrière, on y distingue encore, tirés à la pointe, les traits de proportion qui indiquaient la place des yeux, du nez, de la bouche et de toutes les parties du visage. La figure usitée comme modèle était évidemment celle du roi régnant.

C'était celle que les sculpteurs avaient le plus souvent à reproduire ; aussi l'étudiaient-ils avec soin de face et de profil, jusque dans ses moindres détails. Le n° 564 (haut. 0 m. 21 cent.) nous montre, en effet, vu de profil, le même personnage que tous les autres modèles nous montrent de face. Deux modèles de pied, découverts à Sân (n°⁵ 565 et 566 ; long. 0m. 125 mill.), nous prouvent qu'on appliquait aux autres membres le procédé qui réussissait si bien pour la tête. On remarquera encore (n°⁵ 567 et 568) une tête humaine et une tête de chacal finement travaillées qui sont des couvercles de canopes, puis une tête royale à peine dégrossie (n° 569), enfin trois petits bas-reliefs représentant des béliers (n°⁵ 554, 555) et un lion (n° 556).

En dehors de ces pièces, nous signalerons :

Armoire A.

590. — Haut. 0 m. 12 cent., long. 0 m. 315 mill., larg. 0 m. 115 mill.

Modèle d'architecture ; il représente un petit autel auquel on arrive d'un côté par deux petits escaliers, de l'autre par deux rampes assez raides, où l'on se proposait probablement de tailler des marches.

Le long des murs sont rangées les statues à différents états d'achèvement :

571. — Calcaire. — Haut. 0 m. 41 cent.

Statuette ébauchée, montrant, comme le n° 569, par quel procédé les sculpteurs dégrossissaient le calcaire. Ils se servaient du ciseau et ils descendaient largement la taille ; d'autres pierres exigeaient d'autres procédés.

572. — Basalte (?). — Haut. 0 m. 46 cent. — *Mit-Rahineh.*

Statuette à peu près semblable à la précédente, mais de matière différente. La pierre, beaucoup plus dure, n'a pu être dégrossie qu'à la pointe.

573. — Serpentine grise. — Haut. 0 m. 98 cent. — *Mit-Rahineh.*

La statue reste à l'état d'ébauche. Le personnage est debout. Il tient devant lui un naos, dans lequel devait figurer une image de divinité qui n'a pas été sculptée. Il a des sandales aux pieds et la longue robe ramenée par un nœud sur la poitrine. La face est à peine dégrossie.

574. — Calcaire. — Haut. 0 m. 52 cent. — *Tanis.*

Statuette inachevée d'un personnage, assis dans une attitude dont la sculpture égyptienne ne nous offre qu'un petit nombre de modèles (comparer la statue n° 251, de l'époque de Psammétique Ier).

575. — Serpentine grise.

Statue à peine dégrossie d'un personnage debout. La tête n'est encore qu'une masse informe.

SALLE J.

La salle J est consacrée au mobilier et à l'outillage domestique.

Vitrines A-B.

Les deux petites vitrines plates adossées aux piliers qui séparent la salle H de la salle J, renferment : celle de l'ouest, (vitrine A) un très beau fragment de peinture décorative sur pisé provenant du palais d'Aménôthès III, à Médinet-Habou ; celle de l'est, un grand éclat de calcaire (n° 1327, de 0 m. 85 cent. de long.) découvert par M. Daressy dans le tombeau de Ramsès Neferkarâ, à Thèbes, au Biban-el-Molouk, et portant un plan de ce tombeau, analogue à celui du tombeau de Ramsès IV qui nous est déjà connu par le papyrus du Musée de Turin que Lepsius a publié. Les murs sont indiqués en rouge ; les portes sont représentées rabattues avec le vide peint en jaune. Quelques légendes en hiératique, à demi effacées, donnent les noms des diverses parties du monument et leurs dimensions. Celles-ci ne s'accordent pas entièrement avec celles de l'original : c'est comme un avant-projet qui avait été modifié en cours d'exécution.

Armoire C.

Boîtes en jonc tressés ; paniers, ouvrages de vannerie.

Armoire D.

Chaise et tabourets couverts en paille ou en fil (n°s 497, 498 et 499). Sièges sans dossier, en bois peint (n° 500) ou baguettes entrecroisées, attachées par des liens en roseaux (n° 501). Pieds de meubles sculptés. Fragment de panneau en bois, avec les restes d'un épervier et d'ornements en relief, jadis relevés de dorures et de pierres ou d'émaux coloriés (n° 504, époque ptolémaïque). Fragments de meubles avec peintures, dorures, incrustation en émail et en lapis-lazuli (n°s 503, 504, 505).

1358 *bis*. — Bois d'ébène. — Haut. 0 m. 76 cent. — *Deîr-el-Bahari*.

Porte du naos dont faisait partie le panneau exposé dans la salle K (v. p. 249, n° 1358), et trouvé par Naville à Deîr-el-Bahari : Thoutmosis III y est figuré présentant l'offrande à son père Amon. Le revers est consolidé d'ais transversaux; on y voit les anneaux en bronze dans lesquels les verroux glissaient. — XVIII° dynastie.

Armoire E.

Paniers et ouvrages de vannerie, filets, cordes, sparteries, venant d'Akhmîm pour la plupart. Au centre, à droite et à gauche du gros panier, deux petites tables à étages, abritées d'un auvent pointu sur plan carré, étaient destinées à recevoir des offrandes. Découvertes à Akhmîm en 1884.

Armoires F et G.

Paniers à offrandes, provenant d'Akhmîm (n°˙ 506 et 507). Paniers en jonc de couleurs variées, tels qu'on les fabrique encore aujourd'hui (n° 508); couffes (n°˙ 509 et 510); cordes, filets, balai (n° 511).

Les trois cages échelonnées au milieu de la salle, contiennent :

Vitrine H.

Sièges de diverses formes : escabeau de bois peint en blanc (n° 500); petit siège à trois pieds (n° 516) en usage chez les cordonniers; sièges de différentes formes, garnis de cuir ou peints de manière à simuler une décoration de cuir et provenant du tombeau de Sannotmou (n°˙ 519, 521, 522).

Vitrine I.

Petit modèle de lit recouvert de jonc (n° 517); pliants dont les montants se terminent en tête de canard; tabourets et sièges en jonc tressés; pliant au nom de Sannotmou, en bois et en toile (n° 520).

Vitrine J.

Chaise d'un modèle vulgaire, avec siège en jonc tressé (n° 497) et tabouret de même façon (n° 498). Petit tabouret en bois, à trois pieds, en usage chez les ouvriers cordonniers, ébénistes, ciseleurs, etc.; petit modèle en bois du même genre de tabouret. Fauteuils à pieds de lion. Fonds de chaises ou de fauteuils en joncs tressés ou en cordes. — XXe dynastie.

SALLE K.

La salle K contient une collection des poids et mesures de l'époque pharaonique, plus quelques monuments de l'architecture civile des anciens Égyptiens. En y pénétrant par la porte de l'est, qui la met en communication avec la salle L. on y trouve successivement :

Partie nord de la Salle.

Cadre A.

Porte en bois (haut. 2 m. 20 cent., larg. 2 m. 10 cent.) trouvée à Illahoun. Avec beaucoup d'attention, on peut discerner des figures gravées sur le milieu de cette porte, ainsi que le nom du roi Osorkon Ier (XXIIe dynastie).

Armoire B.

Elle renferme quelques mosaïques et quelques émaux d'un travail très délicat, notamment le fragment n° 409, qui représente des fleurs sur fond blanc.

470. — Émail bleu. — Haut. 0 m. 28 cent., larg. 0 m. 20 cent.

Barque solaire, exposée avec la pierre où elle était encastrée. — Époque ptolémaïque.

Au-dessus de cette pièce, un grand fragment triangulaire, d'un émail bleu admirable, provenant de Gournah. C'est le côté d'une pyramide funéraire, et l'on y voit représenté le scribe du trésor d'Amon, Kanoura, en adoration devant le dieu Râ-Harmakhis. — XVIII° dynastie.

Une collection de perles en verre, en émail, en pierres de différentes espèces, cornaline, agate, onyx, lapis-lazuli, en bois nu ou doré, en argent, en or, occupe le reste de l'armoire. Chaque espèce est exposée dans un de ces petits godets en terre cuite, qu'on trouve par milliers à Sakkarah et dans les nécropoles de l'ancien empire : ils servaient à contenir les offrandes destinées au mort.

Entre l'armoire B et l'armoire C, dans un cadre vitré, est exposée une peinture représentant un prisonnier nègre, figuré à un peu plus de la moitié de la grandeur naturelle. Elle provient des fouilles faites par M. Daressy dans les ruines du palais construit par Aménôthès III à un kilomètre environ au sud de Médinet-Habou. Les salles avaient chacune un sol de terre, battue avec soin jusqu'à acquérir la dureté de la pierre : on le recouvrait d'une couche mince de plâtre ou de chaux, sur laquelle on peignait des scènes champêtres ou des bordures de prisonniers.

Armoire C.

446. — Albâtre. — Haut. 0 m. 37 cent. — *Sakkarah*.

Vase portant les cartouches du roi Thoutmosis III. La légende inscrite sous les noms et titres royaux nous apprend que la capacité de ce vase était de 21 *hinou*. Le *hinou* était l'unité de mesure, dont il est facile, avec cette indication, de reconnaître la valeur : elle est ici de 0¹,4522. — XVIII⁰ dynastie.

Un autre monument nous fait connaître la valeur du *debonou*, unité de poids (0ᵍʳ,9044).

Le gros poids rond, à calotte hémisphérique, en granit gris, qui est exposé dans le compartiment du milieu sur la droite, porte, gravés très finement, le nom et les titres de Taharkou : il pesait 260 *debonou*, selon l'inscription tracée sur la calotte, et il appartenait au temple de Phtah. — XXV⁰ dynastie.

447. — Granit gris. — Haut. 0 m. 25 cent. — Don de M. Wilbour. — *Sakkarah*.

Poids en forme de tête de veau, estimé à 300 *debonou* suivant l'inscription, et portant les cartouches du roi Séti I⁰ʳ. Les cassures du cou ne sont pas accidentelles. Le sculpteur, en taillant les pièces de ce genre, leur donnait à peu près le poids légal ; pour obtenir une approximation plus exacte, il abattait ensuite la pierre à petits éclats jusqu'à ce que le poids nouveau fît équilibre au poids étalon sur lequel on le réglait. — XIX⁰ dynastie.

448 et 448 *bis*. — Bronze et argent. — Haut. o m. 10 cent. et o m. 15 cent.

Mesures pour les liquides, avec divisions marquées jusqu'à 1/128. — XVIII⁰ dynastie.

449, 450 et 451.

Équerres et niveaux ou fils à plomb, de peintre ou de maçon, provenant de la tombe de Sannotmou (XX⁰ dynastie). découverte à Thèbes (Deïr-el-Médineh) au mois de février 1886. Cette tombe, qui n'avait jamais été fouillée, contenait un mobilier funéraire des plus complets et des plus intéressants, depuis les instruments de l'architecte jusqu'au texte d'un roman qui représentait la bibliothèque du mort. Nous avons rencontré successivement, dans la salle A et les salles suivantes, les différentes pièces de ce mobilier.

452. — Bois. — Long. o m. 523 mill.
Coudée provenant du tombeau de Sannotmou.

453. — Pierre. — Long. o m. 13 cent. — *Tanis*.
Fragment de coudée portant diverses indications astronomiques. — XXVI⁰ dynastie.

454. — Granit gris. — *Memphis*.
Poids de 60 *debonou* (cfr. le n° 447, p. 243).

455. — Petite balance d'orfèvre ou de pharmacien. — Poids de formes diverses.

Armoire D.

Sur la paroi :

456. — Bois. — *Abydos.*

Queues d'aronde gravées au cartouche de Séti Ier, et trouvées dans l'épaisseur des murs du grand temple d'Abydos.

457 et **458.** — Bois.

Maillets de charpentier, de maçon ou de sculpteur.

Entre l'armoire D et l'armoire E, dressé le long du pilier, on voit un cadre de lit jadis peint en blanc. De petits fragments du treillis en cordes qui soutenait le matelas sont visibles encore aux angles du cadre.

Armoire E.

496. — Bois.

Lit peint en blanc, porté sur des pieds de lion, au nom de Sannotmou. Les deux serpents peints sur le plat du cadre sont chargés de défendre contre les spectres et les revenants la personne, morte ou vivante, qui était couchée sur le lit.

Sur le mur est, au sud de la porte, on a réuni en un même ensemble des pièces de bois, montants et pieds en forme de pattes de lion, provenant de lits bas, analogues aux *angarebs* des Nubiens modernes. Ils ont été trouvés pour la plupart à Gébéléin, et ils appartiennent au début du premier empire thébain. — XIe et XIIe dynasties.

Armoire F.

536. — Bois et Stuc. — Haut. o m. 90 cent.

Fragment d'un naos d'époque ptolémaïque, sur lequel sont représentés deux porte-enseigne d'un dessin assez soigné. La couleur rose dont les chairs sont peintes marque le milieu et la fin de l'époque ptolémaïque. L'échelle légère en roseaux provient d'Akhmîm et appartient au début de l'époque romaine : elle fut trouvée avec les guéridons mentionnés à la salle J (cfr. p. 240, armoire E). Une vieille conception prévalait, d'après laquelle on ne pouvait monter au ciel qu'au moyen d'une échelle sur laquelle veillaient les dieux des quatre *maisons* du monde : c'est l'image de cette échelle qu'on avait mise dans le tombeau, afin de faciliter au mort l'ascension vers l'autre monde.

Armoire G.

459. — Bois. — Haut. o m. 27 centimètres, larg. o m. 34 centimètres.

Modèle de pylône, tel qu'il s'en trouvait à l'entrée non seulement des édifices religieux, mais des riches demeures particulières.

460. — Terre cuite. — Haut. o m. 28 cent., larg. o m. 38 cent., prof. o m. 45 cent.

Modèle de maison, précédée d'une cour et composée d'un rez-de-chaussée et d'un étage surmonté d'une terrasse. L'escalier se trouve dans la cour, à gauche ; il est abrité par un toit plat en communication avec la terrasse. La clôture de la cour est percée de trois ouvertures, au niveau des fenêtres de l'étage supérieur.

461. — Terre cuite.

Autre modèle de maison, comme on en voit encore aujourd'hui à Gournah. Un escalier en forme de rampe très allongée conduit de la cour à la terrasse. La maison se compose d'une chambre fermée et d'un hangar complètement ouvert sur la cour. Le toit est seulement soutenu par une colonne, au point où la portée serait trop longue du mur de gauche au mur de droite. — Autres modèles de maisons, dont deux, en pierre et carrés, montrent, sur l'un des côtés du rez-de-chaussée, une fenêtre garnie vers le bas d'une claire-voie; dans l'angle gauche de la terrasse une petite chambre s'élève, où l'on vient dormir ou prendre le frais le soir, pendant l'été.

468. — Haut. 1 m. 27 cent., larg. 0 m. 70 cent.

Porte en clayonnage, provenant des fouilles de Meïr en 1892. Serrure en bois du côté de la porte.

471. — Bronze. — Fouilles de M. Naville à *Pithom*.

Grillage de fenêtre. — XXIIe dynastie.

Dans le cadre placé entre les deux armoires G et H, on a exposé des cannes et des insignes de commandement, sceptre à *tête de coucoupha*, *pedum* terminé par un crochet recourbé, fragment du sceptre *Zamà* à manche tors, etc.

Armoire H.

Coffrets (n°s 478, 479, 480) provenant pour la plupart du tombeau de Sannotmou. Plaques de coffrets en bois, avec incrustations d'ivoire (n°s 481, 482, 483). Pieds ou supports de fauteuils ou de lits en calcaire (n° 484), en granit (n°ˢ 485 et 486), en terre émaillée (n° 487). Petit chevet (n° 488) et petit modèle de fauteuil (n° 489).

Sur le pilier, entre les armoires H et I, est un cadre vitré contenant une figure peinte de prisonnier asiatique, de même style et de même provenance que la figure de nègre décrite précédemment, p. 242.

Armoire I.

Hoyaux ou pioches en bois (n° 490). Fuseaux et quenouilles en bois et en bronze (n°ˢ 491 et 492); écheveaux de fil (n° 493); pelotes (n° 494); bobine terminée par deux têtes sculptées (n° 495).

Sur le pilier, entre les armoires I et J, peinture représentant un prisonnier syrien, de même provenance que les deux figures décrites plus haut, cfr. p. 242.

Armoire J.

Émaux de Tell-Yahoudiyeh (voir n° 463). On peut remarquer une jolie bordure de lotus (n° 472); une plaque émaillée, au nom de Ramsès III (n° 473); les restes d'une frise formée d'oiseaux fantastiques (n° 474); un prisonnier nègre (n° 475). L'Asiatique au vêtement orné de couleurs et de dessins variés (n° 475 *bis*) provient de Tell-el-Amarna (voir n°ˢ 207 et 433). La figure de roi, en émail vert, qui est exposée sur la gauche, a été trouvée à Karnak, par M. Legrain, en 1902 : elle représente le roi Aménôthès Ier de la XVIIIe dynastie.

Cadre K.

Gonds en bronze et pentures de porte.

Au centre de la salle, dans trois vitrines spéciales sont exposés de l'ouest à l'est :

Vitrine M.

1358. — Bois d'ébène. — Haut. 1 m. 75 cent. — *Déïr-el-Bahari.*

Panneau latéral d'un grand naos dédié à Amon par Thoutmôsis II. Sur le côté extérieur, le Pharaon est représenté faisant offrande au dieu, dont le nom et les images ont été effacés au temps de Khouniatonou, vers la fin de la XVIIIe dynastie : à l'intérieur, la décoration ne comporte que des séries superposées des signes symboliques de la stabilité ⚱ et de la liberté d'allures ⚱, séparées par des bandes d'inscriptions.

Cage N.

Lits, sièges et tabourets en bois.

Vitrine O.

467. — Bois peint. — Haut. 1 m. 17 cent., larg. 0 m. 77 cent.

Battant de la porte de la chambre funéraire de Sannotmou. Une partie de la serrure est restée fixée au battant. — Les scènes peintes sur l'un des côtés représentent le défunt et sa famille rendant hommage à Osiris et à Phtah-Sokari. De l'autre côté, on voit Sannotmou et sa compagne Einofriti assis en présence d'une table à jeu, et d'une autre table couverte des aliments qui leur sont offerts.

Sur les piliers qui ne sont pas occupés par les peintures du palais d'Aménôthès III, on a rangé des débris de meubles, de bois et des motifs de constructions en pierre, dont les principaux sont :

462, 465 et **466**. — Calcaire. — Haut. 0 m. 49 cent. et 0 m. 70 cent.

Grillages de fenêtres.

Aux pieds des mêmes piliers sont rangés sur le sol des fragments d'architecture, chapiteaux à tête d'Hathor ou à bouton de lotus, claires-voies servant à l'éclairage des temples. Les pièces de bois dressées aux angles de la salle ont été trouvées à Thèbes dans les tombeaux des rois : elles ont servi sans doute à mettre en place le sarcophage des souverains.

SALLE L.

Vitrines A-B.

Deux vitrines plates A et B, placées au point des séparations des salles J et L, contiennent des bronzes provenant de Saïs. Ils avaient été brûlés pendant un incendie, puis enterrés sous les décombres; on les a laissés tels quels, pour montrer au visiteur l'état dans lequel cette sorte d'objet est au sortir de terre. C'est un mélange de statues, de vases et de pièces diverses agglutinées les unes aux autres, et parmi lesquelles on remarque deux admirables statuettes assises de Bastit, la déesse à tête de chatte. — XXVIe dynastie.

Deux des armoires adossées au mur oriental contiennent la fin des petits bronzes.

Armoire C.

Pentures de portes en bronze, pieds de fauteuils en calcaire (n° 484), galets en pierre et en terre émaillée, percés au centre d'un trou rond, qui ont servi à l'ornementation de pieds de lits ou de fauteuils (n°ˢ 485, 486).

Armoire D.

Collection de briques estampées ; on remarque, sur celles qui portent les empreintes les plus nettes, le nom d'Isimkhabiou (n° 476). Les briques en quart de cercle qui sont entassées au bas de l'armoire (n° 477) proviennent de Louxor et sont d'époque romaine; elles formaient, par la réunion des quatre segments, les assises d'une colonne ronde.

Armoire E.

Elle est consacrée aux pentures de portes en bronze ; les lions en bronze ont fait peut-être partie d'énormes serrures (n° 502), et sont de très bon style saïte. Le petit sphinx couché, muni de bras humains qui tiennent un vase d'offrande, est un peu plus ancien, ainsi que le bouquetin couché, qui servait de support à un bras de siège.

748, 749, 750 et 751. — Bronze. — Haut. moy. 0 m. 03 cent. et 0 m. 05 cent.

Ces petits cubes proviennent du temple de Tanis. Ils semblent avoir servi de pieds à des coffrets en ivoire et en bois précieux. Chacun d'eux porte, gravés au trait puis relevés d'argent, des noms de divinités, le cartouche du dieu thébain Khonsou, etc. Le style des inscriptions nous ramène à la XXI° dynastie, plutôt même à l'époque saïto-persane.

Centre de la Salle.

Vitrine F.

Les bronzes qui y sont réunis proviennent d'une trouvaille faite en 1901 à Bédréchéin par Daninos pacha. Ils semblent avoir été apportés de Thèbes vers l'époque saïte. A la suite de quelque événement inconnu, peut-être au temps de la révolte d'Inaros, ils furent arrachés violemment, et l'un des voleurs enterra sa part du butin au fond d'une cachette, pratiquée dans l'épaisseur d'un mur en briques appartenant à un édifice mal défini. C'étaient des masses d'objets brisés et agglutinés par l'oxyde. Au nettoyage, on reconnut que la plus grande partie d'entre eux étaient des plaques en cuivre ou en bronze, les unes décorées de dessins au trait, les autres découpées et travaillées en relief, qui avaient fait partie de la décoration inférieure d'une porte, ou d'une ou plusieurs de ces chaises à porteurs dont les Pharaons se servaient dans leurs pompes triomphales. Chacune d'elle représente un roi casqué ou un dieu Nil debout, marchant et portant devant lui, à deux mains, une table d'offrandes, sur laquelle sont posés des vases à libations et d'où pendent des gerbes de fleurs. Les cartouches sur lesquels les fleurs viennent s'appuyer sont vides pour la plupart; dans ceux qui ont une inscription, on reconnaît les noms du dieu Osiris, de Thoutmôsis III, d'Osorkon III, de Psammétique II, d'Ahmasis. Les disques sont pour la plupart des miroirs, dont la face extérieure est décorée au trait de dessins fort délicats. L'un de ces disques, incomplet, portait une représentation des scènes de la procession du dieu Minou, semblables à celles qu'on voit sur les murs des temples thébains.

J'ai l'impression que ces morceaux faisaient partie du mobilier d'une princesse thébaine, mariée à Memphis vers le milieu de la XXVI° dynastie.

Le reste de la trouvaille comprend des pièces intéressantes pour l'étude des procédés de la métallurgie en Égypte. Le fragment de statue agenouillée montre comment on emboîtait les pièces, fondues séparément, du torse et des reins : les bras, les fragments de vêtements, la main gigantesque tenant un vase à eau, sont d'un travail remarquable.

Sur la paroi ouest, à côté de la porte qui mène à la salle K, on voit :

À gauche :

463 et 464. — Calcaire émaillé et peint. — Haut. o m. 38 cent. et o m. 37 cent., larg. o m. 98 cent. et o m. 67 cent. — *Tell-Yahoudiyeh*, près de Chibin-el-Kanater.

Fragments d'autels (?) ornés de lotus et de fleurons. Le n° 463 est exposé tel qu'il a été trouvé dans les ruines du temple; le n° 464 est restauré. Le temple de Tell-Yahoudiyeh, maintenant complètement démoli, appartenait à l'époque de Ramsès III; sa décoration en terre émaillée en faisait un monument unique dans l'Égypte ancienne. — XX° dynastie.

À droite :

721. — Bronze. — Haut. o m. 26 cent., long. o m. 64 cent.

Ce magnifique lion, au nom du roi Apriès, porte entre les pattes de devant l'attache d'une chaîne, dont nous n'avons plus aujourd'hui qu'un morceau plus ou moins long. A la partie postérieure de l'espèce de boîte oblongue à travers laquelle la bête semble passer, est un trou quadrangulaire qui permet d'introduire la main.

Mariette pense qu'il est à peu près certain que ce monument est une sorte d'énorme serrure ou de cadenas. A l'extrémité de la chaîne devait être ajusté un appareil qu'on introduisait dans l'ouverture quadrangulaire de l'autre extrémité. Une fois l'appareil en place, le cadenas était fermé.

SALLE M.

La salle M, qui termine la galerie est vers le nord, est consacrée toute entière à l'exposition des monuments coptes. Contre le premier pilastre est, qui la sépare de la salle L, est adossé un meuble en bois découvert en 1900 par M. Quibell, à Kom Ichgaou. La face tournée vers le spectateur, la seule décorée, porte au centre du panneau un petit bas-relief représentant un lion qui saisit un lièvre à très longues oreilles. — viie ou viiie siècle après J.-C.

Sur le pilastre qui lui fait face on a disposé des bois provenant de l'église funéraire de Bawît, et recueillis en 1901 par l'inspecteur Mohammed effendi Chaban : portes en panneaux rapportés, de style analogue aux portes des mosquées fatimites, frises décorées de rinceaux, et surtout un montant de porte (n° 32925) représentant un évangéliste debout dans une niche voûtée et encadrée de deux colonnes : au-dessus, la croix grecque encastrée dans une couronne de feuillage.

Sur la paroi est on voit dans l'ordre suivant :

Armoire A.

Clefs en cuivre forgé et ciselé, dont les deux plus grandes (n°s 411 et 412) proviennent du Déîr-el-Abyad :

bagues, bijoux, cymbales à clochettes ou sistres (n° 413) employés dans les églises aux mêmes usages que nos clochettes ordinaires; icône ou image sainte (n° 414) du xi⁰ ou du xii⁰ siècle, avec inscription copte et arabe; lampes en forme ordinaire, relevées d'une croix à la poignée; lampes en forme de colombe, dont l'une a encore ses chaînes (n°⁵ 418, 419) de suspension; ampoules; peignes en bois. Deux grandes plaques en argent, relevées de croix et d'ornements dorés, sont des reliures d'évangéliaires. On lit sur la plus petite, qui provient de Louxor (n° 1326 *bis*, haut. o m. 25 cent., larg. o m. 10 cent.), le nom de l'ABBA-ABPAMIoYEΠICKoΠoY, en beaux caractères du vii⁰ ou viii⁰ siècle. La plus grande, qui appartint à l'AΠABI-CAMMωN, est peut-être un peu plus moderne. La croix d'argent et d'or qui les accompagne (n° 1326, haut. o m. 30 c. larg. o m. 20 c.), provient également du trésor de l'église copte dont les ruines ont été retrouvées par M. Grébaut, à l'ouest de la grande colonnade du temple de Louxor. Elle porte sur ses quatre bras la légende suivante : EYXAPIC-THPIONTAPITCENHCYΠEPANAΠAYCEωCΨYXH-CΔIΔYMOY, qui montre que l'objet a été consacré par la dame Taritsenê pour le repos de l'âme de Didyme. Au centre, sous l'icône, un bas-relief en bois, du xi⁰ ou du xii⁰ siècle, représente un ange ailé et cuirassé qui s'élance à travers l'espace, la roue à la main, pour écraser la femme couchée à ses pieds.

Armoire B.

Elle renferme une collection de panneaux et d'ais sculptés provenant de meubles analogues au meuble décrit précédemment p. 254, entre autres, deux panneaux avec images de Saint-Georges (n°⁵ 420 et 421), et un troisième avec le symbole de la colombe (n° 422), qui remonte au ix° ou au x° siècle. Le beau vase à glaçure changeante et la croix en mosaïque qu'on voit au centre de l'armoire sont d'une époque beaucoup plus récente; la dernière n'est probablement pas de travail égyptien, et elle semble ne pouvoir être plus ancienne que le xvii° siècle.

Dans le bas de l'armoire, à gauche, sont entassés des marques d'amphore et des cachets de terre cuite.

427. — Terre sèche blanchie à la chaux. — Haut. 0 m. 30 cent., larg. 1 m. 30 cent. — *Thèbes (Déîr-el-Bahari).*

Au mois de février 1883, en déblayant le tombeau où se trouvait le sarcophage de Tagi (n° 410), je découvris que les chrétiens l'avaient transformé en église consacrée à Saint-Épiphane, vers le v° siècle de notre ère, pour le compte d'une des nombreuses laures établies sur le versant de la vallée de Déîr-el-Bahari. Le couloir du fond fut bouché, et le couloir d'entrée prolongé par deux murs de briques, de manière à former une véritable croix grecque avec la chambre d'entrée du tombeau ancien. On y descendait par un petit escalier de quatre marches : de chaque côté du bras d'entrée comme des bras transversaux, les murs étaient décorés de stèles en terre battue, arrondies au sommet, recouvertes d'un lait de chaux, sur lesquelles des moines pieux et instruits avaient écrit à l'encre rouge des sentences des Pères, Saint-Cyrille, Saint-Basile, des professions de foi, des sermons entiers, pour la plupart traduits du grec. J'ai retrouvé les débris de trois de ces stèles avec des fragments de sermons sur la création, sur la divinité du Christ, sur la virginité de Marie, et une stèle entière que j'ai réussi à détacher de la muraille et à transporter au Musée.

Le texte est divisé en trois colonnes de largeur et de contenance inégales. Il renferme un sermon contre les hérésies, qui paraît être de Saint-Basile, et qui se termine par la prière accoutumée en l'honneur de l'empereur et de sa famille. La première moitié, environ, était écrite sur une autre stèle, détruite aujourd'hui. Sur le cadre de la nôtre, le même moine avait copié un second sermon ; j'ai rétabli, à l'endroit où se voyaient des traces d'écriture, un fragment appartenant à une troisième stèle, pour montrer au visiteur quelle était la disposition de l'ensemble.

Sur la paroi ouest de la salle, en partant du sud, les monuments et les vitrines se succèdent dans l'ordre suivant :

Armoire C.

Ustensiles en bronze et ornements d'église : chandelier en forme de croix (n° 402) ; encensoirs (n°ˢ 403 et 404) : brûle-parfums (n° 405).

Armoire D.

Poteries coptes, de classement encore incertain. On a trouvé des fragments du même style à Éléphantine et à Philæ, avec des objets qui paraissent dater du vii͏ͤ et du viii͏ͤ siècle.

Au milieu de la salle, on rencontre successivement, en marchant du sud au nord :

Armoire E.

Elle contient des objets coptes de nature diverse : une omoplate de chameau, portant des inscriptions coptes à l'encre noire ; deux plaquettes en bois avec un beau spécimen d'écriture soignée, et des plaques en terre cuite portant des inscriptions diverses ou le monogramme du Christ.

Vitrine F.

Elle contient des spécimens d'écriture copte sur papyrus.

Cage G.

Belles lampes d'église en bronze (n°˙ 406 et 407, hauteur moyenne o m. 30 cent.). Elles se composent d'un pied en forme de candélabre, surmonté d'un petit plateau rond et aplati, d'où sort une pointe aiguë, analogue à celle qu'on voit communément dans les chandeliers des églises italiennes, et qui supportait la lampe proprement dite. Celle-ci était ouverte à la partie supérieure et avait une poignée, mais surmontée d'une croix. Elle était munie d'une sorte de coquille en bronze, qu'on levait, pour servir de réflecteur, au moment d'allumer la mèche, et qu'on abaissait, en guise de couvercle, lorsque la lampe était éteinte.

Tous les autres objets appartiennent également à l'âge copte : pots et bouteilles en bronze, bassins et marmites (n°˙ 408 et 409) ; aiguière ou burette ; lustre (n° 410).

Les deux dernières vitrines contiennent deux momies d'époque copte, provenant d'Akhmîm, et qui présentent un aspect informe sous les toiles qui les enveloppent. Le n° 428 étale à l'extérieur une longue bande tissée de pourpre violette ; le n° 429 porte, écrit sur l'enveloppe extérieure en gros caractères, le nom ΠΑΦΝΟΥΤΙοC.

SALLE N.

La salle N contient la série des terres cuites et une partie des portraits de l'époque gréco-romaine, puis les monuments qui portent des inscriptions en langues sémitiques, assyrien, phénicien, araméen, syriaque, ou en l'un des idiomes asianiques.

Ces derniers monuments sont exposés à droite et à gauche de la porte qui ouvre sur la salle M.

À droite de la porte :

Armoire A.

436. — Grès. — Haut. 0 m. 20 cent. — *Dakkéh.*

Petite table d'offrandes portant une inscription en caractères démotiques du royaume d'Éthiopie. — Époque ptolémaïque.

438. — Calcaire. — Haut. 0 m. 58 cent., larg. 0 m. 40 cent. — *Basse-Égypte.*

Stèle carrée en forme de naos. Sur la frise, le disque solaire étend ses ailes; il est répété au-dessus de la porte. Dans l'intérieur du naos, sur un piedestal, est représenté à droite un dieu habillé à l'asiatique et coiffé de la haute mitre syrienne, mais tenant à la main le sceptre des dieux égyptiens : il est debout sur un lion passant et reçoit l'offrande d'un personnage qui, juché sur un tabouret fort haut, arrose de libations un petit autel. Sur la tête du dieu plane le disque solaire combiné avec le croissant de la lune; deux autres croissants lunaires sont dessinés à droite et à gauche, et au-dessus deux oreilles, emblème du dieu qui écoute la prière du fidèle. Aucune inscription ne nous révèle le nom de la divinité, ni la date exacte du monument. — Époque persane.

439. — Bronze perse provenant de Daphnæ.

440. — Bronze.
Sphinx ailé, de travail perse.

441 et **442.** — Papyrus phéniciens et araméens.

443. — Cylindres babyloniens de Nabuchodorosor, trouvés, dit-on, dans l'isthme. Énumération de quelques édifices construits par le roi à Babylone, entre autres un temple au soleil couchant. — XXVIe dynastie.

701 *bis.* — Calcaire. — Haut. 0 m. 27 cent., larg. 0 m. 21 cent. — *Sérapéum.*
Stèle du roi Apriès, consacrée par un personnage, probablement un interprète, dont le nom écrit en hiéroglyphes, se lit Pirami; on voit, dans le centre et sur la droite de la scène centrale, une inscription carienne inexpliquée jusqu'à présent.

À gauche de la porte :

Armoire B.

Vases avec inscriptions phéniciennes; l'un d'eux (n° 432), avec double inscription, en phénicien et en démotique, vient de Gournah (Thèbes).

445. — Terre sèche crépie à la chaux. — Haut. o m. 37 cent., larg. o m. 30 cent. — *Thèbes*.

L'Oraison Dominicale en syriaque. Ce fragment a été détaché des murs de l'église Saint-Épiphane, découverte en 1883 (voir p. 256, n° 427).

Dans les deux vitrines plates C et D, placées chacune dans un angle opposé de la salle, on a exposé une série des tablettes cunéiformes découvertes à El-Amarna en 1887, et qui portent une partie de la correspondance entretenue par la chancellerie du roi Khouniatonou-Aménôthès IV, de la XVIII⁰ dynastie, avec ses vassaux et avec les princes de l'Asie, depuis la Syrie jusqu'à Babylone. On sait que les relations de ce prince avec les nations étrangères lui attirèrent la haine des prêtres d'Amon, ennemis absolus des Asiatiques ; d'où résulta la proscription du culte du dieu et la persécution dirigée contre ses sectateurs. L'ensemble de la trouvaille a été publié par Winckler et Abel, *die Thontafeln von El-Amarna*, F. 1, 2, 3 des publications orientales des Musés Royaux de Berlin. Le catalogue de la partie qui se trouve dans notre collection a été rédigé sur les notes de Sayce. On y voit une lettre dans le langage encore mal connu d'Arzapi (n° 1, Winckler 10); une lettre d'Assouroubailit, roi d'Assyrie, à Aménôthès IV (n° 4, Winckler 9); une autre du roi d'Alasia (n° 24, Winckler 12); une autre de Kallimasin, roi de Babylone, en réponse à celle par laquelle le roi d'Égypte lui demandait sa plus jeune fille en mariage (n° 28, Winckler 1). Les autres ont trait aux affaires de la province égyptienne de Syrie, surtout à ce qui concerne les révoltes et les guerres intestines de la Palestine et de la côte phénicienne. Deux fragments seulement (n°⁸ 55-56, Winckler 239) nous offrent les débris d'un texte mythologique.

431. — Bois. — Long. 2 m., larg. o m. 60 cent., haut. o m. 39 cent. — *Sakkarah.*

Cercueils de bois très épais, portant une inscription funéraire conçue dans le dialecte Minnéen de l'Himyarite. A l'époque ptolémaïque, les relations commerciales établies entre l'Égypte et les peuples de l'Arabie méridionale attiraient beaucoup de négociants et de mercenaires minnéens aux bords du Nil. L'un d'eux mourut à Memphis, et c'est son cercueil qui est exposé aujourd'hui sous le n° 431.

1° Portraits Grecs.

On a réuni sur deux panneaux, au nord et au sud de la salle, un certain nombre de portraits peints à la cire ou à la gouache à l'époque romaine. Vers le 1er siècle après J.-C., l'usage s'établit, dans certaines parties de l'Égypte et surtout au Fayoum, de remplacer le masque en relief des momies par un panneau de bois, sur lequel le portrait du mort était peint selon les conventions et les procédés de l'art grec. Une inscription datée de Marc-Aurèle, trouvée en même temps que les n°s 1264, 1265, exposés dans la galerie O, permet de dater ces portraits et, par suite, la meilleure partie de notre collection, de la fin du II° siècle de notre ère.

2° Terres Cuites et Verreries.

Côté sud de la Salle.

Armoire E.

Terres cuites, statuettes, masques et figures grotesques, notamment les images du dieu Bisou (côté gauche, rangées inférieures); jolie statuette de faune (n° 316, côté gauche, quatrième rangée); statuettes d'Astarté; séries de têtes féminines diversement coiffées; petits monuments du culte d'Isis et de Sérapis.

1323. — Parchemin. — Haut. des pages, o m. 15 cent., larg. o m. 12 cent. — *Akhmim*.

Trente-trois feuilles de parchemin, ayant formé un livre recouvert en carton et en cuir; sur la première page est dessinée une croix copte. Les pages 2 à 10 renferment l'évangile apocryphe de Saint-Pierre; les folios 11 et 12 sont blancs; les pages 13 à 19 contiennent l'apocalypse de Saint-Pierre, et les pages 21 à 66 la majeure partie du Livre d'Énoch, le tout en grec.

1324. — Papyrus. — Haut. des pages o m. 315 mill., larg. o m. 275 mill. — *Akhmim*.

Les feuilles, montées entre deux verres, composaient primitivement un livre recouvert en cuir. La première page contient une table de division. Les suivantes renferment un recueil de problèmes d'arithmétique élémentaire. — vi^e ou viie siècle de notre ère.

Armoire F.

Cette armoire contient des séries d'animaux, dont les plus intéressants sont les chameaux et les éléphants (317 et 317 *bis*). Le chameau était inconnu à l'Égypte pharaonique et ne paraît y avoir été introduit qu'à l'époque gréco-romaine, encore n'y était-il que peu répandu : nos figurines de chameaux datent du 1er siècle avant J.-C. ou du premier après. Les éléphants étaient nombreux en Syrie vers le xvie siècle avant notre ère, et l'une des peintures du tombeau de Rakhmiri, à Thèbes, nous montre un jeune éléphant amené en tribut par les Syriens en compagnie d'un ours isabelle du Liban. Les Ptolémées, voulant opposer des troupeaux d'éléphants de guerre aux bandes des ro's Séleucides et ne pouvant s'approvisionner dans l'Inde, essayèrent de dresser l'éléphant d'Afrique et entreprirent de grandes chasses dans les régions qui bordent la côte de la Mer Rouge et jusqu'en Abyssinie : à cette occasion ils fondèrent des postes spéciaux, Ptolémais epi théras, Berenice epi théras. Nos figurines d'éléphants les plus anciennes datent de l'époque ptolémaïque et représentent ces éléphants d'Afrique.

Armoire G.

Elle contient des verreries et des fragments mal classés, d'époque gréco-romaine, statues en marbre, poteries, bas-reliefs.

Armoire H.

Terres cuites de basse époque, provenant principalement du Fayoum. La plupart représentent ou des Aphrodites, coiffées d'une large stéphané, ou des Harpocrate ou Horus enfant, très éloignés de l'ancien type égyptien. On ne les reconnaît guère qu'à la tresse pendante et au doigt enfoncé dans la bouche. Ils sont tantôt assis sur des oies ou sur des chevaux, tantôt debout et appuyés contre un socle, tantôt embarassés d'une amphore sous le bras. Par exception, une de ces statuettes (côté droit, troisième rangée, n° 315) porte une inscription hiéroglyphique.

Côté nord de la Salle.

Armoire I.

Elle renferme un mélange de menus objets de provenances diverses. Sur les deux premières tablettes du haut, sont rangées des anses d'amphore, rhodiennes pour la plupart, et analogues à celles qu'on voit en si grand nombre dans notre Musée d'Alexandrie : elles portent, imprimé en creux, le nom de l'exportateur ou du magistrat sous lequel l'amphore avait été exportée. Sur les deux tablettes suivantes on trouve des tablettes d'écolier provenant d'Antinoé, la plupart de basse époque romaine, et des moules en bois qui étaient destinés à imprimer, les uns des inscriptions, les autres des emblèmes ou des scènes mythologiques sur des objets en terre cuite.

Au bas de l'armoire on a entassé des bronzes d'époque romaine, surtout des anses détachées de vases perdus.

Armoire J.

Elle contient des statuettes et des morceaux de sculpture de l'époque romaine, parmi lesquelles on remarque :

387. — Marbre blanc. — Haut. o m. 60 cent. — *Sakkarah*.

Une Isis debout, vêtue de la tunique longue. De la main gauche elle relève les plis de sa robe ; le bras droit, qui tenait la patère, avait été rapporté dans l'antiquité et manque. Les draperies sont lourdes et la tête n'est pas en proportion avec le reste du corps : l'ensemble ne manque pas cependant d'une certaine distinction. — II° siècle après J.-C.

388. — Marbre blanc.
Beau fragment de vase grec.

390. — Granit noir. — Haut. 0 m. 60 cent. — *Naucratis.*

Statuette d'Isis. La déesse debout, vêtue d'une robe plissée, tient une fleur de lotus. Ses yeux étaient incrustés et sont vides aujourd'hui ; les pieds manquent. — Époque ptolémaïque.

391. — Porphyre. — Haut. 0 m. 70 cent.

Fragment de statuette. La tête, les bras et les pieds qui étaient rapportés, et probablement en marbre, manquent. — IIIe siècle après J.-C.

383. — Marbre blanc. — Haut. 0 m. 36 cent. — *Coptos.*

Fragment d'une statue de Vénus, de même pose probablement que la statuette de la salle O.

399. — Granit gris. — Haut. moy. 0 m. 53 cent.

Les quatre statues ont été trouvées à Dimêh. Elles portent des inscriptions démotiques et grecques. Cfr., au rez-de-chaussée, dans la salle grecque, le naos 305, qui provient aussi de Dimêh, et qui est du règne de Tibère Claude.

Armoire K.

Nombreuses pièces de verrerie, de formes variées (n°s 322, 323, 324, 325, 326, 327, 328, 329). Le n° 326 est très curieux pour l'histoire de la technique. L'ampoule de verre transparent qui en forme le corps est habillée d'un réseau en bâtons de verre opaque, bleu et rouge, soudés l'un à l'autre et au corps. Des anses bleues et rouges, garnies d'anneaux libres de même couleur, s'emmanchent sur le col. Le n° 330 montre une tête finement gravée sur un morceau de verre.

Armoire L.

La collection des lampes en terre cuite du Fayoum renferme quelques spécimens assez remarquables. Le n° 318 est orné très délicatement : sur le plat, on a figuré en relief léger une barque montée par des Amours. Le n° 319 a la forme d'un buste de déesse, dont le support se creusait pour recevoir la lampe. D'autres simulent de petits édifices, temples, chapelles, maisons à plusieurs étages, d'un intérêt réel pour l'étude de l'architecture civile à l'époque gréco-romaine. D'autres ont la forme de barques, de têtes ou de masques tragiques ou comiques. Plusieurs sont percées d'un grand nombre de trous, ainsi les n°s 320 et 331.

GALERIE O.

On y a réuni, avec la fin des statuettes et des objets civils de l'époque gréco-romaine, les cartonnages, les cercueils les masques de momies, et, d'une manière générale, tout l'appareil funéraire des en usage aux derniers temps de l'Égypte païenne.

Palier du haut de l'escalier est.

Contre les deux piliers qui séparent la salle M du palier est de la galerie O, sont adossés :

351. — Calcaire. — Haut. 0 m. 35 cent. — *Mit Rahineh.*

Fragment de statuette représentant Alexandre (?) en Hercule. Elle est de l'époque des derniers Antonins ou des Sévères.

336. — CALCAIRE. — Haut. 0 m. 60 cent. — *Alexandrie.*

Charmante statuette d'Aphrodite. La déesse nue, appuyée contre un dauphin, levait les bras pour nouer la bandelette qui lui retenait les cheveux. La partie inférieure a été restaurée en 1885 par le sculpteur Mercié, de passage au Caire, et exécutée en marbre par M. Barsanti. C'est une œuvre charmante, du 1.e siècle avant J.-C., l'une de celles qui nous permettent le mieux de nous faire une idée de ce qu'était l'art grec d'Alexandrie.

Paroi est.

ARMOIRE A.

Elle contient des statuettes alexandrines qui, pour la plupart, rappellent d'assez loin le style de Tanagra. Il convient de signaler le n° 385 (haut. 0 m. 08 cent., long. 0 m. 11 cent.), qui a été trouvé près de Kom-Gayef, du temps de Mariette, et qui, par conséquent, est originaire de Naucratis. L'artiste y a représenté un épisode ordinaire des fêtes bacchiques. Un faune, en voulant danser, selon l'usage, sur une peau de bouc huilée et gonflée, est tombé à terre et serre dans ses bras le col de l'outre ; son vêtement, soulevé par la chute, s'enfle derrière lui et n'a pas encore eu le temps de s'affaisser. Le morceau est charmant de conception et d'exécution, et je le placerai volontiers au IIIe siècle avant notre ère.

ARMOIRE B.

Toutes ces momies proviennent d'Akhmîm, l'ancienne Panopolis. Si l'embaumement est moins soigné qu'à l'époque pharaonique, l'équipement extérieur de la momie est beaucoup plus complet depuis l'époque grecque ; masque doré, armure de cartonnages peints où domine la couleur rose, bandelettes croisées, habillent le cadavre et dissimulent l'apparence de la mort. La plus petite de ces momies est celle d'une jeune femme, habillée à la mode des premiers temps du III° siècle avant J.-C., avec une robe collante en une de ces étoffes rayées multicolores, que l'on fabrique encore aujourd'hui à Akhmîm. Les lignes du nez, du menton et des yeux ont été accentuées de traits roses dont quelques-uns marquent peut-être des tatouages. La chevelure est surmontée d'une épaisse couronne où il est permis de reconnaître les fleurs du *Delphinium Orientale*.

Sur le dessus des armoires, on a rangé des vases funéraires grecs provenant des tombeaux d'Alexandrie.

Armoire C.

L'armoire C renferme la suite des terres cuites d'époque ptolémaïque et grecque, gourdes, anses d'amphores, vases de forme diverse, figurines parmi lesquelles on remarque :

371. — Terre cuite. — Haut. 0 m. 19 cent., long. 245 mill. — *Alexandrie*.

Bas-relief de style archaïque, paraissant représenter une scène de l'Orestie. Électre, assise, pleure au pied du cippe funéraire d'Agamemnon. Oreste, qui vient d'arriver, se penche vers elle pour la consoler, tandis que son compagnon tient les chevaux.

Elle renferme également une collection de bijoux en or et en bronze, de pierres gravées, de dés et de tessères en ivoire de la même époque.

Vitrines D, E, F.

Les trois vitrines D, E, F, placées le long de la rampe du palier, contiennent des masques de momie en plâtre peint, provenant de Balansourah. Tous les types en sont gréco-romains, et le décor ne présente plus aucune trace d'influence égyptienne. Les têtes de femme sont particulièrement intéressantes, à cause des variétés qu'on y observe dans la disposition des cheveux. On pourrait presque faire, d'après elles, l'histoire de la coiffure féminine dans la Moyenne-Égypte, au IIe et au IIIe siècle après J.-C.

Milieu du palier.

On y remarque d'abord une fort belle momie d'époque ptolémaïque, couchée dans une cage vitrée. Elle provient du Fayoum, et le corps est enveloppé de bandelettes disposées artistiquement en losanges réguliers, dont le centre est indiqué par une sorte de macaron en pâte dorée. Ce maillot est arrêté à la hauteur des épaules par un ruban droit, incrusté de pâtes de verre translucide, multicolores, taillées en cabochons de manière à imiter des pierres précieuses, saphirs et émeraudes. Au-dessus de la tête de la momie est encadré dans la toile un panneau peint, qui nous donne le portrait de la morte. C'est une femme de trente-cinq ans environ, aux traits réguliers et énergiques mais durs, au nez aquilin, à la bouche longue et mince, aux grands yeux noirs cernés de kohol. Elle a un collier et des boucles d'oreilles en or incrustées de pierreries, et on voit, vers la naissance du cou, le commencement de la tunique couleur cendre de rose dont elle s'habillait pendant la vie. Elle porte la coiffure en diadème haut du temps des Antonins.

La vitrine voisine renferme deux des momies les plus curieuses du Musée.

397. — Toile et cuir. — Long. 1 m. 53 cent. et 1 m. 62 cent. — *Sakkarah.*

Le corps de la femme est enfermé dans une enveloppe en toile et en cuir cousu, dont les attaches sont maintenues par des sceaux intacts. Sur la face supérieure est peinte à la détrempe la figure de la femme ensevelie. Le costume, les chaussures, les bijoux, sont byzantins et fort analogues au costume des mosaïques de Ravenne. — Le corps de l'homme a disparu et il ne reste plus que la partie supérieure du linceul ; encore est-elle assez détériorée.

Les trois masques exposés dans la même vitrine proviennent de momies païennes des derniers temps ; les têtes sont couronnées de fleurs et les yeux sont bordés de noir pour imiter l'effet de la poudre d'antimoine.

384. — Granit noir. — Haut. 1 m. — *Menchiéh.*

Serpent du temple d'Esculape à Ptolémaïs de la Haute-Égypte. La tête est de mauvais travail moderne.

Mur nord de la Galerie.

En suivant le mur nord de la galerie O, on rencontre successivement :

Armoire G.

Elle contient des objets mobiliers en bronze, plats ronds, cuillers, brasiers, colliers. La pièce la plus curieuse est certainement la coupe en argent : elle représente un épervier, qui s'éploie et se creuse en forme de coquille, comme pour faire un panier à fruits. Le miroir en bronze, décoré de dessins au trait, est de bonne époque hellénique ; il et a été importé en Égypte de quelque cité de la Grèce propre ou de l'Asie Mineure.

393. — Pot rempli de monnaies de bronze agglutinées par l'oxyde; des types encore reconnaissables appartiennent à Dioclétien, à Constantin et aux empereurs contemporains. Trouvé enfoui à Mit-Farès (Fayoum), sous le seuil d'une maison antique.

Armoires H-I.

Momies et cartonnages provenant d'Akhmîm.

Armoire J.

Momies provenant du Fayoum (n° 252) et de Gébéléin (n° 353). On peut signaler un cercueil d'enfant en roseaux qui a la forme d'une chapelle, comme si l'on avait voulu identifier le petit mort à un dieu enfant, probablement à Harpocrate, l'Horus fils d'Isis et d'Osiris.

Armoire K.

Momies de basse époque provenant du Fayoum: cartonnages dorés et bandelettes. A droite, momies d'enfants. Sur deux d'entre elles (n°ˢ 334, 335), le masque doré est remplacé par le portrait du défunt mis à la place du visage.

Armoire L.

Collection de statuettes en bronze, d'époque gréco-romaine.

Mur méridional de la Galerie.

Le long du mur méridional, on rencontre en marchant de l'est à l'ouest:

Armoire M.

Ivoires et panneaux de bois plaqués d'ivoire, débris de coffrets d'époque romaine.

Armoire N.

Belles lampes en bronze (n⁰ˢ 338 et 339), candélabres et trépieds (n⁰ˢ 340, 341, 342, 343) ; grande plaque en plomb provenant d'un cercueil (n⁰ 344).

Armoire O.

400. — Bois. — Haut. 1 m. 91 cent., larg. 0 m. 58 cent.

Couvercle de cercueil en forme de façade de chapelle, renfermant la figure peinte d'un Osiris-momie vu de face. Les deux poings qui tenaient les sceptres du dieu étaient en relief et dorés : l'un d'eux a disparu. — Époque romaine.

Armoires P et R.

Masques de momies dont les uns sont complètement dorés, tandis que les autres sont blancs et roses, avec des couronnes de fleurs ; deux masques d'enfants sont exposés au centre de l'armoire P. Les masques suspendus le long des parois proviennent du Fayoum ; les autres ont été trouvés à Meïr. Tous sont d'époque romaine.

Vitrine Q.

Entre les deux armoires, dans la vitrine Q, un bouclier votif en bois, peint pour imiter le métal qui recouvrait les boucliers ordinaires.

Armoire S.

Suite des terres cuites alexandrines et gréco-romaines.

Armoire T.

Elle contient des pièces d'émail bleu d'époques romaine, byzantine et copte, parmi lesquels on remarque :

386. — Terre émaillée bleue. — Haut. o m. 21 cent., diam. o m. 20 cent. — *Sakkarah*.

Superbe vase dont le col et le pied sont ornés de guirlandes de fleurs d'olivier en relief. Une moitié seule est de travail antique ; le reste a été refait au Musée par Vassalli bey. — Époque ptolémaïque.

Un gros chien de même matière est remarquable à la fois par la grossièreté du modelé et par la beauté de la couleur. La statuette d'Anubis à corps humain, debout, a été malheureusement mutilée; le museau de la bête a disparu. Dans le corps de droite de l'armoire, on a réuni une petite collection d'objets trouvés sur le site des premiers établissements helléniques en Égypte, quelques antéfixes en terre cuite, notamment le n° 362, qui est peint. C'est une tête chypriote ou grecque de facture archaïque. Elle provient de Daphné, et elle doit avoir appartenu aux camps des mercenaires grecs des rois saïtes (cfr. le n° 376).

368. — Albâtre. — Haut. o m. 11 cent. — Environs de *Sais*.

Figurines de style grec archaïque ou chypriote, provenant des premiers colons de race héllénique établis en Égypte avant la conquête macédonienne. — XXVI⁰ dynastie.

382. — Morceaux de verre émaillés ou dorés. — *Alexandrie.*

Fragments de mosaïque.

Armoire U.

On y trouve la suite des momies à portrait provenant du Fayoum (v. p. 270 et 272). Le n° 337 était une jeune fille. Le portrait se détache sur un fond d'or serti de cabochons en verre multicolore : les mains et les plis du vêtement qu'elles retiennent sont dorés. Ces momies sont du II° siècle après notre ère.

Armoire V.

Les poteries qu'on y voit ont été trouvées en Égypte, mais elles ont été fabriquées en Grèce et importées à diverses époques. La plupart sont du IV° siècle ; on y rencontre pourtant des fragments de vases plus anciens, corinthiens du VI° siècle ou athéniens.

Centre de la Salle.

360. — Momie avec portrait peint sur bois. Le cartonnage est tout rose, avec des dorures représentant : 1° Le mort sur le lit funèbre : auprès de lui, Anubis, Isis et Nephthys ; 2° Thot et Horus, préparant la renaissance du défunt ; l'encens brûle sur deux autels en forme de chandeliers, devant la colonne et la double plume d'autruche ; 3° le mort se soulève de son lit pour ressusciter ou renaître ; 4° l'âme s'envole pour aller animer une nouvelle existence.

Dans la même cage, au pied de la momie, on a exposé :

1360. — Bois. — Haut. o m. 4o cent., larg. o m. 20 cent., prof. o m. 15 cent. — *Fayoum.*

Portrait de scribe peint à la gouache et disposé au fond d'une sorte de niche, ouverte sur les côtés et supportée par deux colonnes ; les instruments de son métier, une tablette et un stylet, ont été reproduits près de lui, dans le champ du tableau. — IIe siècle après J.-C.

361. — Larg. 1 m. 8o cent.

Momie du Fayoum, cousue dans une gaine de toile. Portrait peint sur bois.

396. — Long. 1 m. o5 cent.

Petite momie du Fayoum avec portrait de jeune fille.

Vitrine W.

Suite de la série des portraits exposés dans la salle N (v. plus haut, p. 262). Les deux portraits de jeune femme et de jeune homme, qui occupent le milieu du panneau sud, se distinguent des autres par une vigueur de dessin et par une fermeté d'exécution, qu'on n'a pas souvent l'occasion de constater dans les œuvres de cette espèce.

398. — Long. 1 m. 20 cent.

Petite momie du Fayoum, avec portrait de jeune fille.

357. — Long. 1 m. 72 cent.

Momie d'homme à portrait peint sur bois. — *Fayoum.*

354. — Long. 1 m. 60 cent.

Momie du type ordinaire, à masque doré, yeux incrustés et cartonnages peints; elle est encore entourée de ses guirlandes de fleurs. — Fayoum.

359. — Haut. 0 m. 77 cent.

Très riche masque doré, provenant de Meïr, avec incrustations en émail; scènes mythologiques en or.

356. — Plomb. — Long. 1 m. 85 cent. — Achat.

Cercueil d'époque romaine. On en a découvert beaucoup de ce genre à Sidon en Phénicie.

1315. — Long. 1 m. — *Meïr.*

Momie d'une enfant de trois ans, nommée Anoubias, fille d'Apion, avec masque et ornements en plâtre peint. Sous les pieds on lit la légende :

ANOYBIACAΠIωNOC

LΓEYΨYXI (*sic*).

Aux pieds on a exposé une pièce d'étoffe qui donne, tracée à l'encre, l'inscription suivante :

(*sic*)
ANOYBACCAPAΠIωNOC

MHTPOCEYΔAIMωNIΔOC

EBIωCENETHNEAωPOC

1322. — Bois. — Haut. 1 m. 65 cent., larg. 1 m. 46 cent.

Cercueil carré à couvercle en dos d'âne et momie de Théodinarin. La momie a le masque doré et le cartonnage peint de couleurs éclatantes. — Époque ptolémaïque.

355. — Long. 1 m. 50 cent.

Autre momie de Fayoum; on lit sur les bandelettes, à quatre reprises, l'inscription suivante tracée à l'encre :

ΑΡΤΕΜΙΔΩΡΑ ΑΩΡΕ ΕΥΨΥΧΕΙ L̄ΑΓ

qui donne le nom et l'âge de la morte. — Époque ptolémaïque.

394. — Bois. — Haut. 1 m. 92 cent., long. 1 m. 98 cent., larg. 0 m. 50 cent. — *Sérapéum.*

Sur une caisse rectangulaire repose une sorte de toit pointu, servant de couvercle au cercueil. Dans l'espèce de pignon triangulaire qui se dresse aux deux bouts, étaient encadrés des bas-reliefs en stuc peint (voir n° 345), représentant des sirènes aux ailes et aux pieds d'oiseau. Les trois montants de bois qui soutiennent le toit sont composés d'une série de petits rouleaux bien joints, donnant l'illusion des tuiles imbriquées qui couronnent le faîtage d'une maison. Les extrémités de ces trois montants étaient ornées de petits médaillons à tête de Méduse qui sont inscrits sous le n° 345 (v. p. 280). — II° siècle avant J.-C.

A droite et à gauche de ce cercueil, dans deux petites vitrines, on a exposé deux séries nouvelles de masques en plâtre provenant de momies de l'époque romaine. Les plus curieux sont compris sous les n°ˢ 1317-1318, à provenance de Balansourah. Dans cette localité, les momies de cette époque étaient couchées dans une caisse en bois très simple, et l'on posait sur les bandelettes, à la partie antérieure du corps, un buste en plâtre dont nous avons ici quelques spécimens. Le n° 1317 a le type romain avec les cheveux coupés court : le visage est doré. Le vêtement se compose d'une chlamyde blanche, avec de longues bandes et quelques ornements analogues à la croix gammée en pourpre violette. Une des mains tient une guirlande de roses.

393. — Bois. — Haut. 0 m. 46 cent., long. 1 m. 93 cent.

Sarcophage d'époque romaine. Peintures intéressantes : fleurs et ornements variés le long des parois; au pied du cercueil, derrière Anubis, un arbre et des arbustes assez bien exécutés. Les chairs des personnages sont peintes en rose. — Fayoum.

358. — Long. 1 m. 56 cent. — *Fayoum.*

Momie dans un cercueil rectangulaire en bois, avec ses guirlandes de fleurs. Masque doré. — Époque romaine.

La fin de la série gréco-romaine déborde sur le vestibule de la salle P, et en a pris le coin nord-est :

Armoire X.

349. — Parchemin. — *Gébéléin.*

Parchemin d'un roi Blemmye. Les Blemmyes, belliqueuse peuplade nubienne, désolèrent la Haute-Égypte par leurs incursions à partir du troisième siècle de l'ère chrétienne. Ils réussirent même à en occuper quelques provinces et ils s'établirent dans l'île de Philæ. — vi° siècle après J.-C.

Le haut de l'armoire est garni de plaquettes en bois, portant le nom, écrit en grec, des personnages au cou de la momie desquels elles étaient attachées. Par exception le n° 350 est en terre émaillée. — Époque romaine.

345. — Bois et stuc. — *Sérapéum.*

Frontons triangulaires en bois, tirés des pignons qui fermaient par devant et par derrière le toit pointu du sarcophage n° 394 (v. p. 278). Sur ces frontons, des bas-reliefs en stuc représentent des sirènes aux ailes et aux pieds d'oiseau. Auprès de ces bas-reliefs, on voit des médaillons ou antéfixes à tête de Méduse. Ces pièces ornaient les montants du sarcophage en question. - Époque ptolémaïque.

346 et 345. — Bois. — Haut. 0 m. 148 mill., larg. 0 m. 49 cent. — *Sérapéum.*

Ces tablettes appartenaient à un écolier de l'époque romaine. Elles portent encore sept vers de style homérique, remplis de fautes, avec une correction à la marge du quatrième vers. — Époque impériale.

348. — Bronze. — Haut. 0 m. 22 cent. — *Coptos.*

Ces deux plaques, découvertes en 1881, sont les deux feuilles d'un diplôme militaire délivré pendant le règne de Domitien, et accordant à un soldat un congé honorable (après 25 ans de service) avec les privilèges y attachés.

Les trois petites vitrines rangées en avant de cette armoire X, contiennent la fin de la série des masques trouvés à Balansourah et dans d'autres localités voisines de la Moyenne-Égypte.

SALON SEPTENTRIONAL.

On a réuni dans le salon septentrional les statuettes de divinités en bronze, en émail, en pierre dure et en diverses matières moins employées que les précédentes.

Au milieu, sous la grande arche qui sépare au nord le salon du vestibule de la salle P, on voit un groupe d'objets découverts à Sakkarah, dans la tombe d'un fonctionnaire de Nectanébo Ier, Psammétique, dont nous avons rencontré le cercueil au rez-de-chaussée, dans la galerie d'honneur.

1017. — BASALTE VERT. — Long. 0 m. 71 cent., larg. 0 m. 46 cent. — *Sakkarah.*

Table d'offrandes de Psammétique. La gravure en est extrêmement soignée, mais on peut remarquer une certaine affectation d'archaïsme dans le texte de l'inscription. Ainsi, l'un des titres de la légende si fruste que porte la statuette n° 1, se retrouve sous la même forme, mais très finement gravé, dans la légende de notre personnage. — XXXe dynastie.

1018. — BASALTE VERT. — Haut. 0 m. 90 cent. — *Sakkarah.*

Statue d'Osiris, l'un des chefs-d'œuvres de la statuaire égyptienne au plus beau moment de la seconde renaissance saïte. Malgré la dureté de la matière, l'artiste a su rendre le modelé du corps momifié sous les bandelettes et de la face nue, avec une exactitude et une délicatesse imperturbables. — XXXe dynastie.

1019. — Serpentine. — Haut. 0 m. 89 cent. — *Sakkarah.*

Statue d'Isis, aussi admirable en son genre que la statue d'Osiris décrite sous le n° 1018. — XXX° dynastie.

1020. — Serpentine. — Haut. 0 m. 97 cent., long. 1 m. 03 cent. — *Sakkarah.*

Psammétique lui-même, représenté debout en avant la vache Hathor, le dos à la poitrine de la bête. Celle-ci allonge sa tête fine au-dessus de l'homme pour le protéger, et l'ensemble est empreint d'un sentiment de douceur mélancolique. — XXX° dynastie.

Centre de la Salle.

Vitrine A.

En avançant dans le salon, au centre de la salle, on rencontre, au milieu de la vitrine A, un magnifique vase de granit noir en forme de cœur (n° 1006), consacré au dieu Thot par le roi Apriès (XXVI° dynastie). Les compartiments de la vitrine renferment des insignes et des pièces d'ornement en terre émaillée, en pierre et en bronze :

A. — Le compartiment A est consacré entier aux bagues en émail bleu de la XVIII° dynastie, recueillies pour la plupart à Thèbes et à El-Amarna. Le châton porte parfois un cartouche de roi, souvent un nom ou une image du dieu sous la protection de qui le porteur de la bague se rangeait, parfois un emblème contre la jettature, l'œil mystique, la tête d'Hathor, un poisson, un lotus, un scarabée.

B. — Ornements de tête en bronze, provenant de statues et de statuettes aujourd'hui perdues, les deux plumes d'Amon et d'Anhouri ⊥, le bouquet de plumes de Bisou, le lotus de Nefertoumou, le bouquet de lotus 🙰 d'Hapi le dieu Nil et de ses compagnes, les cornes des déesses et des dieux solaires, simples ∨ ou combinées avec des emblèmes divers, les deux plumes, le disque, l'uræus; les deux cornes flamboyantes ⚊ ; la tresse de cheveux) qui est l'indice des dieux-enfants ; enfin des simulacres de barbe J. Les Égyptiens de l'époque historique se rasaient le visage et la tête, mais la plupart de leurs rites funéraires ou religieux remontaient à une époque où l'on avait porté la barbe et les cheveux longs : pour que ces rites eussent leur pleine valeur, il fallait que celui qui les accomplissait s'affublât d'une perruque et d'une barbe en crin tressé, en cuir, même en bois, qu'il attachait à sa perruque au moyen de deux lanières en cuir ou en étoffe épousant le contour des joues. C'est cette barbe postiche qu'on voit, avec des variantes, au menton des dieux ou des rois, et dont les simulacres en bronze sont classés dans notre compartiment B.

C. — Pièces de collier, en or, en verre, en pierres précieuses, en émail bleu. La plupart sont de simples perles rondes ; d'autres ont la forme de petites bouteilles, de scarabéoïdes, de fleurs de lotus. Un fragment de collier en *cypræa* de pâte bleue, enfilées sur un fil d'or, provient d'Abydos.

D. — Suite des pièces de collier, la plupart en émail bleu. Beaucoup d'entre elles ont la forme de cartouches au nom de Ramsès II; la plupart imitent les amulettes décrits dans la salle C, vitrines F et H (cfr. p. 189-197). Une pâte bleue coulée représente un des dieux cananéens naturalisés en

Égypte, Rashpou, le Resheph des inscriptions phéniciennes, debout, armé de la lance, du bouclier et du casse-tête : il est reconnaissable à la tête de gazelle qui sort de son casque et qui lui ombrage le front.

E. — Divers amulettes et figurines provenant de sarcophages trouvés par Vassalli bey au Fayoum, dans les ruines voisines de Hawara. Ils étaient incrustés sur la fine couche de plâtre qui recouvrait le bois, et ils y formaient des tableaux et des légendes d'un effet charmant. On y remarque l'image de la déesse Maït (n° 1011), au corps rouge, aux chairs bleu turquois, à la perruque bleu sombre, à la plume et au collier multicolores ; la tête de femme aux chairs bleu turquois, relevé de noir, et à la perruque noire (n° 1012) ; l'épervier en pâte noire ciselée et relevée de bleu turquois ; enfin les deux chacals en jayet (n° 1013), les deux Ouapouaïtou, qui ouvrent les voies du ciel du nord et du ciel du sud à la barque du soleil.

F. — Pâtes de verre translucides ou opaques. Quelques-unes sont des plus curieuses pour l'histoire de la technique du verrier. Elles sont formées d'un assemblage de fils ou de bâtonnets multicolores, agglutinés puis tirés en longueur de manière à former des bâtons qui, débités en tranches, produisent des décors géométriques, des fleurs, des inscriptions, de petits tableaux ; plusieurs de celles qui sont réunies dans ce compartiment montrent, sur un fond rouge encadré de blanc, l'image d'un singe verdâtre tacheté de noir et de jaune, et qui ramasse un fruit verdâtre comme lui (n°⁸ 772, 772 *bis*). Le n° 773 est une tête de singe en ronde bosse, bleu turquois avec les détails en jaune et en blanc. Toutes ces pièces si curieuses sont de l'époque gréco-romaine.

G. — Sceptres et insignes de divinité, en bronze: fouet des dieux ithyphalliques ⟨; sceptres de déesses en tige de lotus avec la fleur épanouie, simple ⚶ ou surmontée d'un serpent ⚶, poignets de sistres; égides à tête de lion et de chatte; contrepoids de l'instrument appelé ⚶ *monaït* (v. p. 193).

1007. — Bronze. — Haut. 0 m. 35 cent.

Image d'Isis ou Nephtys, debout, étendant les bras. Le bronze, évidé en plusieurs endroits, avait dû être incrusté d'émaux et de pierres dures. — Époque saïte.

H. — Cachets et bagues en bronze, en calcaire, en bois, en cristal, formant cachets : le chaton a parfois la forme d'un scarabée mobile sur un pivot métallique.

Partie est du Salon.

A l'est de la vitrine A, et marchant vers la salle M, on rencontre successivement :

Cage B.

On a réuni dans la cage B toute une série d'objets de diverse nature, remarquables par la finesse du travail ou par la beauté de la matière.

Centre de la cage.

Au haut de la cage, sur la plaquette supérieure, s'allonge un encensoir en bois doré, consistant en un manche à tête d'épervier qui se termine par une main allongée portant un vase ⚶ : il a été découvert à Diméh et il est d'époque ptolémaïque, mais il est identique par la forme aux encensoirs qu'on voit représentés sur les monuments de l'époque pharaonique. Autour de lui sont groupés des vases en pâte de verre multicolore, de la XVIII°, XIX° et XX° dynastie. Ils présentent toutes les variétés de décors et de couleurs de vases crus longtemps phéniciens, mais qui étaient en réalité de fabrication égyptienne, ainsi qu'il ressortira plus loin des verreries exposées dans la salle S.

Côté nord de la cage B.

Sur l'étage moyen sont rangés, au centre, un joli vase à parfum en albâtre, flanqué de deux pièces de faïence émaillée des plus curieuses :

877. — Faïence bleue. — Haut. o m. 13 cent., long. o m. 21 cent. — *Drah aboul-Neggah.*

Hippopotame debout, marchant dans les marais. Le dessinateur a tracé à l'encre noire, sur le corps de la bête, des roseaux et des lotus, au milieu desquels volent des oiseaux et des papillons : c'est une manière naïve de montrer l'hippopotame dans son milieu habituel. Ce curieux morceau a été découvert dans une tombe de la XI° dynastie avec l'hippopotame n° 887 *bis*, qui, couché paresseusement sur le flanc, allonge la tête sur les pattes de devant.

La jolie tête de femme en bois peint, aux cheveux ondés, qu'on voit à l'extrême gauche, à la suite de l'hippopotame couché, est d'époque saïte (n° 908); elle a eu malheureusement le nez et les lèvres écrasés d'un coup de pioche au moment de la découverte.

La planche inférieure est occupée presque entière par des statuettes trouvées dans les tombes de la XIX° ou de la XX° dynastie. Sous les dynasties thébaines, on avait pris l'habitude de remplacer les statues en pierre et en bois de grandes dimensions qu'on déposait jadis dans les hypogées, par des statuettes en bois ou même en calcaire qui devinnent de plus en plus petites. Beaucoup d'entre elles étaient fort soignées, et le Musée de Turin en possède une vingtaine, dont quelques-unes sont comparables aux plus beaux ouvrages de l'ancien empire. Au milieu, et dominant les autres, se dresse une statuette de jeune femme, vêtue de la grosse perruque et de la longue robe plissée qui lui dessine les formes avec exactitude (n° 881, bois, haut. o m.42 cent.) Elle est flanquée, à droite et à gauche, de deux autres figurines, dont une au moins, celle de droite (n° 882 *bis*, haut. o m. 20 cent.), est d'un travail fort délicat : elle porte une robe blanche et elle presse un sistre contre sa poitrine. Les n°s 878-881 (haut. o m. 111 mill., o m. 208 mill., o m. 186 mill. et o m. 175 mill.), sans être des chefs-d'œuvre, témoignent d'un art très fin et très délicat. Ce sont quatre personnages revêtus du costume d'apparat de la XX° dynastie : ils marchent droit devant eux, d'un mouvement mesuré, le buste bien effacé, la tête haute. L'expression de la physionomie, calme et rusée, montre qu'on a voulu faire des portraits ; les traits de la face rappellent le type japonais plutôt que le type égyptien ordinaire. On remarquera le petit œil mystique que la statuette 878 a au poignet : c'est un exemple presque unique de la manière dont les Égyptiens portaient cet amulette. Enfin, la petite dame Honittaoui, qui se trouve à l'extrême droite de cette troupe (n° 904, haut. o m. 22 c.) et qui serre un bouquet de fleurs contre sa poitrine, témoigne, sinon de talent, au moins d'une habileté de main remarquable. A l'extrême gauche se trouve une petite figure de jeune femme en calcaire peint (n° 882 *bis*, hauteur o m. 32 cent.), d'un faire assez gracieux.

A gauche du petit homme n° 880, est placée une pièce d'ivoire remarquable (n° 886, haut. o m. 15). Elle représente un personnage debout sur une colonnette en forme de lotus : le travail en est des plus soignés, et rappelle celui de certains des ivoires italiens du Bargello à Florence. L'objet a été trouvé à Thèbes avec la statuette n° 727, et appartient à l'art thébain de la XIII° dynastie.

Les deux pièces placées sur le devant (n°° 896, 896 bis, long. o m. 30) sont deux boîtes ou deux cuillers à parfums. Une jeune fille, nue sauf une ceinture étroite qui lui serre les hanches, nage en tenant la tête bien hors de l'eau. Ses deux bras allongés poussaient un canard creusé en boîte et les deux ailes, s'écartant, formaient le couvercle. C'est un des motifs que les dames égyptiennes préféraient pour leurs boîtes à parfums : la jeune fille servait de manche, et le canard recevait la pâte ou la poudre odorante.

Côté ouest de la cage B.

La tablette moyenne contient, avec un très beau vase en albâtre poli, des statuettes funéraires de l'époque saïte, en émail vert, et de la seconde époque thébaine en schiste et en bois peint, ainsi que trois figurines en terre émaillée bleu clair, représentant des joueuses de flûtes, et une figure en terre émaillée bleu turquois représentant un sphinx à tête de femme assis sur son train de derrière. Ces quatre dernières pièces sont d'époque gréco-romaine.

Au centre de la tablette inférieure, et dominant l'ensemble, se dresse :

895. — Émail vert. — Haut. 0 m. 30 cent. — *Com-el-Qalâa.*

Un homme debout, les mains appuyées sur un petit naos posé à terre et qui renferme Osiris-momie. Il est sur un socle assez haut, couvert d'inscriptions sur toutes ses faces. Il était prince et l'un des principaux officiers du roi ; il s'appelait Nofirabri. — XXVIe dynastie.

Toutes les pièces qui l'entourent sont remarquables pour le travail ou pour le sujet. C'est ainsi qu'on a :

893. — Bois. — Haut. 0 m. 045 mill. — *Abousir.*

Un singe debout tend un arc. L'obélisque dressé en face de lui et qu'il semble viser était la boite qui le renfermait. — Époque saïte.

894. — Jaspe. — Haut. 0 m. 06 cent.

Vase en forme de cœur. D'un côté est gravé un scarabée, de l'autre le chapitre XXX du *Livre des Morts.* — Époque saïte.

898. — Bois. — Long. 0 m. 18 cent.

Ce joli monument est un modèle de corne à boire, du genre de celles que les Grecs appelaient *rhyton*. Le corps est en écorce, le bouchon en bois fin. La partie inférieure, d'où le liquide jaillissait en filet mince, est une tête de vache en bois surmontée d'un disque solaire. Je ne crois pas qu'un autre musée possède une pièce du même genre. — XXVIe dynastie.

901. — Bronze. — Haut. 0 m. 05 cent. — *Sakkarah* (Sérapéum).

Personnage accroupi, les bras croisés sur les genoux et le menton appuyé sur les bras ; il est à terre, enveloppé dans une longue robe. — Époque saïte.

902. — Émail vert. — Haut. 0 m. 076 mill. — *Mit Rahineh.*

Tête rase, probablement du dieu Imouthès, fils de Phtah. La finesse des traits et la perfection du modelé justifient le surnom, que lui donnaient les Égyptiens, de *dieu à belle face.* — Époque saïte.

903. — Bronze. — Haut. 0 m. 18 cent. — *Sakkarah.*

Un personnage debout, la tête rasée. Le bras droit est étendu, le bras gauche soutient une petite figurine d'Osiris. — Époque grecque.

905. — Haut. 0 m. 15 cent.

Débris d'une boîte en bois incrusté d'ivoire ; on voit, sur les registres qui les couvrent, des taureaux attaqués par des lions, des fleurs, des arbustes. C'est un de ces monuments de la fin de la XVIII° ou de la XIX° dynastie sur lesquels on croit reconnaître l'influence de l'art égéen.

Côté sud de la cage B.

La tablette du milieu porte, au centre, un petit groupe en schiste noir représentant un homme et sa femme debout à côté l'un de l'autre ; la femme avait une sorte de diadème doré autour de la perruque, et elle passe son bras derrière l'épaule de son mari. Une partie des jambes manque et ce qui reste a beaucoup souffert ; ce n'en est pas moins un bon morceau du style thébain de la XXe dynastie. A gauche,

885. — Bronze. — Haut. 0 m. 12 cent.

Un taureau redresse la tête d'un très beau mouvement, rare dans les monuments égyptiens du même genre. Le taureau est d'ordinaire représenté marchant la tête inclinée en avant, d'une allure calme et lente.

Sur la gauche, le petit veau couché, en terre émaillée bleue tachetée de noir, est de la XXe ou de la XXIe dynastie. On voit derrière lui :

887. — Haut. 0 m. 24 cent.

Vase en albâtre ou plutôt en onyx, de forme très allongée et d'un poli rare.

Le milieu de la tablette inférieure est occupé par la plus belle de toutes les statuettes funéraires connues jusqu'à présent :

891. — Émail multicolore. — Haut. 0 m. 195. — *Abydos.*

Sur un fond blanc, les hiéroglyphes et les détails de sculpture ont été gravés en relief, puis remplis de pâtes vitrifiées à la cuisson. Le visage et les mains sont bleu turquois ; la coiffure est jaune à raies violettes ; violets également sont les hiéroglyphes et le vautour qui déploie ses ailes sur la poitrine. Le tout est harmonieux et fondu, sans que la moindre bavure d'un émail émousse la netteté du trait. Ce résultat est d'autant plus remarquable que les verres employés pour obtenir les couleurs sont fusibles à des températures assez différentes, et que la statuette a dû être passée au feu un certain nombre de fois avant d'être achevée. Elle appartenait à un nomarque, Phtahmos, premier prophète d'Amon. — XXᵉ dynastie.

909. — Porcelaine bleue. — Haut 0 m. 054 mill.

Tête de statuette royale, peut-être Nékao II ou Apriès. — XXVIᵉ dynastie.

911. — Brèche verte — Haut. 0 m. 15 cent.

Statuette de Phtah, dieu de Memphis ; un escalier de cinq degrés conduit à l'autel où elle siège. Elle était revêtue d'une feuille d'or qui accusait ses formes au moment de la découverte ; cette enveloppe a été montée sur un moulage en plâtre, et elle est exposée en pendant de l'original, sur la droite de la statue n° 891.

900 et **900** *bis.* — Bronze. — Haut. 0 m. 19 cent. — *Sakkarah.*

Les statuettes funéraires en bronze sont excessivement rares. Celles-ci sont au nom de l'intendant des troupeaux, Amenmès, et de Hori, domestique du roi.

912. — Ivoire. — Haut. 0 m. 14 cent. — *Grandes pyramides.*

Statuette à moitié brisée, trouvée dans une tombe de la Vᵉ dynastie.

Le devant de la vitrine est rempli par un ensemble de boîtes et de cuillers à parfums de formes diverses, mais toutes recueillies dans des tombeaux du second empire thébain :

888. — Bois. — Long. 0 m. 22 cent.

Cuiller à parfums, représentant un chien qui se sauve emportant un poisson dans sa gueule ; le corps du poisson est le bol de la cuiller.

889. — Bois. — Haut. 0 m. 25 cent.

Cuiller à parfums. Une jeune fille, debout sur une barque, cueille des lotus ; les fleurs et les fruits du lotus, réunis en gerbe autour de sa tête, ont été creusés pour recevoir le parfum.

892. — Bois. — Long. 0 m. 175 mill.

Cuiller à parfums, dont le manche est une figure d'antilope.

899. — Bois. — Haut. 0 m. 06 cent., long. 0 m. 12 cent.

Veau couché, d'un travail fort délicat, creusé pour servir de boîte ; la tête et le dos de l'animal s'enlèvent et font couvercle.

910. — Bois. — Haut. 0 m. 17 cent.

Un esclave chauve, à tête en pain de sucre, plie sous le poids d'une grosse jarre. La jarre est le bol, et l'esclave le manche d'une cuiller à parfums.

Côté est de la cage B.

Sur la tablette supérieure on aperçoit un groupe de deux statuettes funéraires en schiste, adossées contre un même dossier (n° 875), au nom d'un certain Mani et de sa femme Honît-em-anou. Aux extrémités, deux pions d'ivoire en forme de tête de lion proviennent de Deîr-el-Bahari.

Au centre de la tablette basse est une admirable tête d'épervier en or, surmontée des deux plumes d'Amon également en or : le détail des plumes s'accuse en plaquettes d'émail. Les yeux de l'épervier sont formés d'une baguette d'obsidienne arrondie aux deux bouts et qui traverse la tête. Le monument a été trouvé par Quibell, à Kom-el-Ahmar ; il est probablement de la VI° dynastie. Parmi les autres objets on remarque :

883. — Quartz blanc. — Haut. 0 m. 106 mill.

Petit vase en quartz très pur ; le goulot est tout à fait transparent.

890 et **890** *bis*. — Bronze. — Haut. 0 m. 11 cent. et 0 m. 12 cent.

Deux charmantes statuettes d'époque saïte représentent un Pharaon debout et marchant, l'uræus au front.

906. — Lapis. — Long. 0 m. 085 mill.

Gros scarabée.

905. — Bois et ivoire. — Haut. 0 m. 07 cent., long. 0 m. 09 cent., larg. 0 m. 06 cent.

Petit coffret en marqueterie.

Les autres pièces appartiennent à des séries déjà décrites, mais sont remarquables par la finesse du travail : égides en bronze, pectoraux en terre émaillée avec scarabée incrusté, yeux mystiques en émail polychrome, hippopotame en pierre blanche, lion en terre émaillée bleue, miroir en bronze en forme de feuille de lotus, enfin des vases de formes diverses en pâte de verre multicolore, de la XVIII° et de la XX° dynastie.

Cage C.

Nombreuses statuettes d'Isis et d'Osiris, surtout d'Isis allaitant Horus. On remarquera une Isis qui allonge ses bras frangés d'ailes pour protéger Osiris (n° 1082, bronze; haut. o m. 13 cent.), et une égide surmontée d'une tête d'Isis (n° 1083, bronze; haut. o m. 37 cent.). Une statuette, en bois, d'Isis accroupie, pleurant la mort d'Osiris, est exposée drapée dans du linge de momie probablement en vue d'une conjuration magique, telle qu'elle a été trouvée à Sakkarah. — Époque saïte.

Cage D.

1046. — Bronze. — Haut. o m. 30 cent. — *Sérapéum.*

Un des génies d'Héliopolis, sous la forme d'homme à tête d'épervier, adorant le soleil. — Époque saïte.

1047. — Bronze. — Haut. o m. 084 mill., long. o m. 008 mill. — *Sérapéum.*

Le bœuf Hapis est debout sur un traîneau. A droite, Isis debout lui flatte l'épaule ; par derrière, Nephthys lui tient les deux cuisses. — Époque saïte.

1048. — Bronze. — Haut. 0 m. 16 cent. — *Sérapéum.*

Le dieu Nil ou Hapi assemblait les fleurs du lotus et du papyrus, symboles du midi et du nord de l'Égypte, pour donner la suzeraineté des deux mondes à Pharaon. Ce monument n'étant plus entier, le dieu n'a dans la main que les queues de ces fleurs. — Époque saïte.

1049. — Bronze. — Haut. 0 m. 085 mill., larg. 0 m. 063 mill. — *Sérapéum.*

Trois statuettes sur un socle commun. Horus et Thot versent l'eau sur un personnage agenouillé entre eux, pour le purifier et pour le préparer à reprendre les fonctions de la vie courante. — Époque saïte.

1050. — Bronze. — Haut. 0 m. 175 mill. — *Sérapéum.*

Taureau Hapis. Autour du socle une légende bilingue, hiéroglyphique et carienne. — XXVI° dynastie.

1051. — Bronze incrusté d'or. — Haut. 0 m. 11 c.

Imhotpou, Imouthès, fils de Phtah, identifié par les Grecs avec leur Esculape.

1052. — Bronze. — Haut. 0 m. 22 cent. — *Sérapéum.*

Hathor, déesse de la montagne qui séparait la terre d'Égypte de l'autre monde, était représentée sous la forme d'une vache ou d'une femme à oreilles de vache.

Elle était la déesse de la beauté, que les Grecs identifièrent à leur Aphrodite. — Époque saïte.

1053. — Bronze. — Haut. o m. 17 cent.

Le dieu Thot-Lune (voir p. 301, cage F), représenté sous la forme du cynocéphale qui lui était consacré.

1054. — Bronze. — Haut. o m. 40 cent. — *Thèbes* (Assassif).

Le dieu Amon-Râ, coiffé du mortier surmonté de deux longues plumes. Il était adoré à Thèbes et dans toutes les colonies thébaines, à Napata, en Éthiopie, en Nubie, dans les Oasis. — Époque saïte.

1055. — Bronze. — Haut. moy. o m. 16 cent. — *Sérapéum*.

Osiris, Isis et Nephthys. — Époque saïte.

1056. — Bronze. — Haut. o m. 268 mill.

La déesse Isis, femme et sœur d'Osiris, mère d'Horus : à l'époque historique, elle fut, comme Osiris, adorée dans l'Égypte entière. Les Grecs l'identifièrent avec Déméter.

1057. — Bronze. — Haut. o m. 19 cent.

La déesse Mihit ou Hatmihit, dame de Mendès, coiffée du poisson silure, reçoit l'offrande d'Amenertas.

1058. — Bronze. — Haut. o m. 275 mill.

Statuette d'Hathor (voir p. 296, n° 1052).

1059. — Bronze. — Haut. 0 m. 16 cent. — *Sérapéum.*

Anubis incrusté d'or. — Époque saïte.

1060. — Bronze. — Haut. 0 m. 282 mill.

Osiris incrusté d'or, dieu de Mendès et d'Abydos et dieu des morts, était adoré dans l'Égypte entière. Il était à l'origine un dieu du Nil, mais il devint, dès les temps antérieurs à l'histoire, le principal des dieux des morts. La légende le disait fils de Sibou et de Nouît : il aurait épousé sa sœur Isis, et il aurait succédé à son père Sibou sur le trône d'Égypte. Après avoir policé ses sujets, il aurait conquis le monde pour le civiliser, mais, au retour de ses campagnes, il aurait été assassiné traîtreusement par Set-Typhon. Il aurait ressuscité par les soins et par les incantations d'Isis, de Nephthys, d'Horus, d'Anubis, et il aurait régné désormais sur les champs d'Ialou, où il recevait les morts fidèles à son culte. Comme roi d'Égypte, il s'appelait Onnophris ; comme dieu des morts, il était plus spécialement Khontamentit, le chef de l'ouest. — Époque saïte.

1062. — Bronze. — Haut. 0 m. 21 cent.

Jolie statuette d'Horus enfant (Harpocrate), fils d'Isis et d'Osiris.

1063. — Bronze. — Haut. 0 m. 28 cent. — *Sérapéum.*

Ichneumon assis sur le train de derrière, les pattes de devant levées en attitude de défense. Il est consacré au soleil. — Époque saïte.

1065. — Bronze. — Haut. 0 m. 24 cent., larg. 0 m. 10 cent. — *Sérapéum.*

Le dieu Osiris-Lune est assis entre Nofirtoumou d'un côté et Harpocrate de l'autre ; une chatte est couchée à ses pieds, un petit personnage agenouillé adore ce groupe de divinités. — Époque saïte.

1066. — Bronze. — Haut. 0 m. 22 cent. — *Thèbes.*

Montou ou Monthou, dieu adoré en Thébaïde et particulièrement à Hermonthis. C'est le soleil dans toute son énergie ; on lui compare souvent les Pharaons victorieux qui font sentir leur force aux ennemis de l'Égypte et il est donc aussi un dieu guerrier. Il est représenté avec une tête d'épervier surmontée de deux plumes et du disque : il tient le sabre à la main.

1067. — Argent pur. — Haut. 0 m. 105 mill.

Vautour, consacré à la déesse Maout.

1068. — Bronze. — Haut. 0 m. 12 cent. — *Sérapéum.*

Osiris-momie, debout entre Isis et Harsiésis (Horus fils d'Isis) à tête d'épervier ; derrière Osiris, un sceptre à fleurs de lotus sur lequel est posé un serpent lové. — Époque saïte.

1070. — Bronze. — Haut. 0 m. 23 cent.

Dieu panthée, à deux têtes. Ce dieu personnifie la force créatrice, réunit en lui les attributs d'Amon, de Khnoumou, d'Anubis, d'Horus. Le scarabée placé sur la poitrine est l'image des transformations par lesquelles la création se renouvelle sans cesse.

1071. — Bronze incrusté d'or. — Haut. o m. o4 c.
Tête de taureau.

1072. — Bronze. — Haut. o m. 12 cent.
Masque représentant la tête du chacal Anubis.

1073. — Marbre blanc. — Haut. o m. 19 cent.
La déesse Selkis, identifiée à Isis et agenouillée, tient un petit matelas sur lequel est étendu Osiris-momie; elle écarte du dieu les scorpions et les reptiles malfaisants. — Époque grecque.

1074. — Bronze incrusté d'or. — Haut. o m. 14 c.
Bisou guerrier brandissant sa massue.

1015. — Bronze. — Haut. moy. o m. 60 cent. — *Sais.*

Quatre belles statues de la déesse solaire Sakhit, à tête de lionne, et une statue d'Horus à tête d'épervier, coiffé du pschent ou double couronne du Midi et du Nord; les yeux des déesses sont rapportés, la prunelle est en or. Ces cinq statues ont été trouvées à Sais, par M. Daressy. — Époque saïte.

Cage E.

Images du dieu Phtah et de Sakhit, sa compagne, la déesse à tête de lionne.

Phtah ou Vulcain était le dieu suprême de Memphis. Il possédait dans cette ville un temple célèbre, dans les ruines duquel ont été retrouvées les deux magnifiques statues que nous avons vues au rez-de-chaussée sous les n°ˢ 185 et 186. Il était maçon ou fondeur de son métier, et il avait fondu ou construit le monde. On le représente debout ou assis, souvent sur une coudée ou sur un autel à degrés (cfr. n° 911), et tenant un sceptre des deux mains. Sa figure est fine et souriante, d'où son épithète de Nefer-ho, le dieu à la belle face ; il est coiffé d'un serre-tête. Quelquefois, il porte sur la tête le scarabée, symbole des transformations qui maintiennent le monde dans la création.

La déesse solaire Sakhit, à tête de lionne, était associée à l'œuvre de Phtah, ainsi que son fils Imhotpou, le protecteur des sciences et le dieu de la médecine. Imhotpou est représenté assis, coiffé du serre-tête comme Phtah, lisant un rouleau de papyrus étalé sur ses genoux. La déesse Bastît à tête de chatte, qu'on adorait à Bubastis, était une forme adoucie de l'ardente Sakhit, qui brûlait les ennemis du soleil ; Bastît était la personnification de la chaleur bienfaisante.

Cage F.

La divinité à tête d'ibis est Thot ou Hermès, personnification de l'intelligence divine, qui opéra la création par la voix, dieu des lettres et des sciences, inventeur de l'écriture. Il était adoré à Achmounéin (Hermopolis magna). L'ibis et le singe cynocéphale lui étaient consacrés.

La divinité à tête de chacal est Anubis, le dieu funéraire qui présidait à l'ensevelissement, ou bien Ouapouaîtou, le guide du soleil dans le ciel et des défunts dans les chemins de l'autre monde. Il était le dieu principal de Kousiéh, de Siout et de quelques villes de la Haute-Égypte; mais il était vénéré dans toute la vallée du Nil, immédiatement après Osiris, dont on ne le séparait guère.

Pilastre nord-est.

1409. — Calcaire compact. — Haut. o m. 83 cent. et o m. 34 cent. — *Gournah.*

Ces deux admirables fragments de statues appartiennent, ce semble, à la XVIII° dynastie. L'homme a les cheveux ondulés, le lobe des oreilles percé pour recevoir des boucles en métal : il tenait à la main l'éventail en plumes d'autruche que portaient certains officiers de haut grade appartenant à la maison militaire du souverain. Le visage de la femme est encadré dans une immense perruque, dont les petites tresses masquent les oreilles et retombent sur la poitrine jusqu'à la naissance du sein. Le buste est drapé dans le péplum en toile fine, plissée, qui, après avoir enveloppé le corps, revient par-dessus l'épaule se nouer sous le sein gauche ; la main gauche était ramenée sur la poitrine et y serrait l'instrument *monait* (voir p. 193), tandis que le bras droit passait derrière l'épaule du mari.

Les inscriptions tracées sur le dossier sont mutilées et ne nous font point connaître le nom de ces deux personnages.

Bas-côté est du Salon.

Armoire G.

L'une des stèles de la tablette inférieure, autrefois revêtue d'or, a été, dans les temps antiques, grattée par des voleurs qui prirent soin seulement de respecter la figure d'Osiris.

Le reste de l'armoire est rempli par des bouts de bâtons magiques en forme de tête de bélier ⟍ et par des vases en bronze, qui contenaient de l'eau consacrée pour les purifications des morts et les cérémonies du culte. Le n° 1077 (bronze, haut. 0 m, 215 cent.; Zagazig, époque saïte) porte une inscription hiéroglyphique nous apprenant qu'il appartenait au prêtre Psammétique, fils de Shishonq et de la dame Miritiouri. La belle tête d'Hathor n° 1076, est détachée d'un sistre en terre émaillée bleue, d'époque saïte.

Armoire H.

Tablette supérieure.

On voit sur la tablette supérieure des statuettes en bronze de petits personnages agenouillés, portant la coiffure royale et présentant des offrandes, et avec elles :

1021. — Bronze. — Haut. 0 m. 15 cent.

Tête d'Hathor sortant d'une fleur de lotus.

Le milieu est occupé par des coiffures divines et des barbes en bronze analogues à celles que nous avons vues dans la cage A (voir p. 282). Sur le devant, s'allonge un encensoir ou brûle-parfums, en bronze, du type de ceux que nous avons déjà rencontrés (voir p. 285). Il a la forme d'un bras; le foyer qu'il supporte est un cartouche tenu par un petit personnage agenouillé (long. 0 m. 55 cent.).

1023. — Bronze. — Haut. 0 m. 36 cent.

C'était une de ces enseignes qu'on promenait au bout d'un bâton, en tête des processions religieuses. Un crocodile, posé sur une fleur de lotus, porte la barque sacrée de

Râ. Un naos, ouvert et vide, surmonté d'un épervier couronné, en occupe le milieu. A l'avant on voit le chacal d'Ouapouaïtou, puis le prêtre avec son vase à parfums, Horus levant la pique, et deux personnages brisés. Derrière le naos, Isis et Anubis à tête de chacal; deux Horus manient les deux gouvernails. — Époque saïte.

Armoire I.

Figurines en terre émaillée représentant un nain difforme, que les inscriptions appellent Phtah, Phtah Sokari ou Phtah-Sokari-Osiris. On l'appelle d'ordinaire embryon ou Phtah-Patèque ; il est atteint d'une difformité produite par un défaut à l'attache du crâne et de l'épine dorsale. Quoiqu'il en soit de l'origine de ce type, le Phtah qu'il représente est un Phtah au même titre que le Phtah-momie. Sous sa forme ordinaire, Phtah est représenté emmailloté comme une momie ; seulement la tête est vivante et les mains sont libres pour manifester l'énergie créatrice qui dégagera la vie de ses entraves. Les Égyptiens ont accumulé sur lui divers emblèmes. Le plus fréquent est un scarabée qu'il porte à plat sur la tête. Deux serpents lui sortent parfois de la bouche, il tient une plume à chaque main ou il est perché sur deux crocodiles; Isis et Nephthys sont à sa droite et à sa gauche; un épervier perche sur chacune de ses épaules; enfin la déesse Bastit, debout derrière lui, l'enveloppe de ses bras et de ses ailes. Tous ces dieux accumulés autour de lui sont là pour le protéger.

Armoire J.

1112. — Lapis-lazuli. — Haut. 0 m. 022 mill.
Vautour de la déesse Maout, symbole de maternité.

1113. — Terre émaillée. — Haut. o m. o4 cent.

Le dieu Minou, l'un des plus importants de l'ancienne Égypte, avait des fonctions génératrices qui expliquent suffisamment sa forme. Le corps est momifié et enveloppé de bandelettes, sauf les deux bras dont l'un est ramené sur le ventre tandis que l'autre soulève le fouet. Sa coiffure est celle du dieu Amon, avec lequel il se confond souvent : deux longues plumes perchées sur une sorte de mortier aplati. Les textes l'appellent le mari de sa mère, le fils d'Isis, le père de Râ, celui qui dresse haut ses deux plumes. Khemmis, aujourd'hui Akhmim, était le siège principal de son culte ; les Grecs l'identifièrent au dieu Pan et donnèrent à sa ville le nom de Panopolis. — Époque grecque.

1114. — Terre émaillée.

Le dieu Khonsou enfant était le troisième membre de la triade thébaine, avec Amon et Maout, la déesse mère.

1115. — Terre émaillée.

Le dieu Khnoumou, à tête de bélier, est le dieu de la cataracte. Il était potier, et il avait créé le monde en le modelant, sur le tour, du limon recueilli dans le Nil. A l'époque gréco-romaine, son culte prit un développement considérable et passa dans les religions occidentales : Khnoumou devint alors le Khnoubis, Khnouphis, Khnef, des gnostiques païens ou chrétiens.

1116. — Émail bleu. — Haut. o m. o5 cent. — *Abydos.*

Dieu à tête de lion debout, marchant, qui est une forme de Shou ; il avait alors le surnom de Maï-hosi, Mihousi, le lion fascinateur, parce qu'on croyait que son regard fascinait.

Armoire K.

Petites statuettes de la déesse Isis. Une de ces figurines est en lapis-lazuli et porte une couronne d'or (n° 1117).

Armoire L.

Images en terre émaillée des déesses Sakhit, à tête de lionne, et Bastit, à tête de chatte.

Armoire M.

Images du dieu Shou élevant les bras pour soutenir le ciel (n° 1098), du dieu Phtah (n° 1099) et du dieu Nofertoumou (n° 1100), qui a la fleur de lotus sur la tête.

Armoire N.

Images du dieu Bisou (cfr. n° 999). On peut noter le Bisou en électrum (n° 1101); sa face est semblable à celle du lion.

Partie ouest du Salon.

Au milieu de cette partie, et faisant pendant au groupe des Sakhit, on voit :

1016. — Serpentine verte, polie. — Haut. 0 m. 36 cent. — *Karnak.*

Ce disgracieux hippopotame au ventre arrondi et aux flasques mamelles de femme est un des personnages importants du Panthéon égyptien, Apit, Taouérapit, Touéri, ou plus souvent, avec la désinence grecque, Thouéris. Appuyée de la patte gauche sur un nœud de corde mystique, elle avait protégé, contre le meurtrier Set-Typhon, Isis enceinte d'Horus; elle passait depuis pour veiller l'âme des justes dans l'autre monde, et, le couteau à la patte, elle luttait contre les mauvais esprits. Les Thébains de l'époque saïte ou ptolémaïque paraissent avoir eu pour elle une vénération particulière; son temple est encore debout aujourd'hui, à l'est du temple de Khonsou à Karnak. La statue a été découverte à Thèbes, au milieu de la ville antique, par des fellahs en quête de *sebakh* : elle était debout dans une petite chapelle en calcaire blanc sculpté, que lui avait dédié le prêtre Pibisi, au nom de la reine Nitocris, fille adoptive de Psammétique Ier et de la reine Shapenouapit. Cette chapelle, ou du moins ce qui en reste, est exposée au rez-de-chaussée, sous le n° 261.

Cage O.

Elle est consacrée toute entière à Osiris-momie. Les seules figures qui présentent un intérêt particulier sont :

1094. — Bronze. — Haut. 0 m. 47 cent. — *Sérapéum*.

Un Osiris-momie, coiffé d'un long bonnet et de deux plumes, est debout sur une estrade carrée en forme de naos, entourée d'une balustrade sur trois côtés. Un petit autel qui se trouvait devant le dieu a disparu, mais la place en est encore indiquée par un trou carré. Pour y arriver, le prêtre devait monter un escalier de huit marches. C'est probablement en petit la disposition qu'on trouvait dans certains temples. — Époque saïte.

1095. — Haut. o m. 20 cent.

Osiris en bronze, avec un masque en or.

1096. — Diorite et électrum. — Haut. o m. 29 cent., larg. o m. 54 cent.

Osiris commence à ressusciter : son premier mouvement le retourne sur son lit et lui redresse la tête, coiffée des cornes de bélier et des deux plumes en électrum. C'est probablement en petit l'image d'un de ces colosses couchés qu'Hérodote avait vus dans le temple de Sais. — XXVI° dynastie.

Cage P.

1032. — Bronze. — Haut. o m. 37 cent.

La déesse Neit, debout, est coiffée ici de la couronne du nord. Parfois elle a pour coiffure la navette, dont l'image est l'hiéroglyphe de son nom; souvent aussi elle est représentée armée de l'arc et des flèches. Les Grecs, frappés par ses doubles attributs de guerrière et de fileuse, l'identifièrent à leur Athéné. Elle est peut-être d'origine libyenne: à l'époque historique, Sais et la région occidentale du Delta étaient le centre de son culte.

1033. — Pierre dure. — Long. o m. 24 cent. — *Sais*.

Beau spécimen du poisson *latus*, qui était adoré à Esnéh : c'est d'après cette espèce que les Grecs donnèrent à cette ville le nom de Létopolis. Le *latus* était l'incarnation de l'Hathor locale, aussi ses images portent-elles quelquefois sur le dos les deux cornes de vache surmontées du croissant solaire, qui caractérisent cette déesse du couchant. La plupart des poissons en bois, en bronze ou en pierre, réunis près de celui-ci, sont également des *latus*. L'un d'eux pourtant, en schiste, est un oxyrrhynque ; on l'adorait dans le nome qui prit, à l'époque grecque, le nom de nome Oxyrrhynchite et qui avait pour capitale la ville actuelle de Bahnésa. Il était consacré à Set-Typhon, et il passait pour avoir dévoré un des membres d'Osiris.

1034. — Bronze. — Haut. o m. 155 mill. — *Sérapéum.*

Un ichneumon debout. Même attitude qu'au n° 1063.

1035. — Bronze. — Haut. o m. 17 cent.

Déesse Selkit ; elle a pour coiffure le scorpion, qui lui était consacré. Selkit est une des quatre déesses protectrices des entrailles qu'on enfermait dans les vases dits canopes.

Un bout de sceptre en fleur de lotus nous présente une admirable figure de la déesse Selkît. Elle s'allonge sur un socle rectangulaire, que supporte à l'avant une petite figurine appuyée sur le lotus : le scorpion a une tête de femme surmontée des cornes de vache et du disque solaire.

1036. — Bronze. — Haut. o m. o5 cent.

Bout de sceptre. Le dieu Horus était debout sur un crocodile qu'il frappait de sa lance ; c'est le soleil sortant chaque jour vainqueur de son combat avec les ténèbres. Par malheur, le monument n'est plus entier : il ne reste de l'Horus que les pieds sur le dos du crocodile.

1037. — Bronze. — Haut. o m. 16 cent.

Autre bout de sceptre. Un épervier est perché au sommet. L'animal divin porte la coiffure de Montou.

1038. — Bronze. — Haut. 0 m. 18 cent.

Le dieu Khnoumou, à tête de bélier ; (cfr. p. 305, n° 1115).

1039. — Terre émaillée. — Haut. 0 m. 13 cent.

La déesse Thouéris (v. p. 306, n° 1016).

1040. — Bronze. — Haut. 0 m. 335 mill. — *Sérapéum.*

Le dieu Khnoumou, à tête de bélier, est assis sur un fauteuil, qui lui-même repose sur une feuille de lotus. Le tout formait une enseigne sacrée qu'on portait dans les processions. — Époque saïte.

1041. — Bronze. — Long. 0 m. 31 cent. — *Sérapéum.*

Boîte en bronze, où était enfermée une momie de serpent. L'uræus figurée sur le couvercle avait une tête humaine coiffée du pschent ; c'est l'aspect que présentent certains génies infernaux dans les peintures des tombes royales. — Époque saïte.

1042. — Bronze. — Haut. 0 m. 23 cent. — *Sakkarah.*

La déesse Maït, la Vérité, fille du Soleil. Elle est représentée sous la forme d'une femme coiffée d'une plume d'autruche, hiéroglyphe de son nom. — Époque saïte.

1043. — Bronze. — Haut. 0 m. 182 mill.

Admirable statuette d'Amon (v. p. 297, n° 1054).

1044. — Bronze. — Haut. o m. 18 cent.

La déesse Mout ou Maout, femme d'Amon et mère de Khonsou, formait avec ces deux divinités la triade adorée à Thèbes. Elle est ordinairement coiffée du *pschent* ou double couronne du midi et du nord. Elle est représentée souvent sous la forme du vautour qui sert à écrire son nom (cfr. p. 299, n° 1067).

1045. — Bronze. — Haut. o m. 15 cent.

La déesse Nohemâit, forme d'Hathor, adorée à Hermopolis et à Héliopolis. Elle porte sur la tête une sorte d'édicule à l'image du sistre consacré à Hathor.

Cage Q.

Statuettes d'Horus, fils d'Isis et d'Osiris. Les plus jolies pièces sont l'Horus enfant, en bronze, sortant d'une fleur de lotus (n° 1084); une grande statue d'Horus, en calcaire (n° 1085); un joli siège d'Horus, porté par deux lions (n° 1086, bronze, haut. o m. 115 mill., Sérapéum) et qui a pour dossier un vautour déployant ses ailes; les deux éperviers n°s 1090 et 1091; enfin l'Horus à tête d'épervier adossé à un obélisque (n° 1092). On voit à côté des Horus une statuette en bronze de la déesse Satit, la fée de la cataracte, avec la couronne blanche sur la tête (n° 1088); c'est l'une des sœurs et femmes de Khnoumou. On remarquera encore une figure d'Imouthès, fils de Phtah (n° 1089, bronze, haut. o m. 16 cent.). Le crocodile à tête d'épervier est un mélange des deux divinités d'Ombos, Horus et Sovkou le crocodile et l'épervier : il porte le nom de Sovkou-Râ, le crocodile-soleil (n° 1093).

Cage R.

1024. — Bronze. — Haut. 0 m. 21 cent., larg. 0 m. 24 cent.

Statue du taureau Hapis sur un traineau, telle qu'on la promenait aux grandes fêtes. Le taureau Hapis était l'*image vivante de Phtah* sur la terre : on le gardait dans une des cours du temple de Phtah à Memphis, où il rendait des oracles. Il n'y avait jamais qu'un Hapis à la fois ; on le reconnaissait à certaines marques, un croissant sur le front, un scarabée sous la langue, un vautour sur le dos, que les prêtres se chargeaient de découvrir. Une fois intronisé, il restait en fonctions jusqu'à la mort ; quelques-uns vécurent jusqu'à vingt-sept et même à vingt-huit ans. Mort, il devenait, comme tous les morts, un Osiris : on l'embaumait et on le transportait en grande pompe au Sérapéum, dans la sépulture réservée aux Hapis. Là, il avait un temple où il était encore dieu, sous le nom d'Osorhapi, dont les Grecs ont fait Sarapis, Sérapis.

1025. — Bronze. — Haut. 0 m. 09 cent., long. 0 m. 15 cent. — *Sérapéum.*

Bœuf Hapis agenouillé contrairement à l'usage. — Époque saïte.

1026. — Bronze. — Haut. 0 m. 40 cent. — *Sérapéum.*

Superbe Nofirtoumou, incrusté d'émaux et d'or. Nofirtoumou était le fils de Bastît ou de Sakhît et il paraît avoir incarné une des formes du soleil de la nuit, celle qui précède immédiatement l'aurore ; il était souvent représenté debout sur un lion couché, la main droite armée d'un sabre recourbé, la tête couronnée d'un lotus épanoui d'où sortent deux grandes plumes. — Époque saïte.

1027. — Bronze. — Haut. 0 m. 27 cent. — *Sérapéum.*

Le dieu Anhouri était adoré à Thini. Il est coiffé de quatre longues plumes réunies en faisceau, et il lève les mains dans l'attitude du soldat qui perce de la pique un ennemi terrassé. Anhouri est une forme jumelle de Shou; les Grecs l'identifiaient à Arès.

1028. — Bronze. — Haut. 0 m. 165 mill. — *Sérapéum.*

Le dieu Nil (Hapi) debout, portant sur la tête le signe de l'eau, d'où sort un bouquet de fleurs. Il est représenté avec les chairs molles et la poitrine pendante en signe d'abondance. Il était adoré à Silsilis. Ses statues sont fort rares. — Époque saïte.

1029. — Bronze. — Haut. 0 m. 14 cent. — *Sérapéum.*

Hapis, sous forme d'homme à tête de taureau, le disque et l'uræus au front. — Époque saïte.

1030. — Bronze. — Haut. 0 m. 26 cent. — *Sérapéum.*

Le dieu a sur la tête une coiffure formée de deux cornes et de deux petites pousses, sur lesquelles est posée une étoile à cinq branches; les pieds manquent. Mariette pensait que cette figure représentait Sibou, le dieu de la terre ; je préférerais y reconnaître, d'après les peintures astronomiques, Osiris-Sâhou, dieu de l'étoile Orion. Osiris-Sâhou était aussi le conducteur des âmes dans l'autre monde. — Époque saïte.

1031. — Bronze. — Haut. o m. 15 cent.

Dieu Bisou combattant (cfr. p. 300, n° 1074). Il lutte contre le mal et contre les ténèbres ; il a remplacé dans ce rôle le dieu Set, devenu, sous le nom de Typhon, la personnification du mal, après avoir été l'adversaire du serpent destructeur Apôphis. Bisou jouait de la harpe ; il était le dieu de la toilette et son image ornait souvent le manche des miroirs des dames égyptiennes. — Époque saïte.

Pilastre nord-ouest.

La petite vitrine adossée contre la face est de ce pilastre, contient une collection de coiffures divines en plomb, d'époque ptolémaïque, disposées de manière à pouvoir être placées sur des statuettes d'autre matière et changées à volonté. Contre la face sud du même pilastre, on a placé une belle stèle représentant Horus sur les crocodiles.

Bas-côté ouest de la Salle.

Armoire S.

Statuettes d'Osiris, en pierre et en bronze. Statuette d'Horus en bronze (n° 1096, haut. o m. 33 cent.). Statuette de Phtah, en terre bleue émaillée (n° 1097, haut. o m. 31 cent.).

Armoire T.

Stèles du Sérapéum, monuments commémoratifs déposés dans la tombe des Hapis à Sakkarah. On peut citer la stèle qui représente un Hapis, transporté au tombeau dans sa barque montée sur quatre rouleaux en bois ; il est pleuré par Isis et Nephthys (n° 1078, tablette inférieure, haut. 0 m. 234 mill., largeur 0 m. 346 mill., Kom-el-Fakhri, XXVI° dynastie); le n° 1079, daté du roi Nékao (troisième tablette); le n° 1080, daté de l'an 37 du roi Sheshonq IV (XXII° dynastie); et, comme modèle de petitesse, la stèle n° 1081.

Armoire U.

Le dieu Thot, sous la forme de l'Ibis (n° 1127) ou du singe (n° 1128).

1129. — Phtah à quatre visages, représentant le dieu des quatre *maisons* du monde.

Armoire V.

Figurines d'Osiris (n° 1124, jolie figurine en porcelaine) et d'Anubis (n° 1125); groupes des génies funéraires (n° 1126).

Armoire W.

La déesse Nephthys (n° 1118), sœur d'Isis, à qui elle est associée comme pleureuse d'Osiris et protectrice de la momie. La triade d'Isis, Nephthys et Horus est représentée par les n°° 1110, 1120 et 1121 (émail vert).

Armoire X.

1102. — Bronze doré. — Haut. 0 m. 038 mill. — *Sérapéum.*

La déesse Noshemît, assise, sa barque sur la tête, allaite Horus. Noshemît est ici évidemment une forme locale, propre à Abydos, de la déesse Isis. — Époque saïte.

1103 et 1103 bis. — Terre émaillée.

Statuettes d'Hathor.

1104 et 1104 bis. — Émail vert et émail bleu.

La déesse Hatmihît, du nome Mendésien, portant sur la tête le poisson silure (v. p. 297, n° 1057).

1105. — Lapis-lazuli et or. — Haut. 0 m. 073 mill. — *Sakkarah.*

La déesse Maït; la plume de sa coiffure, hiéroglyphe de son nom, est en or. — Époque saïte.

1106. — Lapis-lazuli. — Haut. moy. 0 m. 025 mill. — *Sakkarah.*

Cinq figurines de la déesse Maït. — Époque saïte.

1107. — Émail vert.

Figurines de la déesse Selkît (cfr. p. 309, n° 1035).

1108. — Émail vert.

Néït, déesse de Sais (cfr. p. 308, n° 1032).

1109. — Émail bleu. — Haut. o m. o85 mill. — *Mit-Rahineh.*

Le dieu Set-Typhon debout, avec la tête de quadrupède qui le caractérise ; monument presque unique. — Époque saïte.

Armoire Y.

Figurines d'Horus, tant d'Horus, fils d'Isis, que de Haroéris.

1122. — Verre brisé. — Haut. o m. 919 mill.

Admirable petite figure en verre ciselé : Horus à corps humain et à tête d'épervier, coiffé du disque solaire.

1123. — Lapis-lazuli. — Haut. o m. o58 mill.

Haroéris, l'Horus dieu du ciel adoré à Ombos, est debout, appuyé sur son bâton de commandement ; il saisit de la main droite le sceptre en forme de serpent.

Armoire Z.

La déesse Thouéris (cfr. p. 3o6, n° 1o16).

Pilier sud-ouest.

On y a adossé une fort belle stèle d'Horus sur les crocodiles, découverte à Alexandrie.

SALLES P-S.

Les Momies Royales.

Dès les premiers temps de la XX° dynastie, la police thébaine dut protéger, non seulement les tombeaux des particuliers, mais ceux-mêmes des souverains et de leurs familles, contre les entreprises des voleurs qui exploitaient la nécropole thébaine. Des bandes s'étaient formées en effet, parmi la population avoisinant les temples de la ville de Médinet-Habou, au village de Gournah, qui souvent, avec la complicité des gardiens et des fonctionnaires locaux, pénétraient dans les hypogées les mieux fermés, ouvraient les cercueils, brisaient les momies et enlevaient tout ce qu'elles rencontraient de bijoux en or ou en argent et d'objets précieux. De temps à autre les plaintes des familles attiraient l'attention des autorités sur ces rapines ; le Pharaon régnant décidait l'envoi d'une commission qui comprenait parfois de très hauts personnages, le grand-prêtre d'Amon, le comte de Thèbes, les chefs de la police thébaine, les supérieurs des temples. On saisissait quelques individus suspects à qui la torture arrachait bientôt des aveux ; on opérait des descentes judiciaires dans les tombeaux qui étaient signalés comme en mauvais point, et on y dressait procès-verbal de l'état des lieux. Quelquefois, les gardiens, craignant d'être englobés dans la poursuite contre les malfaiteurs, avaient réparé les dégâts tant bien que mal et refait les momies avec des débris ramassés pêle-mêle : le plus souvent, la commission trouvait les chambres funéraires telles que les voleurs les avaient laissées, les momies éparses sur le sol, les cercueils en morceaux, le mobilier brisé. Ils ordonnaient alors la restauration, et quelques condamnations prononcées contre les coupables arrêtaient les déprédations pour quelques jours. Elles recommençaient bientôt de plus belle : le règne des Ramessides de la XXe dynastie fut occupé presque en entier à les combattre, mais avec si peu de succès qu'après la mort du dernier d'entre eux, les grands-prêtres d'Amon, demeurés maîtres de Thèbes, résolurent de dérober les momies les plus vénérées, celles des Pharaons et des hauts personnages sacerdotaux, aux profanations dont elles étaient l'objet. Ils les firent extraire de leurs tombes, et ils les réunirent en groupes qu'ils cachèrent dans plusieurs endroits de la nécropole thébaine. Les opérations se firent en si grand secret qu'elles échappèrent à l'attention des voleurs : les cachettes furent oubliées bientôt de ceux mêmes qui les avaient choisies, et les Pharaons qu'elles renfermaient dormirent en paix jusqu'à nos jours.

Ce fut seulement pendant l'été de 1875 qu'un fouilleur de Cheikh Abd-el-Gournah découvrit l'une d'elles. La masse d'objets qu'elle contenait était telle et de maniement si difficile qu'il ne put profiter que de la moindre partie de sa trouvaille, celle qui était le plus facile à transporter et à dissimuler. Dès le printemps de 1876, un officier général anglais, du nom de Campbell, montrait à M. Maspero le rituel hiératique du grand-prêtre Pinotmou. En 1877, M. de Saulcy faisait entrer au Louvre les dernières pages d'un long papyrus ayant appartenu à la reine Notmit, mère de Hrihorou, et dont le commencement est aujourd'hui en Angleterre; Mariette avait lui-même acheté à Suez deux autres papyrus, écrits au nom d'une reine Tiouhator Honittaoui. Vers le même temps, les statuettes funéraires du roi Pinotmou apparaissaient sur le marché, les unes fines, les autres grossières. Bref, le fait d'une découverte devint tellement évident, qu'en 1879, M. Maspero affirmait déjà d'une tablette, appartenant alors à Rogers bey, acquise plus tard par le Musée du Louvre, qu'elle provenait d'un tombeau avoisinant le groupe encore inconnu des tombes de la famille de Hrihorou ; en réalité elle provenait de la cachette de Deir-el-Bahari, où la momie à laquelle elle appartenait s'est retrouvée.

Rechercher l'emplacement de ces hypogées royaux était

donc l'un des principaux objets du voyage que M. Maspero entreprit dans la Haute-Égypte aux mois de mars et d'avril 1881. Un seul point était acquis, le nom des personnages qui avaient vendu les objets déjà connus, Abd-er-Rassoul Ahmed, de Sheikh Abd-el-Gournah, et Moustapha aga Ayad, vice-consul d'Angleterre et de Belgique à Louxor. Ce dernier, couvert de l'immunité diplomatique, échappait aux poursuites. Le 4 avril, Abd-er-Rassoul Ahmed fut arrêté, et naturellement, il nia tous les faits que le témoignage des voyageurs européens mettait à sa charge : le 6 avril, il fut expédié à Qéneh, où le moudir, Daoud pacha, instruisit le procès de la famille. Les interrogations et les débats eurent pour unique résultat de provoquer de nombreux témoignages favorables à l'accusé. Les notables et les maires de Gournah déclarèrent, sous la foi du serment, qu'Abd-er-Rassoul Ahmed n'avait jamais fouillé et ne fouillerait jamais, qu'il était incapable de détourner le moindre objet d'antiquité, à plus forte raison de violer une tombe royale. Pour le moment, le Service n'avait rien à opposer que le témoignage d'étrangers absents : Abd-er-Rassoul Ahmed fut mis en liberté provisoire, sous la garantie de deux de ses complices. Mais son arrestation, les deux mois d'emprisonnement qu'il avait subis, la vigueur avec laquelle l'enquête avait été conduite par S. E. Daoud pacha, la conviction où l'on était que l'affaire reprendrait, lui avaient donné fort à réfléchir. La discorde se mit entre lui et ses quatre frères. Après un mois de discussions et de querelles, l'aîné d'entre eux, Mohammed Ahmed Abd-er-Rassoul, se résolut brusquement à tout révéler. Il se rendit secrètement à Qéneh et fit sa déclaration au moudir. Celui-ci en référa aussitôt au Ministre de l'Intérieur qui transmit la dépêche à S. A. le Khédive Tewfik, qui décida d'envoyer un des employés du Musée à Thèbes.

M. Emile Brugsch conservateur-adjoint, fut délégué d'urgence : il partit le samedi 1ᵉʳ juillet, accompagné de MM. Ahmed effendi Kamal, secrétaire-interprète du Musée, et Tadros Moutafian, inspecteur de la circonscription des Pyramides.

Le mercredi 5, ils furent conduits par Mohammed Ahmed Abd-er-Rassoul au caveau funéraire : jamais cachette ne fut mieux dissimulée. La chaîne de collines qui sépare le Bab-el-Molouk de la plaine thébaine forme, entre l'Assassif et la vallée des Reines, une série de cirques naturels, dont le plus connu était jusqu'à présent celui où s'élève le monument de Deir-el-Bahari. Dans la muraille de rochers qui sépare Deir-el-Bahari du cirque suivant, juste derrière la butte de Sheikh Abd-el-Gournah, à soixante mètres environ au-dessus du niveau des terres cultivées, on creusa un puits de 11 m. 50 cent. de profondeur sur 2 mètres de largeur. On y pratiqua au fond, dans la paroi ouest, l'entrée d'un couloir qui mesure 1 m. 40 cent. de large sur 1 m. 80 cent. de haut. Après un parcours de 7 m. 40 cent., il tourne brusquement vers le nord et se prolonge sur une étendue d'environ 60 mètres, sans garder partout les mêmes dimensions : en certains endroits, il atteint 2 mètres de large, en d'autres, il n'a plus que 1 m. 30 cent. Vers le milieu, cinq à six marches grossièrement taillées accusent un changement de niveau assez sensible, et, sur le côté droit, une sorte de niche inachevée montre qu'on a songé à changer une fois de plus la direction de la galerie. Celle-ci débouche enfin dans une sorte de chambre oblongue, irrégulière, d'environ huit mètres de longueur. Le premier objet qui frappa les yeux de M. Brugsch fut un cercueil blanc et jaune au nom de Nibsonou. Il était dans le couloir à 0 m. 60 cent. environ de l'entrée ; un peu plus loin, un cercueil dont la forme rappelait le style de la XVIIᵉ dynastie, puis la reine Tiouhathor Honittaoui, puis

Séti Iᵉʳ. A côté des cercueils et jonchant le sol, des boîtes à statuettes funéraires, des canopes, des vases à libations en bronze, et, tout au fond, dans l'angle que forme le couloir en se redressant vers le nord, la tente funèbre de la reine Isimkhabiou, pliée et chiffonnée comme un objet sans valeur, qu'un prêtre trop pressé de sortir aurait jeté négligemment dans un coin. Le long du grand couloir, même encombrement et même désordre ; il fallait s'avancer en rampant, sans savoir où l'on mettait les mains et les pieds. Les cercueils et les momies, entrevus rapidement à la lueur d'une bougie, portaient des noms historiques, Aménôthès Iᵉʳ, Thoutmosis II ; dans la niche près de l'escalier, Ahmôsis Iᵉʳ et son fils Siamanou, Saqnounrî, la reine Ahhotpou, Ahmasi Nofritari et d'autres. Dans la chambre du fond, le pêle-mêle était au comble, mais on reconnaissait à première vue la prédominance du style propre à la XXᵉ dynastie : les arabes avaient déterré un plein hypogée de Pharaons. Le bateau du Musée, mandé en hâte, n'était pas encore là ; mais on avait sous la main l'un des pilotes, réis Mohammed, sur lequel on pouvait compter. Il descendit au fond du puits et se chargea d'en extraire le contenu : MM. Brugsch, Ahmed effendi Kamal et Tadros Moutafian recevaient les objets au fur et à mesure qu'ils sortaient de terre, les transportaient au pied de la colline et les rangeaient côte à côte, sans ralentir un instant leur surveillance. Quarante-huit heures d'un labeur énergique suffirent à tout exhumer, mais il fallait mener le convoi à travers la plaine de Thèbes et au delà de la rivière jusqu'à Louxor. Plusieurs des cercueils, soulevés à grand'peine par douze ou seize hommes, mirent de sept à huit heures pour aller de la montagne à la rive, et l'on se figurera aisément ce que dut être ce voyage, par la poussière et la chaleur de juillet.

Enfin, le 11 au soir, momies et cercueils étaient tous à Louxor, dûment enveloppés de nattes et de toiles. Trois jours après, le vapeur du Musée arrivait ; le temps de charger, et aussitôt il repartait pour Boulaq avec son frêt de rois. Chose curieuse ! de Louxor à Qouft, sur les deux rives du Nil, les femmes fellahs échevelées suivirent le bateau en poussant des hurlements et les hommes tirèrent des coups de fusils, comme ils font aux funérailles. L'ensemble de la trouvaille, rendu à Boulaq vers le 20 juillet, fut d'abord exposé pêle-mêle, sans classification autre que celle qui résultait des dimensions et de la nature des objets. Il fallut quatre ans d'étude pour parvenir à savoir ce qu'on possédait. Le déroulement des corps commença au mois de mai 1886, et se continua jusque dans les derniers jours de juin : ils furent mesurés, inspectés, décrits minutieusement et toutes les précautions prises pour en assurer la conservation. Néanmoins, ils se sont endommagés gravement depuis la découverte, et quelque soin qu'on ait mis à les entourer de substances préservatrices, les insectes se sont attaqués à la plupart d'entre eux : on peut prévoir le jour où ils disparaîtront sous leurs atteintes. Cependant, ils ne représentaient qu'une partie, la moindre, des momies mises à l'abri par les prêtres, et l'on était certain que d'autres cachettes existaient encore dans la nécropole. Elle furent cherchées en vain par M. Maspero, au sud de Deïr-el-Bahari, avec plus de bonheur, à l'est de la même localité, par M. Grébaut qui mit au jour l'un des souterrains où l'on avait entassé les corps des prêtres et des prêtresses d'Amon thébain, qui sont exposés dans la galerie méridionale. En 1898, M. Loret, s'inspirant des rapports de quelques arabes, reprit la piste, mais dans le Bab-el-Molouk lui-même. Les fouilles, menées avec une ténacité remarquable, furent couronnées de succès et aboutirent, le

12 février 1898, à la découverte de l'hypogée de Thoutmosis III, violé dès la XXᵉ dynastiie et dont la momie avait été cachée dans le trou de Deir-el-Bahari par les grands-prêtres d'Amon thébain. M. Loret y récolta divers objets curieux, entre autres des panthères et des statuettes en bois bituminé, et deux momies de femme qui sont aujourd'hui dans nos collections (v. salle R, mur sud). Encouragé par ce résultat, il pratiqua des sondages sur un autre point de la vallée, entre les tombeaux nᵒˢ 12 et 13, presque en face de l'hypogée de Ramsès III : le 8 mars, il mit au jour l'entrée d'un souterrain nouveau qu'il reconnut avoir été celui d'Aménôthès II, fils de Thoutmosis III. Le sol de l'antichambre était jonché d'objets brisés, vases et statuettes en bois et en albâtre, barques fragmentées. Celui de la chambre funéraire disparaissait sous une litière véritable de débris analogues, statuettes en bois du roi et de plusieurs divinités, *Répondants* au nom d'Aménôthès II et d'un prince royal Ouabkhousenou, croix ansées ☥ et *dadou* ☥ en bois et en émail bleu, et les mille objets intacts ou brisés qu'on verra plus loin dans les vitrines de la salle R. La momie du Pharaon était encore dans son sarcophage, couverte de fleurs et de feuilles desséchées, et trois des quatre réduits qui ouvrent sur la salle funéraire contenaient des amas d'objets d'offrandes, jarres éventrées, paquets d'étoffes, viandes emmaillotées, vases en terre émaillée verte ou bleue, *Répondants* enfermés dans de petits cercueils; on voyait en outre, dans l'un d'eux, trois momies entièrement dépouillées de bandelettes, un enfant d'une quinzaine d'années, coiffé de la grosse tresse des princes royaux, une femme, un homme. Le quatrième réduit, creusé dans la paroi droite, était à demi fermé par une muraille de moëllons; lorsque M. Loret y pénétra, il y aperçut neuf cercueils étendus sur le sol, six au fond,

trois en avant, qui laissaient sur la droite un petit intervalle libre : cinq avaient des couvercles, quatre en étaient dépourvus. M. Loret pensa d'abord que c'étaient seulement des membres secondaires de la famille d'Aménôthès, frères ou fils n'ayant pas régné, mais bientôt, examinant les noms tracés sur les couvercles des cercueils ou sur les linceuls, il reconnut une série de Pharaons des trois grandes dynasties thébaines, le complément de la première trouvaille de Deîr-el-Bahari, Ramsès IV, Siphtah, Séti II, Aménôthès III, Thoutmosis IV, Setnakhiti, Ramsès V, Ramsès VI, plus un personnage qu'il identifia avec Khouniatonou, le roi hérétique de la XVIIIe dynastie.

M. Loret avait déjà empaqueté et embarqué ses momies, lorsqu'à la suite de divers incidents d'ordre administratif, il reçut l'injonction d'avoir à les réintégrer dans leur cachette; il ne transporta à Gizéh que les restes du mobilier funéraire et les offrandes, qui furent exposés dans deux salles spéciales. Les momies demeurèrent sur place près de deux années; ce fut seulement en janvier 1900 que, d'accord avec Sir William Garstin, sous-secrétaire d'État au Ministère des Travaux Publics, M. Maspero put donner suite aux intentions de transport de M. Loret. Le tombeau d'Aménôthès II fut aménagé pour recevoir le public. On laissa dans l'antichambre, sous la protection d'une barrière et d'un grillage, la momie étendue sur la barque funéraire ; on recoucha les trois momies nues de femme, d'enfant et d'homme, dans le réduit qu'elles occupaient au moment de la trouvaille ; on remit le cercueil entr'ouvert d'Aménôthès II dans son sarcophage, et l'on réussit ainsi à donner en partie aux visiteurs la sensation de l'aspect que le tombeau d'un Pharaon pouvait présenter, lorsque le Pharaon reposait dans son tombeau. J'ajoute qu'en novembre 1901, un habitant du village de Sheikh Abd-el-Gournah, croyant que la momie était couverte de bijoux précieux, força l'entrée de l'hypogée, arracha les bandelettes. Désappointé de ne rien trouver, il emporta la barque de l'antichambre qui, étant plus d'à moitié pourrie, dut ne pas arriver intacte chez lui : la momie qu'elle portait fut brisée à ce moment, mais la momie du Pharaon et les trois momies du réduit sont demeurées intactes. Les neuf momies transférées à Gizéh n'y furent point exposées : comme le déménagement du Musée était prochain, on pensa qu'il valait mieux leur éviter le séjour de salles trop humides ou trop surchauffées, et on les enferma tout emballées dans une pièce inaccessible aux touristes. Toutefois, M. Groff avait, dès le premier jour, déclaré que M. Loret avait lu trop vite le nom de Khouniatonou sur la poitrine de l'une d'elles ; il croyait qu'une étude moins rapide donnerait le nom de Ménephtah. Au mois de mars 1900, la caisse qui renfermait la momie indécise fut ouverte en présence de MM. Schäfer, Borchardt, de Bissing, Brugsch, Daressy, Groff, Maspero, et l'aspect de l'inscription originale donna raison à M. Groff. Il reste donc acquis que nous possédons la momie du fils et successeur de Ramsès II, ce Ménephtah que la tradition reçue généralement avait identifié au Pharaon de l'Exode noyé dans la Mer Rouge.

L'ensemble de cette série royale est contenu dans les salles P, Q, R et S.

SALLE P.

La salle P contient les plus célèbres des Pharaons retrouvés en 1881 et en 1898, dans la cachette de Deîr-el-Bahari et dans le tombeau d'Aménôthès II.

Centre de la Salle.

1174. — Long. de la momie 1 m. 85 cent.

Saqnounri Tiouâken est un des derniers rois de la XVIIe dynastie. Son cercueil est trapu, lourd, recouvert d'une couche de stuc blanc, jadis doré ; la tête et la coiffure sont peintes en jaune, l'uræus est au front. Une bande verticale d'hiéroglyphes descend de la poitrine aux pieds et se termine sous le talon. Les caractères, d'abord tracés hardiment à l'encre, ont été maladroitement retouchés à la pointe après la dorure, et sont déformés dans plus d'un endroit, si bien qu'on serait tenté de lire Satnounri ou Râ-stenen-Tiouâten, si l'on ne connaissait point, d'autre part, la forme réelle du nom. La momie était enveloppée d'une étoffe grossière et ne portait aucune inscription apparente. Elle a été ouverte le 9 juin 1886. Saqnounri a été assassiné par des conjurés, ou bien il a trouvé la mort dans une bataille, au cours de la guerre contre les Pasteurs. Un coup de hache lui a enlevé la joue droite et brisé la mâchoire inférieure, mettant les dents à découvert. Un autre coup de hache a entamé le crâne et pratiqué une fente par laquelle une partie de la cervelle a dû s'échapper. Enfin, un trou produit par une lance ou par un poignard, est béant près de l'orbite droit. Le corps entier est en mauvais état de conservation, ayant dû être embaumé à la hâte.

Vitrine A.

1175. — Long. de la momie 1 m. 67 cent.

Cercueil en bois, reproduisant les contours généraux du corps. Le fond est jaune ; la chevelure, les ornements et les traits du visage sont relevés de bleu. Sur la poitrine, un pectoral montre les cartouches du roi Nibpahitiri Ahmôsis Ier et la figure d'Amon-Râ. Le maillot de la momie porte sur la poitrine le nom du roi tracé à l'encre en hiératique. La momie a été ouverte le 9 juin 1886.

Derrière le cercueil, dans l'armoire B, est le couvercle du cercueil d'Ahmôsis Ier.

Vitrine C.

1176. — Long. de la momie 1 m. 69 cent.

Cercueil à fond blanc, qui appartient à Aménôthès Ier, fils d'Ahmôsis et de Nofritari. La momie est revêtue d'une toile orange maintenue par des bandes de toile ordinaire. Elle porte un masque en bois et en carton peint, identique au masque du couvercle. Elle est enveloppée, des pieds à la tête, de longues guirlandes. Une guêpe, attirée par les fleurs, était entrée dans le cercueil au moment de l'enterrement ; elle s'y est conservée intacte et nous a fourni un exemple probablement unique d'une momie de guêpe.

Armoire D.

Couvercle du cercueil du roi Aménôthès Ier. Les inscriptions à l'encre, tracées sur la poitrine, nous ont conservé deux procès-verbaux de visites de la momie par les inspecteurs chargés d'en vérifier l'état et d'en assurer l'entretien. La première raconte que «l'an VI, le 7 du troisième mois de Pirit, le premier prophète d'Amon-Râ, roi des dieux, Pinotmou Ier, fils de Piânkhi, envoya restaurer l'appareil funèbre du roi Sorkerî Aménôthès » ; la seconde dit plus solennellement que, «l'an XVI, le 22 du quatrième mois de Pirit, le premier prophète d'Amon-Râ, roi des dieux, Masahirti, fils du roi Pinotmou, envoya renouveler l'appareil funéraire *de ce dieu*», c'est-à-dire d'Aménôthès, qui, en effet, était adoré et recevait un culte régulier. — XVIIIe et XXIe dynasties.

Vitrine E.

1179. — Long. de la momie 1 m. 77 cent.

Cercueil à fond blanc dont l'inscription est au nom de Akhpirniri Thoutmosis Hikouasit, c'est-à-dire de Thoutmosis II, petit-fils du précédent. La momie, recouverte de toile blanche, porte, tracée sur la poitrine, une inscription où il est dit que, «l'an VI, le 7 du troisième mois de Pirit, le premier prophète d'Amon-Râ, Pinotmou, fils du premier prophète d'Amon-Râ, Piânkhi, envoya restaurer l'appareil funèbre du roi Aâniri » (*sic*), ce qui est une étourderie du scribe, pour Akhpirniri.

Le couvercle du cercueil de Thoutmosis II (n° 1179 *bis*) est dans l'armoire F.

Vitrine G.

1181. — Long. de la momie 1 m. 60 cent.

Cercueil jadis peint et doré, aujourd'hui défiguré par les voleurs ; l'intérieur est enduit d'une couche de bitume qui rend les légendes presque entièrement illisibles. La momie portait, attachées au corps, deux petites rames et une poignée de joncs qui avaient servi de support aux fleurs d'un grand bouquet monté. Elle avait été fouillée par les arabes, et elle était en si mauvais état qu'il fallut l'ouvrir à son arrivée au Musée. Le corps avait été brisé en trois endroits, dès l'antiquité, et les morceaux, réunis tant bien que mal, étaient enveloppés d'une toile aussi fine que la plus fine batiste.

Par-dessus se trouvait une sorte de suaire, malheureusement déchiré en plusieurs morceaux : il est chargé de longs textes hiéroglyphiques, tracés à l'encre et empruntés pour la plupart au *Livre des Morts*. Une sorte d'introduction nous apprend que cet exemplaire sacré a été tracé par ordre spécial du roi Aménôthès II pour son père et prédécesseur Thoutmosis III, fils de la reine Isis, dont le nom nous apparaît ici pour la première fois. Cette mention, à laquelle le scribe égyptien attachait probablement peu d'importance, nous donne pourtant la solution d'un des problèmes les plus obscurs de l'histoire d'Égypte : en nous montrant que Thoutmosis III, fils de Thoutmosis II, était né d'une concubine, elle nous explique pourquoi la reine Hatshopsouïtou, fille de Thoutmosis Ier et de la reine Ahmasi, avait pour elle le droit héréditaire, et, par suite, la préséance sur son demi-frère Thoutmosis II et sur son neveu Thoutmosis III ; ils lui durent de régner, Thoutmosis II, après son mariage avec la princesse héritière, Thoutmosis III, après son mariage avec la fille d'Hatshopsouïtou et de Thoutmosis II.

Le couvercle du cercueil de Thoutmosis III est dans l'armoire H.

Vitrine I.

1480. — Long. de la momie 1 m. 75 cent.

Grand cercueil blanc, dont les pieds ont été brisés anciennement ; les traits sont relevés de noir, les yeux sont en émail. Sur la poitrine, au-dessous des cartouches, Manmaîtri Séti Ménephtah, de Séti Ier, on lit trois procès-verbaux en hiératique de longueur différente. D'après le premier, «l'an VI, le 7 du deuxième mois de Shaît, le premier prophète d'Amon, Hrihorou, envoya restaurer l'appareil funéraire du roi Séti Ier»; le second déclare que, «l'an XVI, le 7 du quatrième mois de Pirit, sous le roi Siamanou Hrihorou, on retira le roi Séti Ier de son tombeau pour le déposer dans la tombe de la princesse Anhapou». L'opération faite, le prêtre chargé du culte royal témoigna devant le Pharaon de la condition de la momie, et déclara que le corps n'avait souffert aucun dommage dans le transfert. Enfin «en l'an X, le 11 du quatrième mois de Pirit, sous le grand-prêtre Pinotmou Ier, le roi Séti Ier fut transporté dans le tombeau d'Aménôthès Ier»; en foi de quoi on écrivit le troisième et dernier procès-verbal. La momie était enveloppée d'une forte toile jaunâtre et ne portait aucune inscription apparente.

Vitrine J.

1177. — Long. de la momie 1 m. 80 cent.

Cercueil en bois, non peint, en forme d'Osiris; les yeux et les traits sont rehaussés de noir, les mains tiennent encore un sceptre. Sur la poitrine sont tracés à l'encre les cartouches Ousirmari Sotpenri, Ramsès II Mariamanou, et trois inscriptions, dont l'une, effacée à l'éponge, a été surchargée, mais reste encore lisible en partie. Elle a pour objet de constater que l'an VI, le grand-prêtre Hrihorou fit restaurer la momie de Ramsès II. Des deux inscriptions restantes, l'une raconte que l'an XVII, le 7 du quatrième mois de Pirit, le grand-prêtre fit retirer le corps de Ramsès II du tombeau de Séti Ier où on l'avait déposé; l'autre, tracée rapidement au sommet de la tête, nous apprend que l'an X du grand-prêtre Pinotmou, on transporta Ramsès II dans le tombeau d'Aménôthès, en même temps que son père Séti Ier.

Le style du monument et certains détails d'orthographe nous reportaient à la XXe dynastie plutôt qu'à la XIXe. Pour savoir si la momie était bien celle de Ramsès II, comme le prétendent les inscriptions du couvercle, M. Maspero fit enlever une partie des bandages qui paraissaient être mal attachés, et il trouva, sur la poitrine du maillot original, une inscription à l'encre en hiératique, dont la teneur ne laisse subsister aucun doute; le grand-prêtre Pinotmou Ier y déclare qu'il a fait réparer l'appareil funéraire de Ramsès II en l'an XVI. Le cercueil dans lequel le conquérant était enfermé primitivement avait été détruit et dut être remplacé; c'est là ce qui explique et l'aspect du monument et les particularités orthographiques des cartouches. La momie a été mise au jour le 1er juin 1886, devant S. A. le Khédive Tewfik.

Vitrine K.

1198. — Long. de la momie 1 m. 69 cent.

Momie de Ramsès III. Le cercueil, peint en rouge brun et formé par des épaisseurs de toile superposées, était enfermé dans le grand cercueil (voir n° 1173) de Nofritari. L'appareil de bandelettes de ce roi avait été refait en l'an XIII du roi Pinotmou, comme en fait foi le procès-verbal inscrit sur un des suaires et qu'on verra exposé plus loin. Deux pectoraux, l'un en or, l'autre en bois doré, étaient attachés au cou du roi : ce pectoral d'or est exposé dans la salle des bijoux, sous le n° 970.

Vitrine L.

1182. — Long. de la momie 1 m. 75 cent.

Momie du Pharaon Ménephtah, fils et successeur de Ramsès II, trouvée dans le cercueil de Setnakhîti. M. Loret crut y reconnaître la momie du Pharaon hérétique de la XVIIIe dynastie, Khouniatonou. M. Groff affirma le premier que c'était Ménephtah, et la lecture du cartouche, tracé en écriture hiératique sur la poitrine de la momie, démontra la justesse de son opinion. Le fait était d'autant plus intéressant à constater, que Ménephtah serait, d'après une tradition d'époque alexandrine, le Pharaon de l'Exode, celui qui, dit-on, aurait péri dans la Mer Rouge. La momie n'a pas été encore déroulée.

Vitrine M.

1178. — Long. de la momie 1 m. 63 cent.

Momie du Pharaon Siphtah Ménephtah, deuxième successeur du précédent. Elle est enfermée dans un cercueil qui fut gratté pour effacer le nom du premier possesseur. Elle a été réemmaillotée par les prêtres et elle porte sur les jambes le prénom du roi. Elle a été trouvée en 1898 par M. Loret, dans la tombe d'Aménôthès II : elle n'a pas été encore déroulée.

Vitrine N.

1183. — Long. de la momie 1 m.

Momie du Pharaon Aménôthès III, de la XVIIIe dynastie, dont le tombeau se trouve dans la vallée de l'ouest, à Thèbes. Elle fut découverte en 1898, par M. Loret, dans le tombeau d'Aménôthès II : elle n'a pas été déroulée encore.

VESTIBULE DE LA SALLE P.

Le centre et la partie occidentale de ce vestibule sont occupés par de petits objets ayant appartenu aux momies des rois et des grands-prêtres, trouvées à Deïr-el-Bahari en 1881.

Centre du vestibule.

Vitrine A.

La vitrine A contient un choix de figurines funéraires en terre émaillée bleue, au nom des membres de la famille des grands-prêtres d'Amon, Pinotmou Ier, Nsikhonsou, Nsitanebashrou, Màkerî et Honittaouï, Zodphtahefonkh, Isimkhabiou, Màkerî et Isimkhabiou II, Pinotmou II.

Armoire B.

L'armoire B contient, au centre, un grand panier en joncs coupés, aplatis et assemblés, qui était rempli d'offrandes au moment de la découverte. Ces offrandes consistent en cuissots de gazelle, tête de veau, volailles diverses, momifiées et enveloppées de toile, représentant les provisions de la reine Isimkhabiou dans l'autre monde. C'était le repas qu'on lui avait servi le jour des funérailles, et dont la présence dans la tombe lui assurait la reproduction à l'infini des objets ainsi préparés. Comme dessert, on avait joint à ces viandes les fruits du palmier-doum, des raisins, des dattes, des grenades ; le pain est pétri de cette farine grossière qu'on obtenait en écrasant le blé et la dourah entre deux pierres, et dans laquelle on rencontre des grains entiers. Les vases à libations, en bronze, proviennent d'une sellette analogue à celle qu'on rencontre plus loin dans l'une des armoires de la galerie Q. Les vases en émail bleu, destinés à recevoir les offrandes, portent le nom de la princesse Nsikhonsou ; d'autres sont en émail jaune ou vert et en mosaïque de verre noire et blanche. Le n° 1221 est une étoffe d'une merveilleuse finesse, provenant de la momie de Thoutmosis III. Elle était à même le corps et elle en formait l'enveloppe intérieure : on avait mis sur le roi même ce qu'il y avait de meilleur dans son linge (cfr. p. 329, n° 1181).

GALERIE Q.

Les cercueils et momies des princes et princesses thébains de la XXIᵉ dynastie sont rangés le long du mur nord de la galerie Q, et parmi eux, le cercueil du Pharaon Ramsès IV.

Côté nord de la Galerie.

Vitrine A.

1195. — Bois émaillé. — Long. de la momie 1 m. 65 cent.

Cercueil de beau travail. Une feuille d'or recouvrait la caisse entière, à l'exception de la tête et de quelques détails. Les hiéroglyphes et les parties principales de l'ornementation sont composés de fragments de pierres précieuses et d'émaux incrustés dans l'or : le tout formait un ensemble d'une richesse et d'un éclat à peine concevables. Par malheur, le cercueil a été gratté et il ne reste plus que des lambeaux de la décoration primitive. C'était le cercueil de la reine Notmit, mère du prêtre-roi Hrihorou. La momie avait été fouillée par les arabes et le papyrus enlevé. Une partie du papyrus est déposée au Louvre, l'autre est au British Museum.

Derrière la vitrine, contre le pilastre, est dressé le couvercle de ce cercueil (n° 1204).

Vitrine B.

1183. — Long. de la momie 1 m. 60 cent.

Cercueil peint en blanc et momie du Pharaon Ramsès IV, fils et successeur du conquérant Ramsès III. Le tout a été découvert par M. Loret en 1898, dans le tombeau d'Aménôthès II. La momie est fort endommagée et elle n'a pas été encore déroulée.

Derrière ce cercueil, debout contre la muraille, on voit le couvercle noirci au bitume de l'un des cercueils de la princesse Nsitanebashrou.

Armoire C.

1213. — Le couvercle du cercueil du grand-prêtre d'Amon Pinotmou II, est debout dans cette armoire ; on verra plus loin le cercueil et la momie.

Vitrine D.

1199. — Long. de la momie 1 m. 75 cent.

Cercueil d'abord peint et doré, puis noirci au bitume. C'est à grand'peine qu'on peut y lire le nom de la prêtresse d'Amon Nsitanebashrou, fille de Nsikhonsou (cfr. p. 352, n° 1196), et probablement de Pinotmou II.

Les deux couvercles de ce cercueil sont dressés contre le mur, à droite et à gauche de l'armoire C qui contient le couvercle du cercueil du grand-prêtre Pinotmou.

Vitrine E et Armoire F.

1198. — Long. de la grande momie 1 m. 50 cent., de la petite 0 m. 42 cent.

Cercueil renfermant les momies de la reine Mâkerî et de sa petite fille. La reine Mâkerî, épouse du grand-prêtre et roi Pinotmou Ier, mourut en mettant au monde l'enfant qui fut enseveli avec elle.

Les couvercles des cercueils de Mâkerî sont, le plus important enfermé dans l'armoire F, les deux autres dressés contre le mur à la gauche de cette vitrine.

Armoire G.

Couvercle du cercueil de Thoutmosis Ier; la momie est exposée sur le palier de l'escalier nord-ouest (v. p. 348, n° 1216). L'inscription qui nous donne le cartouche royal avait été gravée sur le devant du couvercle en très beaux caractères hiéroglyphiques. Vers le début de la XXIe dynastie, lorsque le Pharaon eut été retiré de son tombeau, le cercueil fut usurpé par le roi-prêtre Pinotmou Ier et recouvert d'une ornementation d'or et d'émail semblable à celle qu'on voit sur le cercueil de Notmit (v. p. 335, n° 1195). La richesse de cette décoration excita l'avidité des gardiens : ils enlevèrent l'or et les émaux, ne respectant que la tête, le collier et le pectoral placé sur la poitrine.

Vitrine H.

1202. — Long. de la momie 1 m. 55 cent.

Cercueil de la reine Tiouhathor Honittaoui, probablement femme du grand-prêtre Pinotmou Ier.

Vitrine I et Armoire J.

1238. — Cercueils et momie de la reine Isimkhabiou Iere, fille du grand-prêtre d'Amon Masahirti, et femme du grand-prêtre d'Amon Manakhpirri, mère du grand-prêtre d'Amon Pinotmou II.

Les couvercles sont exposés, celui du cercueil extérieur dans l'armoire J, les autres, à côté de cette armoire.

Cage K.

1194. — Dessin exécuté par MM. Vassalli bey et Émile Brugsch bey.

En pénétrant dans le tombeau, M. Émile Brugsch bey ramassa, à l'entrée du long couloir, un paquet de cuir grossièrement roulé, qui paraissait avoir été jeté là par quelque prêtre égyptien pressé de sortir. En le développant, on reconnut que c'était une des pièces principales du catafalque sous lequel on plaçait le cercueil pendant la cérémonie des funérailles. La partie centrale, qui en figurait comme le toit, représente le ciel étoilé, sur lequel les vautours de Nekhabit étendent leurs ailes pour protéger le mort ; une bordure d'ornement en cuir découpé la relie à quatre pièces, formées de carrés verts et rouges disposés en damier, qui pendaient de chaque côté du cercueil et l'enfermaient comme une tente. Les inscriptions sont au nom de la reine Isimkhabiou, fille de Masahirti et femme de son oncle Manakhpirri ; elles souhaitent un repos heureux à celle qui repose sous le dais funèbre.

Les fragments de l'original sont exposés le long du mur méridional, au-dessus des armoires W-A' (v. p. 347).

Vitrine L et Armoire M.

1190. — Long. de la momie 1 m. 70 cent.

Cercueil du grand-prêtre d'Amon, général en chef, Masahirti, fils du roi Pinotmou Ier et père de la reine Isimkhabiou. Le couvercle est dressé derrière le cercueil, dans l'armoire M.

Vitrine N.

1189. — Long. de la momie 1 m. 77 cent.

Cercueil dans lequel a été trouvée la momie du prêtre d'Amon, *fils royal de Ramsès*, Zadphtahefonkhou. Les cercueils ont été usurpés à divers personnages, dont le plus important était un prophète d'Amon du nom de Nsishounopi. Le titre *fils royal de Ramsès* appartient à plusieurs personnages de la XXIᵉ et de la XXIIᵉ dynasties ; il ne suppose pas qu'un Ramsès aurait régné vers cette époque. De même que la famille des Ramessides se perpétuait en des reines, qui transmettaient à leurs enfants des droits héréditaires, elle se perpétuait en des princes qui avaient quelques-uns des titres et des honneurs de la royauté ; un Ramsès de cette famille n'avait pas besoin d'être roi pour que ses fils eussent le titre de *fils royaux*. Zadphtahefônkhou se rattachait à la famille de Pinotmou II par un lien qui nous est encore inconnu. Les bretelles que sa momie porte sont estampées au nom du grand-prêtre d'Amon Ouapouti, fils du roi Sheshonq Iᵉʳ.

Les couvercles des deux cercueils sont exposés, le couvercle extérieur dans l'armoire O, et l'intérieur à côté de cette armoire.

Vitrine P.

1203. — Long. de la momie 1 m. 62 cent.

Cercueil de la chanteuse d'Amon-Râ, roi des dieux Taiouhrit. Le papyrus de cette femme, conservé à Leyde, nous apprend qu'elle était fille du père divin d'Amon, Khonsoumos, et de la chanteuse d'Amon Tantamanou. La tête et les mains de la caisse extérieure ont été détachées par les arabes et vendues à des touristes.

Vitrine Q et Armoire R.

1184. — Cercueil et momie de la princesse Nsikhonsou. Le couvercle du cercueil extérieur est exposé dans l'armoire R.

Vitrine S.

1214. — Long. de la momie 1 m. 72 cent.

Cercueil du grand-prêtre d'Amon, général en chef, Pinotmou II, fils d'Isimkhabiou et du grand-prêtre Manakhpirri.

Armoire T.

1234. — Couvercle et cartonnage du cercueil de Pinotmou II, revêtus, à la hauteur des genoux, de bandes de cuivre estampé (cfr. p. 336, n° 1213).

Vitrine U.

1185. — Long. de la momie 1 m. 60 cent.

Cercueil et momie du Pharaon Thoutmosis IV, découverts en 1898 par M. Loret, dans le tombeau d'Aménôthès II. La momie est bien conservée. Elle porte le prénom royal tracé à l'encre, sur le devant du linceul; elle n'a pas été encore déroulée.

Côté sud de la Galerie.

Les cages et armoires, qui sont rangées le long du côté sud de la galerie, contiennent une bonne partie des toiles et des objets de mobilier funéraire qui appartenaient aux momies exposées le long de la paroi nord. C'est d'abord, contre la face nord du pilastre sud-est :

Cage V.

On y rencontre une partie des objets précieux découverts sur les momies royales de la première trouvaille de Deir-el-Bahari, amulettes, pectoraux, scarabées, éperviers aux ailes déployées qu'on plaçait sur la poitrine du mort, fleurs de lotus épanouies, en or, en bronze doré, en terre émaillée. Les emboîtages en or (n° 1245) ont été trouvés aux doigts de Masahirti (cfr. p. 339, n° 1190).

Armoire W.

Le fond du corps central de l'armoire W est garni d'une grande toile qui recouvrait la momie de Ramsès III (n° 1210). Un tableau, esquissé grossièrement à l'encre noire, nous montre le roi debout, faisant l'offrande à Osiris, le dieu des morts, et à Amon-Râ, le dieu de Thèbes : l'inscription tracée au-dessous nous apprend que ce linceul était un don du chef des blanchisseurs. Il semble, qu'au moment de l'embaumement, et chaque fois qu'on avait à rhabiller une momie, chacun des membres de la maison royale ou pontificale apportait une pièce d'étoffe fabriquée par lui ou dans sa maison : il inscrivait son nom sur ce don, avec une formule pieuse, et nous devons à cette dévotion posthume plus d'un renseignement précieux pour l'histoire.

Le reste de l'armoire est rempli par des canopes, par des vases en verre ou en terre émaillée multicolore, par des perruques provenant des momies sacerdotales de la XXIe dynastie. Les Égyptiens, hommes et femmes, chargeaient leurs têtes, pendant les cérémonies civiles ou sacrées, de perruques en cheveux ou en crins de dimensions variées : celles de la seconde époque thébaine, sous les XIXe, XXe et XXIe dynasties, sont d'un volume extraordinaire.

1206. — Roseaux blancs.

Boîte renfermant une perruque de grande taille, en poil de mouton noir et en cheveux mêlés. Au moment de la découverte, elle était encore maintenue par deux sceaux en terre sigillaire, au nom du grand-prêtre d'Amon Manakhpirrî ; la perruque était destinée par conséquent à la reine Isimkhabiou, femme de ce personnage.

Armoire X.

Le fond de l'armoire X est rempli par trois de ces longs linceuls qu'on trouve, sous la grosse enveloppe de treillis et sous l'enveloppe couleur orange ou rose éteint, sur les momies des XIXe, XXe et XXIe dynasties. Celui de gauche (n° 1222) ne porte qu'un Osiris, tracé à l'encre, et il appartenait au roi-prêtre Pinotmou. Celui du milieu (n° 1224) provient de la momie de la reine Notmit, et il nous montre cette reine agitant les sistres devant Osiris. Celui de droite a été trouvé sur la dame Taiouhrit (n° 1233).

Au centre, et appuyé contre le linceul de la reine Notmit, on aperçoit (n° 1225) une plaque de bois, couverte d'une belle écriture hiératique. On y lit la copie des décrets rendus par le dieu Amon-Râ en l'honneur de la dame Nsikhonsou, au moment de sa mort, et destinés à lui assurer son bonheur dans l'autre monde. Ce sont des formules analogues à celles que nous avons notées déjà dans la salle G, sur le papyrus n° 686 (cfr. p. 225).

Quatre perruques de diverses tailles s'échelonnent à droite et à gauche de la plaquette en bois, côte à côte avec deux canopes de forme inusitée. Sur le devant, on remarque une momie d'enfant et un petit cercueil en bois (n° 1226) au nom de Soutimès, qui renfermait un foie humain au moment de la découverte : les prêtres qui ont transporté les momies royales s'en sont servi pour remplacer le canope de l'un des souverains.

Armoire Y.

Le fond de l'armoire W est occupé, comme celui de la précédente, par trois linceuls historiés : à gauche celui du roi-prêtre Pinotmou Ier (n° 1222); au centre, celui de Ramsès III (n° 1229) avec inscription, mais sans figure; à droite, celui d'un personnage anonyme, qui, au lieu de figurer Osiris, s'est figuré lui-même aux encres noire et rouge, dans un dessin d'une hardiesse et d'une pureté remarquables.

Une perruque de cérémonie (n° 1233), un des canopes de la dame Taiouhrit, l'Osiris en bois évidé (n° 1232) qui contenait le papyrus de la reine Honittaoui, des offrandes enveloppées d'étoffes et des statuettes en émail bleu, garnissent les deux côtés de l'armoire, tandis qu'au centre on voit un panneau (n° 1228) découpé dans un cercueil de particulier mais qui fut adapté à la momie du roi Ramsès Ier. On y lit, en écriture hiératique, les restes du procès-verbal des opérations par lesquelles on tira la momie du roi de son tombeau, avant de la déposer dans la cachette de Deir-el-Bahari. La rédaction en est identique à celle des procès-verbaux de Séti Ier (v. p. 330, n° 1180) et de Ramsès II (v. p. 331, n° 1177).

1230. — Une boîte de momie, en forme de gazelle, renferme une momie de gazelle soigneusement embaumée; c'était probablement la gazelle favorite de la reine Isimkhabiou, qu'on lui donna pour compagne dans la tombe.

1231. — Une momie d'enfant refaite avec des débris, pour les raisons qui ont été dites ailleurs (cfr. p. 318); elle représente la momie de la princesse Sitamanou, dans le cercueil de qui elle a été trouvée.

Armoire Z.

Au fond sont étendus les linceuls de la princesse Nsikhonsou et du grand-prêtre d'Amon Masahirti (v. p. 339, n° 1190, et p. 340, n° 1184). Dans le corps du centre on rencontre successivement : un coffret en bois et en ivoire (n° 1208) au nom de Ramsès IX Nofirkerî, et un second coffret en marqueterie (n° 1211) au nom de la reine Hatshopsouitou Makerî, qui fut choisi par les prêtres, à cause de la ressemblance des noms, pour contenir, en guise de canope, les entrailles de la reine Mâkerî (v. p. 337, n° 1198). Les deux petites rames qu'on voit à droite et à gauche du groupe des coffrets, ont été trouvées sur la momie de Thoutmosis III (cfr. p. 329, n° 1181). Elles servaient à deux fins, d'abord à consolider le corps brisé, quand on le reconstitua, puis à donner au roi défunt le moyen de monter, comme ses prédécesseurs, sur la barque du soleil, et de parcourir le ciel avec le dieu.

Le reste de la vitrine contient des étoffes, entre autres le bandeau chargé de figures magiques qui décorait le front de la momie de Ramsès III, une perruque et des vases à libations en bronze, venant de sellettes semblables à celle qui est exposée sous le n° 1207 (cfr. p. 335).

Armoire A′.

Le fond de l'armoire A′ est couvert par des linceuls de même provenance que ceux qu'on a vus dans les armoires précédentes. D'autres étoffes pliées sont placées en avant des trois coffrets en bois, peints de couleurs gaies, qui contenaient les statuettes funéraires du roi-prêtre Pinotmou Ier (n° 1242) et de la reine Honittaoui (n°° 1243, 1243 bis). Dans les intervalles sont répartis les quatre canopes en albâtre de la reine Nofritari (n° 1241) et de la princesse Isimkhabiou (n° 1240).

Au-dessus de ces armoires sont rangés des panneaux carrés et rectangulaires, sur lesquels sont tendus les fragments de la tente en cuir de la reine Isimkhabiou ; c'est d'après ces fragments originaux qu'a été exécutée la restauration exposée dans la cage K, sous le n° 1194 (v. p. 338). En avant de ces fragments sont disposés des boites à canopes, des coffrets à figurines funéraires et des paniers provenant de la première trouvaille de Deïr-el-Bahari.

Paroi occidentale du palier de l'escalier nord-ouest.

Contre la paroi de l'escalier nord-ouest sont dressés trois des cercueils les plus remarquables de notre collection :

1251. — Haut. 1 m. 80 cent. — *Drah aboul-Neggah.*

Couvercle doré du cercueil de la reine Ahhotpou Ire, à laquelle appartenait le trésor exposé dans la galerie des bijoux. Elle est représentée le visage découvert, le corps entièrement recouvert des ailes d'Isis. La face est d'un travail fort soigné et paraît reproduire les traits mêmes de la reine. — XVIIIe dynastie.

1172. — Bois, Toile et Stuc. — Haut. 3 m. 20 cent. sans les plumes.

Cercueil gigantesque, formé par des épaisseurs d'étoffe superposées, tendues sur un châssis en bois léger et fortement imprégnées de stuc. Il est peint en jaune, et il porte sur une bande verticale le proscynème habituel en l'honneur de la reine Ahhotpou II, femme du roi Aménôthès Ier (cfr. p. 328, n° 1177). Il reproduit l'aspect des piliers osiriens qui décorent la cour de Médinet-Habou, à la coiffure près ; la perruque, les traits du visage et les colliers sont rehaussés de bleu. Il devait avoir sur la tête les deux plumes d'Amon et de Maout, comme celui de Nofritari (cfr. n° 1173). La momie, revêtue d'un joli linceul orange, était enfermée dans un cercueil de taille ordinaire, et s'est trouvée être celle de Pinotmou Ier (v. n° 1197).

1173. — Haut. 3 m. 17 cent., larg. aux coudes 0 m. 87 cent., épais. de la poitrine 0 m. 55 cent.

Cercueil gigantesque de la reine Nofritari, femme d'Ahmôsis et mère d'Aménôthès Ier : il porte sur la tête la double plume d'Amon et de Maout, identique d'aspect et de travail à celui d'Ahhotpou II (n° 1172).

En avant de ce groupe sont couchés, dans une vitrine plate à trois compartiments :

Vitrine A.

1197. — Cercueil du roi Pinotmou Ier ; la momie était renfermée dans le cercueil monumental de la reine Ahhotpou (n° 1172).

1215. — Long. de la momie 1 m. 85 cent.

Cercueil de la dame Râï, nourrice de la reine Nofritarit. Il est à fond vert, garni de bandes jaunes. Sur la face intérieure du couvercle est tracée une prière à la déesse Nouit en l'honneur de Râï. D'autres légendes, inscrites à l'intérieur près de la tête et des pieds, à l'extérieur sur les deux parois latérales, répètent le nom de la nourrice Râï. La momie de celle-ci a disparu. Elle a été remplacée dès l'antiquité par celle de la reine Anhâpou.

1216. — Long. de la momie 1 m. 54 cent.

Cercueil portant des textes au nom du prêtre-roi Pinotmou Ier. Il est du même type que celui de Notmît (v. p. 335, n° 1195). Il appartenait d'abord à Thoutmosis Ier ; après avoir été enlevé à ses premiers possesseurs, il a été approprié à l'usage de Pinotmou Ier, mais le nom de Thoutmosis reparaît çà et là sous la peinture plus récente. On le tailla presque entièrement à l'herminette pour enlever la dorure, et il présente à l'extérieur l'aspect d'une masse de bois informe.

La momie a été déshabillée par les arabes. Elle est dans un état admirable de conservation. En en comparant les traits à ceux des momies de Thoutmosis II et III, on trouvera qu'elle ressemble à ces souverains, tandis que le type en diffère totalement de celui des membres de la famille du grand-prêtre. Il est donc probable que Thoutmosis Ier a été remis par la suite en possession du cercueil que Pinotmou s'était approprié. C'est un vieillard aux traits fins et rusés, à la tête rase, au corps maigre et petit. Les dents sont usées à la façon des dents du cheval, comme on le voit encore chez certaines peuplades africaines qui se nourrissent de graines mal broyées.

Le couvercle est exposé dans la galerie Q, armoire G, n° 1195 (v. p. 337).

Côté nord du palier, entre les deux colonnes.

Vitrine B.

1102. — Long. de la momie 1 m. 77 cent.

La momie, couchée sur un fond de cercueil triangulaire, avait été dépouillée par les voleurs puis remise en état par les prêtres : d'après les restes du cartouche-prénom tracé à l'encre sur la poitrine, on voit que c'est celle du Pharaon Ramsès V. Elle a été découverte par M. Loret, dans le tombeau d'Aménôthès II, en 1898. — XXᵉ dynastie.

Vitrine C.

1173 *bis.* — Long. de la momie 1 mètre.

Momie de la reine Nofritari, dont le cercueil colossal est exposé sous le n° 1173, le long de la paroi ouest du même palier (cfr. p. 346). Au moment de la découverte, cette momie exhalait une odeur désagréable et paraissait être en un état de décomposition avancée. Enterrée quelques mois dans la chounéh du Musée de Boulaq, son séjour en terre dissipa ces symptômes de décomposition, et elle put être réintégrée dans nos collections.

Sur les faces des piliers sont rangés des coffrets à canopes ou à figurines funéraires, provenant, les uns du tombeau de Sannotmou (nᵒˢ 1247, 1253, 1251), les autres de la trouvaille de Deir-el-Bahari (n° 1246, coffret à canopes de la reine Notmit).

SALLE R.

La salle R comprend la fin des deux séries de momies royales découvertes en 1881 et en 1898.

Mur ouest de la Salle.

Vitrine A.

Momie de la princesse Sitkamos, sœur ou fille du Pharaon Ahmôsis. Le cercueil dans lequel elle se trouve ne lui appartenait pas à l'origine.

Vitrine B.

Elle contient le cercueil en bois peint du premier prophète d'Amon, premier prophète de Thoutmosis III, Râ, dans lequel la momie du Pharaon Ramsès VI, de la XXe dynastie, fut déposée vers la fin de la XXIe dynastie. La momie est trop endommagée pour qu'il soit possible de la mesurer. Elle a été découverte en 1898 par M. Loret dans le tombeau d'Aménôthès II, et elle n'a pas encore été développée.

Vitrine C.

1186. — Cercueil de la princesse Ahmashonittimihou; la momie, décorée de guirlandes, est fausse comme celle de la princesse Sitamanou (cfr. p. 344, n° 1231).

Vitrine D.

1191. — Longueur de la momie 1 mètre.

Cercueil extérieur de la reine Isimkhabiou (cfr. p. 338, n° 1238); il contient provisoirement la momie de la princesse Maritamanou, sœur d'Aménôthès Ier, ou peut-être même une momie plus ancienne substituée dans l'antiquité à celle de Maritamanou. — XVIIIe et XXIe dynasties.

1185. — Long. de la fausse momie 1 m. 20 cent.

Petit cercueil blanc de la princesse Sitamanou, fille d'Ahmôsis Ier (v. p. 327, n° 1175), et de Nofritari (v. p. 347, n° 1173). Un paquet de djérids, long de 1 m. 20 cent. et surmonté d'un crâne d'enfant, remplace le corps, brisé par les malfaiteurs qui violaient les sépultures. Cette restauration a été faite dans l'antiquité par les gardiens de la nécropole dont la surveillance avait été mise en défaut (v. p. 318 et 344, n° 1231). — XVIIIe dynastie.

Vitrine E.

1201. — Petit cercueil sans nom, contenant une momie d'enfant non développée.

Vitrine F.

1176. — Long. de la momie 0 m. 90 cent.

Cercueil identique d'aspect à celui d'Ahmôsis Ier (voir p. 327, n° 1175), et qui appartient au fils aîné de ce souverain, Siamanou. La momie est d'un enfant de cinq à six ans; elle porte, tracé en hiératique sur la poitrine, le nom de Siamanou.

Vitrine G.

Cercueil et momie de la dame Honitempait. — XVIIIe dynastie.

Vitrine H.

1191. — Long. du cercueil 1 mètre.

Cercueil de l'intendant Sonou; la momie de la reine

Maritamanou y avait été déposée au moment du transfert des momies royales dans la cachette de Deîr-el-Bahari.

Mur est de la Salle.

On y voit rangés successivement les Pharaons Ramsès Ier (cfr. p. 344, armoire Y, n° 1228), et :

1196. — Long. de la momie 1 m. 66 cent.

Cercueil au nom de la princesse Nsikhonsou, fille de la dame Tahonouthoti et probablement femme de Pinotmou II. Les cercueils de cette princesse n'avaient pas été fabriqués pour elle, mais pour Isimkhabiou. Ils ont été cédés par Isimkhabiou ou par ses parents à Nsikhonsou, dont le nom a été écrit en surcharge sur celui de sa compagne. La peinture surajoutée est tombée, et le nom primitif a reparu en plusieurs endroits. Cette première usurpation reconnue, on a dû bientôt en constater une seconde. A leur arrivée au musée, les deux cercueils renfermaient chacun une momie, et M. Maspero crut d'abord que ce dédoublement était le fait des arabes qui avaient trouvé et dévalisé la cachette de Deîr-el-Bahari. L'examen prouva qu'il était le fait des Égyptiens eux-mêmes. La momie n° 1196 porte écrit sur son maillot extérieur le nom de la supérieure des femmes d'Amon Nsikhonsou, avec la date de l'an VI. Les premiers linges enlevés, on trouva une autre inscription : «Expédition faite au temple, en l'an VII, pour emmailloter le roi Râkhâmouasit». La momie, qui paraît être brisée, n'a pas été dépouillée entièrement de ses bandelettes : en continuant l'opération, on trouverait, au lieu d'une Nsikhonsou ou d'une Isimkhabiou, annoncée par le cercueil, le corps d'un roi, probablement de l'un des derniers Ramessides, Ramsès XII, de la XXe dynastie.

1193. — Long. de la momie 1 m. 78 cent.

Cercueil à fond blanc, dessins en couleur, au nom du prêtre-scribe Nibsoni, né de Pahiri et de la dame Tamosou (le couvercle est sous le n° 1193 *bis*). La momie a la face découverte; elle est dans un tel état de conservation qu'on dirait le cadavre d'un homme mort depuis quelques jours à peine. — XXe dynastie.

1200. — Long. de la momie 1 m. 75 cent.

Cercueil en forme de momie, sans barbe et peint en blanc de manière à imiter le calcaire. La momie était emmaillottée à la façon des momies de la XVIIIe dynastie, et semblait intacte : elle était cousue dans une peau de mouton à laine blanche, et accompagnée de deux cannes à pomme en roseaux tressés. Elle exhalait une odeur infecte. Le 20 juin 1886, elle fut remise entre les mains du Dr Fouquet. L'opération du déroulement dura deux jours entiers et fournit les résultats les plus inattendus. Un premier linceul, puis un épais lacis de bandelettes, puis une couche de natron blanchâtre, chargé de graisse humaine; un second maillot, un second lit de natron, et le cadavre. Il n'avait pas été ouvert, et les viscères sont encore à leur place. Les matières préservatrices n'avaient pas été injectées ni introduites dans le corps; on les avait réparties à la surface de la peau, avec une habileté qui trahit une longue expérience de ce genre de travail. La momie était celle d'un jeune homme. Tous ceux qui l'ont vue ont supposé sur-le-champ que le prince avait été empoisonné; les indices relevés tendent à établir la mort par un poison convulsant. Aucun nom, aucune inscription ne nous renseigne sur le drame dont le prince fut la victime.

SALLE S.

On a réuni dans la salle S l'ensemble des objets découverts en 1898 et en 1899 par M. Loret, dans les tombeaux d'Aménôthès II et de Thoutmosis III, à Thèbes. Ces objets, épars pêle-mêle à terre dans les chambres de ces tombeaux (v. p. 324), ne représentent que la moindre partie des richesses qu'elles contenaient avant que les voleurs anciens ne les eussent saccagées : les bijoux avaient été enlevés, et il ne restait plus guère que les bois, les verres, les cuirs, tout ce qui n'avait point de valeur vénale à Thèbes, vers l'époque des Ramessides.

Côté nord de la Salle.

Armoire A.

Tout en haut, dans le fond de l'armoire, de grandes croix ansées ☥ alternent avec les quatre tablettes superposées qui forment la partie supérieure du Dadou 𓊽 : elles sont en bois peint, et leur présence au tombeau assurait au Pharaon une vie et une durée infinies.

La tablette supérieure, au-dessous de la ligne des emblèmes, porte une série d'admirables vases en terre émaillée bleu turquois, sur la plupart desquels sont tracés les cartouches d'Aménôthès II : le col en est entouré d'une bordure dentelée ou d'un simple ruban de couleur noire, des raies noires tracées horizontalement vers la naissance du goulot et sur la panse en rehaussent le galbe. Ils étaient destinés à contenir l'eau et les boissons du défunt. Au centre, une tête de veau en bois sculpté et peint se dresse, les yeux grand ouverts, et sous elle une grande tête de bœuf de même style, qui figurent probablement des offrandes de viande. Ce sont deux pièces de fort bon style, et le pelage bariolé du veau, ainsi que sa mine effarée, sont rendus avec un grand bonheur d'expression.

Le premier étage de la vitrine est rempli par des caisses de bois en forme d'oie, qui renfermaient à l'origine une oie embaumée pour le repas du *double*. On voit auprès d'elles des fragments de canopes en albâtre; les bouchons de terre estampée qui couronnaient les jarres pour le vin et pour l'eau; des *ouashbatiou*; des signes de vie ☥ en terre émaillée bleue; des vases à libations ⚱ et des figurines en bois goudronné, dont l'une représente le roi tenant de chaque main un vase à libations, tandis que les autres le montrent momifié et identifié avec les formes diverses d'Osiris; enfin, deux superbes uræus en bois, dont l'une, qui a la tête humaine et des ailes allongées, est l'image de la déesse Maritsakro, la maîtresse des morts dans la région thébaine, et avait été placée là afin de protéger le Pharaon contre ses ennemis d'outre-tombe.

Vitrine B.

La vitrine B renferme les débris des vases en pâte de verre, recueillis dans l'hypogée d'Aménôthès II. Ils étaient d'une facture merveilleuse, et l'on ne saurait trop regretter qu'ils aient été si brutalement traités par les voleurs de l'ancien temps. MM. Daressy et Barsanti ont réussi à en rétablir quelques-uns presque au complet, ainsi le magnifique vase à fond blanc qui se trouve dans la partie gauche de la vitrine, sur le devant. On y remarquera partout les mêmes motifs d'ornementation qu'on rencontre sur les petits vases de même forme dont on attribue d'ordinaire la fabrication aux Phéniciens. On a soupçonné longtemps que la plupart de ces derniers ou venaient des manufactures égyptiennes, ou avaient été exécutés à l'imitation des modèles égyptiens. Cette conjecture est confirmée par la présence au tombeau d'Aménôthès II d'une telle quantité de vases de ce genre, marqués aux cartouches du Pharaon et provenant de Thèbes. Toutes les espèces de verres alors connues s'y retrouvent représentées, verre transparent et incolore, verre opaque d'une seule couleur, verres décorés de feuille de fougère, de dents de scie, de rosaces; verres imitant l'agathe, l'onyx, le marbre, la serpentine.

Cadre C.

Le fragment de papyrus qui y est exposé nous offre ce qu'on pourrait appeler une édition condensée de certaines parties de l'un des *Livres de l'Hadès* (v. p. 223). Au lieu d'y reproduire *in extenso* les diagrammes et les légendes de telle ou telle heure de la nuit, on y a inscrit dans des compartiments spéciaux la figure des personnages qui peuplaient certaines de ces heures, avec l'indication de leur nombre, de leur nom, et de la formule qui leur correspondait. Ainsi, commençant par la droite, on voit successivement la figure d'un homme adorant avec son nom *Aouiti*, «l'adorateur», puis le chiffre 4, qui prouve qu'il y avait quatre de ces personnages, et au-dessous, à l'encre rouge, en deux colonnes, la légende : «Il entre dans l'Occident vers les gens de l'Hadès, maître des biens.» La case suivante montre un homme barbu, couché sur le dos dans les replis d'un serpent avec la légende: «les dieux qui sont dans les replis», et le chiffre 14 de ces personnages. La série continue de la sorte, et nous offre un bon exemple d'un *aide-mémoire* à l'usage des morts. Le *double* y voyait l'image, le nom, le nombre des divinités qu'il était exposé à rencontrer dans ses pérégrinations d'outre-tombe, et, si la mémoire venait à lui manquer, il n'avait qu'à consulter ce tableau abrégé : c'était moins long qu'un exemplaire complet du *Livre de l'Hadès* et aussi efficace.

Vitrine D.

Modèle en bois d'un navire de guerre de la flotte égyptienne. C'est la reproduction exacte des galères qui sont gravées sur les murs du temple de Deîr-el-Bahari, et les deux représentations se complètent l'une l'autre jusque dans leurs plus petits détails. Les saillies le long des flancs sont l'extrémité des baux qui reliaient les deux flancs et soutenaient le pont. Les pièces chevillées sur le pont, au nombre de vingt, sont les bancs des rameurs, dix par bande. Le mât et le gréement font défaut, ainsi que l'équipage : il ne reste à l'arrière que l'un des mâtereaux à corne qui supportaient les rames-gouvernails, et les débris de la plate-forme sur laquelle les pilotes étaient debout. Ces bateaux représentaient l'escadre qui avait convoyé le mort à sa demeure funéraire, et qui devait l'emmener à Abydos pour passer de là dans l'autre monde.

Sur le pilier qui sépare la vitrine D de la vitrine E, on a monté la carcasse en bois d'une figure d'Osiris. Un treillage la soutenait, sur lequel étaient clouées des pièces de bois courbes dessinant le contour de la couronne, de la tête, des épaules, d'une partie des bras et des reins. On ne sait si le corps de la figure était formé d'une marqueterie de bois et d'émaux multicolores ou d'une toile peinte. Au-dessous de cet appareil, on a reconstitué une des boîtes en albâtre à quatre compartiments, qui renfermaient les canopes d'Aménôthès II.

Vitrine E.

Bateau du même type que celui de la vitrine D, mais de plus grandes dimensions. Il avait dix-huit rameurs par bande : une partie du mur de la cabine d'arrière est encore debout, ainsi que les deux mâtereaux à cornes sur lesquels les rames-gouvernails jouaient.

Armoire F.

On y voit une partie des statuettes en bois goudronné qui peuplaient le tombeau de Thoutmosis III et d'Aménôthès II. Celle qui occupe le milieu de l'armoire représentait le roi lui-même, debout, en costume de cérémonie, le klaft et l'uræus au front, le bâton à la main. Outre le mérite artistique, qui est incontestable, elle présente un intérêt archéologique de premier ordre. Elle nous donne, en effet, un spécimen des statues du mort sur lesquelles la famille et les prêtres célébraient, le jour des funérailles, les cérémonies de l'*Ap-ro* : elle est une de celles qui, dressées sur un tas de sable, ainsi qu'il est vu au tombeau de Séti I*er*, étaient purifiées par l'eau et par le feu, puis avaient la bouche, les yeux et les oreilles ouvertes au moyen du ciseau, de l'herminette, du sac de cornalines, afin de pouvoir regarder, sentir, goûter la cuisse des bœufs et les offrandes du sacrifice funéraire. Ces rites accomplis une première fois, elles devenaient capables d'accomplir à jamais toutes les fonctions de la vie pour le *double*. Il y en avait auxquelles on accordait la grandeur naturelle, mais nous ne possédons plus que les pieds de celles-là. Les statuettes osiriennes, rangées à droite et à gauche du Pharaon, étaient également employées dans ces cérémonies; elles figuraient les divinités protectrices du mort et le mort identifié à elles.

Les deux panthères sont l'image de ces félins apprivoisés, dont les Pharaons aimaient à s'entourer et qui les accompagnaient à la chasse et même à la guerre : Ramsès II avait son lion avec lui à la bataille de Qodshou. Quelle était l'idée attachée à la présence du grand cygne en bois, nous l'ignorons; elle répondait à quelque vieille coutume, car l'on a trouvé une image du même oiseau au tombeau du roi Horou, sous la XIII⁰ dynastie (cfr. p. 412).

Les autres objets appartiennent au mobilier funéraire courant, sandales en sparterie, ostraca, vases d'offrandes, fragments de vases en pâte de verre tels que ceux de la vitrine B, des lames de couteaux et des paires de ciseaux en cuivre, des fragments de rames-gouvernails provenant des bateaux; les pièces les plus curieuses sont la portion de cabine en bois peint, seul reste d'une barque aujourd'hui détruite, et les trois plaquettes en émail bleu pâle sur l'une desquelles on aperçoit, tracée au noir violet, une figure de la déesse Safkhîtàboui, enfonçant en terre le pieu qui servait à marquer sur le sol les quatre angles d'un édifice en construction.

Armoire G.

Suite des statuettes en bois goudronné. Au centre une statue d'*Ap-ro*, identique à celle qui est exposée dans l'armoire F (cfr. p. 358). A côté d'elle, d'autres statues représentent le souverain en Horus nu, la tresse battant sur l'oreille droite;

en soldat combattant debout dans la barque solaire, coiffé de la couronne rouge et perçant de sa lance le serpent des eaux célestes; en Osiris momiforme. Les deux figures de lionne sont d'aussi bon style que les deux figures de léopard de l'armoire F. Deux grands boumérangs en demi-serpents servaient à chasser dans l'autre monde. Le reste de l'armoire est rempli par des émaux bleus, croix ansées ☥, *dadou*, fleurs de lotus, balles arrondies, vases en boutons de lotus, boîtes carrées, larges anneaux à section carrée, d'une richesse de ton admirable.

Côté sud de la Salle.
Armoire H.

Elle renferme plus de débris que d'objets complets : croix ansées et morceaux de croix ansées ☥, fragments de *dadou*; pieds et mains de statues en bois goudronné, qui représentaient le Pharaon de grandeur naturelle ou héroïque et qui servirent aux cérémonies de l'*Ap-ro* (v. p. 358); bras, jambes, pieds, têtes de statuettes en bois de petite taille qui avaient la même destination; pieds de lit en forme de jambes de lion (v. p. 245); vases en émail bleu, refaits à l'aide des pièces ramassées dans le tombeau. Le treillage en bois qui occupe la niche du milieu est le reste d'une carcasse d'Osiris, analogue à celle qui est placée contre un pilier entre les deux cages C et D (v. p. 357).

Armoire I.

Figurines funéraires d'Aménôthès II, les unes en terre émaillée bleue, les autres en bois goudronné, quelques-unes en grès rouge et en calcaire. Elles portent pour la plupart, sur le devant de la gaine, le texte du chapitre VI du *Livre des Morts* (v. p. 198-200). Les deux cercueils en bois noir, sans inscription, qui sont de chaque côté de l'armoire H, étaient dans l'une des pièces du tombeau de Thoutmosis III (v. p. 324). Ils renferment la momie de deux princesses de la famille du Pharaon, peut-être sa femme Sitâhou et sa fille Nofritarou, comme le pense M. Loret.

Vitrine J.

Grande galère du même type que celles qui sont exposées dans les vitrines D et E (v. p. 357 et 358). A côté d'elles, les restes des ornements en fleurs de lotus recourbées qui la décoraient, elle et les autres galères déposées dans le tombeau du Pharaon.

Vitrine K.

Débris du mobilier funéraire, croix ansées et boumérangs en émail bleu, massues, fouets, flèches, statuettes et débris de statuettes divines en albâtre. Sur le devant, trois des quatre briques que l'on plaçait aux quatre angles de la chambre funéraire, et sur chacune desquelles on posait une mèche allumée, au moment où l'on se retirait après avoir terminé la cérémonie de la mise au caveau : elles portaient une formule destinée à protéger le tombeau contre les dangers qui le menaçaient des quatre coins de l'horizon, et à ouvrir au défunt l'accès des quatre maisons du monde.

Armoire L.

On y retrouve les mêmes motifs et les mêmes objets que dans les précédentes, croix ansées, vases, sceptre *ouasou*, plaquettes rectangulaires, boîtes et décor en émail bleu, fragments de canopes en albâtre; statuettes de Sakhît, d'Osiris, du roi combattant, provenant les unes du tombeau de Thoutmosis III, les autres de celui d'Aménôthès II; un superbe vautour en bois coloré perché sur une colonnette ; des paniers, des boumérangs, et les couvercles des boîtes à *Répondants* d'Aménôthès II.

SALLE T.

Elle contient des cercueils et des cartonnages de momie, dont les plus anciens remontent à la XXe dynastie et les plus récents sont de la fin de l'âge ptolémaïque. Ils forment une série des plus intéressantes pour l'histoire de la sépulture en Égypte.

Les principaux sont:

Côté nord de la Salle.

1255. — Long. 1 m. 57 cent. — *Gournah.*

Joli cartonnage de momie de la dame Tapiriou. Sous les pieds, représentation du taureau qui court vers la montagne de l'ouest. — XXIIe dynastie.

1260. — Long. 1 m. 78 cent. — *Gournah.*

Cercueil et cartonnage du porteur de lait de la maison d'Amon, Tachos, fils de Nsikhonsou-Ouankhi. Ils sont décorés de scènes d'un dessin hardi et d'une couleur très vive. — XXVIe dynastie.

1270. — Long. 1 m. 80 cent. — *Gournah.*

Cercueil de la dame Naneferho, fille du prince de Thèbes, prophète d'Amon, Harsiési. Les figures et les textes sont tracés hâtivement, mais d'une main habile; ils offrent un bon spécimen de l'art funéraire, à Thèbes, pendant la première époque persane.

1271. — Long. 1 m. 80 cent. — *Gournah.*

Cercueil à fond blanc et à visage rouge, au nom de Nsikhonsou, fille du divin ami d'Amon de Thèbes, Harmâît, et de la dame Raouâit. — XXIIe dynastie.

1253. — Long. 1 m. 88 cent. — *Deïr-el-Médineh.*

Cercueil de la dame Isis, parente de Sannotmou.

1254. — Long. 1 m. 79 cent. — *Deïr-el-Médineh.*

Beau cercueil de Sannotmou. La tête est coiffée d'une perruque de cérémonie. A l'intérieur, un faux couvercle représente le défunt couché sur sa momie, en costume civil de la XXe dynastie. Il est vêtu d'une jupe blanche, et il a les pieds nus, ainsi que le bas des jambes et le buste : un large collier et des bracelets ornent la poitrine et les bras.

Sur la partie de la paroi est qui avoisine Sannotmou, on a dressé des cercueils en terre cuite d'assez bonne époque, décorés de scènes et de légendes aux couleurs noire, rouge et blanche. — XXe dynastie.

Côté sud de la Salle.

1252. — Long. 1 m. 66 cent. — *El-Hassaia.*

Joli cercueil incrusté de dorures du premier prophète d'Horus d'Edfou, Harsiêsi, fils de Nsipakhradou. Le couvercle du cercueil est soulevé, de manière à bien montrer la momie, entourée de bandelettes et de guirlandes de fleurs. Le papyrus a été laissé dans le cercueil, à la place même qu'il occupait près de la tête. Un masque doré protège le visage. Des colliers en cartonnage et en perles sont posés sur la poitrine, un réseau de perles couvre les jambes, les pieds sont garnis d'une gaine aux semelles peintes simulant la paille tressée. Le cercueil extérieur dans lequel cet ensemble était enfermé est exposé dans la seconde vitrine à droite. — Époque ptolémaïque.

1258. — Haut. 1 m. 79 cent. — *Fayoum.*

Cercueil d'Aménertas provenant des fouilles de M. Petrie. Il est couché sur un lit en bois à tête d'homme, bien qu'il fût destiné à une femme; le corps est peint en blanc et simule une robe plissée. — Époque ptolémaïque.

1256. — Long. 1 m. 80 cent. — *Cheikh Abd-el-Gournah.*

Le cercueil et la momie exposés dans cette vitrine appartenaient à une jeune fille du nom de Triphi, la Vierge. Ils ont été découverts à Thèbes, dans le tombeau de Nofirsokhrou, avec douze autres momies appartenant à une même famille qui vivait probablement au premier siècle avant l'ère chrétienne. La momie est dans un état parfait de conservation. Elle est recouverte d'un maillot en perles de verre, dont une partie seulement est visible. Elle porte encore ses guirlandes dans leur position antique, les chapelets de fleurs sur la poitrine, la couronne de Voix juste sur la tête. — Époque ptolémaïque.

1257. — Long. 1 m. 80 cent. — *Gournah.*

Cercueil et cartonnage de même style que celui de Tachos (cfr. p. 362, n° 1260), et sortant probablement du même atelier funèbre; seulement le masque est doré. Il appartient au récitant d'Amon, Nsipaouittaoui, fils de Nsikhonsoupakhradou. — XXVI° dynastie.

1259. — Long. 1 m. 80 cent. — *Cheikh Abd-el-Gournah.*

Joli cercueil blanc, à visage doré, de la prêtresse d'Amon Shaouiamenamous, fille de Takelôti, prince des Mashaouasha; le mot *prince* est exprimé par un terme *masou*, *mas*, emprunté à un dialecte libyen. — XXII° dynastie.

SALLE U.

En 1899, M. Loret continuant ses fouilles aux Bibân-el-Molouk, découvrit le tombeau intact d'un prince nommé Maiharpiri (Maherprà), qui dut vivre sous Aménôthès III, s'il faut en juger par une découverte faite en 1902. Ce personnage, dont la momie a été déroulée en 1901, était le fils d'une négresse et d'un Pharaon, peut-être Thoutmosis IV, et il occupa un rang considérable à la cour. Tous les objets trouvés au tombeau, dans les cercueils et sur la momie, sont réunis dans la salle U.

Centre de la Salle.

Cage A.

Le grand sarcophage rectangulaire (haut. 1 m. 60 cent., long. 2 m. 90 cent.) en bois goudronné, à figures et à légendes dorées, avait le couvercle ordinaire en dos d'âne, décoré de la même manière que la cuve. On voit sur celle-ci, aux deux extrémités, Isis et Nephthys, debout sur le signe de l'or ⌢ et récitant les invocations en l'honneur du défunt; sur chacune des parois latérales, la procession des Enfants d'Horus s'avance, du côté droit à la suite du chacal accroupi d'Ouapouaitou, du côté gauche à la suite d'un des yeux mystiques 𓂀 posé sur son support rectangulaire. Le couvercle porte extérieurement les deux yeux et les bandes d'hiéroglyphes qui nous donnent les noms des génies représentés sur la cuve, Amsiti, Anubis, Duaoumaoutf et Horus, à gauche; Hapi, Anubis, Kabhsanouf et Sibou, à droite. Dans le sarcophage, on a couché le long cercueil momiforme qui n'a jamais reçu la momie; il était en bois noir, avec la face et les mains dorées, de larges yeux en émail, des bandes dorées qui simulent les liens du linceul, et sur lesquelles le nom du défunt est inscrit avec les invocations ordinaires.

Vitrine B.

Elle renferme la plus belle partie du trousseau funéraire de Maiharpiri. Dans la partie nord, c'est un carquois en cuir gaufré rouge, avec couvercle en cuir rouge également gaufré et un liséré de cuir vert. Le carquois, d'origine asiatique fut importé en Égypte après la XII⁰ dynastie; peut-être celui-ci fut-il fabriqué sur un modèle syrien. Derrière le carquois sont étalées les flèches qu'il contenait, et, à gauche, la garde d'arc en cuir, de même travail que le carquois. Sur un socle spécial est posé un collier de chien en cuir rose au nom de la chienne Tantanouït, favorite du prince, et qu'on lui donna pour compagne dans l'autre monde.

Sur le côté ouest, le pain du mort, d'un aspect peu engageant, est étalé, avec un vase en terre évasé plein de feuillages, un disque en sparterie, un paquet de branchages ayant fait partie d'un des bouquets qu'on déposa dans la tombe le jour des funérailles, enfin un nouveau paquet de flèches en roseau, à pointe de bois dur ou de silex.

Sur le côté sud, autre carquois, moins bien conservé que le précédent, mais d'un travail plus soigné, en cuir rouge, partie gaufré et ciselé en relief au couteau, partie recouvert de lisérés et d'ornements en cuir vert cousus finement sur le cuir rouge. Par derrière, les flèches en roseau, et un second collier de chien en cuir rose, ciselé et relevé de filets en cuir vert; il est identique pour la grandeur à celui qui a été décrit plus haut.

Dans le côté est, on voit successivement un damier long en bois et en ivoire, avec ses pions en terre blanche et en émail bleu; un paquet de quatre anneaux de pied en émail bleu; des bracelets et des colliers en verroteries multicolores; des bracelets en bois d'ébène incrustés de métal ou de verres et qui nous offrent peut-être un spécimen de fabrication soudanaise; un fermoir en or et en émaux polychromes, qui a la forme d'une fleur de lotus à moitié épanouie; une belle coupe d'émail bleu, dont le fond est décoré de gazelles, de poissons et de fleurs au violet manganèse; des étoffes dont l'une porte le cartouche Mâkeri de la reine Hashopsouïtou; enfin un superbe vase en verre multicolore à fond bleu turquois, dont le col est entouré d'un linge et qui contient encore quelque parfum.

Au milieu de la vitrine, cinq vases en terre cuite, également bouchés, sont remplis des parfums canoniques.

Côté ouest de la Salle.
Cage C.

Beau coffret à canopes de Maiharpiri. Il est en bois goudronné, monté sur un traîneau, les légendes et les figures dessinés au vernis d'or.

Cage D.

Par une bizarrerie encore inexpliquée, Maiharpiri avait deux séries complètes de cercueils : le sarcophage et le cercueil noirs déjà décrits, des cercueils en bois dorés entièrement, dont l'un est enfermé dans la cage D. Les yeux sont en émail noir et blanc, les sourcils et la ligne de kohol en émail bleu. La momie était enfermée dans ce cercueil.

Cage E.

Sur une toile grossière, attachée à l'un de ces lits bas que l'on nomme *angarebs*, on avait disposé un semis de grains de blés dont le contour représentait la figure ordinaire de l'Osiris-momie; on avait arrosé cette plantation d'un nouveau genre jusqu'à ce qu'elle germât, et lorsque l'herbe avait atteint la hauteur de dix ou quinze centimètres, on l'avait couchée et fait sécher au feu, puis enfermé le tout au tombeau de Maiharpiri. C'est l'expression matérielle de l'idée d'après laquelle la vie sortait de la mort, comme le blé nouveau sort du grain de blé ancien enfermé en terre. Osiris avait végété de la sorte pour ressusciter, ainsi que le prouvent les tableaux tracés sur les parois des temples gréco-romains. Aux époques antérieures on rendait ce concept de deux manières : par les figures des quatre enfants d'Horus en cire remplie de grains de blé; par la figure Osirienne en blé germé dont nous avons ici un exemple unique jusqu'à présent.

Vitrine F.

Cercueil en bois, découvert dans le tombeau de Maiharpiri. La face et les mains sont dorées, les yeux en émail blanc et noir, les sourcils et le trait des yeux en émail noir. La coufiyèh qui couvre la tête est bleue rayée d'or, le collier était peint pour simuler des rangs de verroterie bleue et rouge montés sur or. Deux figures d'Isis et de Nephthys, agenouillées sur le signe de l'or, veillent à la tête et aux pieds. Le couvercle et la cuve portent les bandes de dorure ordinaire aux noms du défunt et des enfants d'Horus. Ceux-ci sont représentés en or sur les côtés extérieurs de la cuve, Amsîti, Anubis et Kabhsanouf, à gauche, Hapi, Anubis et Douaoumaoutf, à droite, où l'œil mystique veille sur l'épaule. Le tout forme un ensemble à la fois sobre et harmonieux. Le cercueil était resté vide, comme le cercueil noir de la cage A (v. p. 366), la momie ayant été placée dans le cercueil doré de la cage D (v. p. 368).

Derrière les vitrines D, E, F, on a exposé, dans cinq grands cadres, l'exemplaire du *Livre des Morts* qui fut déposé sur Maiharpiri. Il est en beaux hiéroglyphes cursifs écrits aux encres rouge et noire, et décoré de vignettes coloriées d'une facture souple et large. Les figures qui représentent le mort sont autant de portraits très habilement faits. L'artiste a donné à son sujet la chevelure crêpue, le profil et la coloration brune du mulâtre : il l'a vêtu du jupon court à pan triangulaire, retombant entre les cuisses, et sur lequel est passée la tunique d'étoffe transparente aux manches longues. Il lui a mis au cou un collier de verroterie, qu'accompagnent des emblèmes variés selon le chapitre qu'illustre la vignette : des bracelets d'or garnissent le poignet et l'avant-bras. C'est le plus bel exemplaire que l'on connaisse jusqu'à présent du *Livre des Morts* thébain de la XVIIIe dynastie.

Armoire G.

On y voit, aux divers étages, les vases en terre cuite de taille et de forme très variées qui ont été recueillis au tombeau de Maiharpiri. La plupart sont encore bouchés et contiennent le résidu des essences et des graisses qu'on y avait versées au moment de l'enterrement. A l'étage inférieur, sont rangés les quatre canopes en albâtre du prince.

Mur est de la Salle.
Étagère H.

Les boites en bois qui y sont exposées contiennent les provisions funéraires, oies, canards, pigeons, côtelettes, cuissots de chèvre, de gazelle et de bœuf, le tout momifié et empaqueté de linge pour résister à l'action du temps.

Étagère I.

Les grandes jarres encore bouchées qu'on y voit contiennent les résidus des parfums et des matières salines employées à la conservation du corps. L'analyse n'en a pas été faite et l'on en ignore la composition exacte.

L'objet exposé à gauche de l'armoire H ne provient pas du tombeau de Maiharpiri. C'est une sorte de chapelle, comme il y en avait dans toutes les maisons égyptiennes pour un fétiche domestique :

1276. — Bois. — Haut. 0 m. 90 cent. — *Sakkarah*.

Petit naos en bois, qui contenait la momie d'un singe. La porte à deux battants était fermée, suivant l'usage, au moyen de deux verrous. Un chacal est accroupi sur le toit.

SALLE V.

La salle V renferme, avec quelques monuments intéressants de l'empire memphite, l'une des séries qui excitent le plus la curiosité des visiteurs, celle des scarabées.

Côté nord de la Salle.

2. — Bois. — Haut. moy. 1 m. 45 cent., larg. moy. 0 m. 40 cent. — *Sakkarah*.

Ces cinq panneaux étaient encastrés dans les stèles ou fausses portes du tombeau de Hosi, à Sakkarah, nécropole de Memphis. Le style est d'une finesse remarquable, mais le groupement incertain des hiéroglyphes indique une époque où l'art de l'écrivain n'était pas encore soumis aux règles rigoureuses qu'on observa plus tard. Ce monument est antérieur à l'époque des grandes pyramides. — IIIe dynastie.

Vitrines A-B.

Les deux vitrines A-B contiennent une collection de ces *stèles d'Horus sur les crocodiles*, dont nous avons rencontré plus d'un beau spécimen dans le vestibule septentrional (v. p. 314, 317): celles-ci sont de petite taille, mais elles n'avaient pas pour cela moins d'efficacité que les autres, et, lorsqu'elles étaient placées à la porte ou dans une pièce de la maison, elles en défendaient l'accès à tous les animaux fascinateurs, représentés au tableau ou visés dans la légende. Quelques-unes portent, au lieu de l'Horus enfant, le dieu Bîsou dont les autres se bornent à nous montrer le masque grimaçant au-dessus de la tête de l'Horus.

Vitrines C-D.

Les mains en bois, en os ou en ivoire, droites ou courbes, sont les castagnettes avec lesquelles les danseuses égyptiennes rythmaient leurs mouvements : un cordon, passant dans les trous dont elles sont percées à l'une des extrémités, les assemblait par paires. Elles sont quelquefois décorées avec assez de goût, et même incrustées de pâtes bleues : la tête d'Hathor, ou plutôt le chapiteau en forme de tête d'Hathor, y forme un motif fréquent de décoration, ce qui n'a rien d'étonnant, Hathor étant la déesse de la musique et de la danse.

Les pièces en ivoire et en bois demi-circulaires qui accompagnent les mains sont des boumérangs votifs, qu'on plaçait sous la tête des vivants et des morts, afin d'écarter d'eux pendant leur sommeil les spectres et les revenants qui se glissent parmi les vivants pour leur sucer le sang, pour leur causer des maladies, ou pour leur susciter des rêves terrifiants. Les figures, qu'on y voit gravées au trait et relevées de noir, sont celles des génies attachés au boumérang par la formule de consécration, crocodiles gardiens de la tête d'Osiris, dieux Bisou qui sont le prototype d'Hercule étouffant les serpents, lionnes de Sakhît; génies à corps humain et à tête de taureau; Thouéris; griffons au corps moucheté de léopard, aux ailes d'épervier, au long cou de serpent, à la tête d'épervier; grenouilles, sphinx, lions, tortues, sceptres, yeux mystiques, tous armés de couteaux pour détruire le malin. Un de ces boumérangs, qui se termine en tête de renard finement ciselée, porte le cartouche d'un roi Sabkaï, dont il est le seul monument connu.

Vitrines E-Z.

Ces vitrines renferment notre collection de scarabées. Nul parmi nos petits objets n'est devenu plus populaire : il représente pour beaucoup de personnes ce qu'il y a de plus intéressant ou de plus précieux aux bords du Nil, et il est à leurs yeux comme le type le plus caractéristique de l'Égypte antique.

L'insecte qu'il représente est fréquent : c'est l'*ateuchus sacer*, qu'on rencontre si souvent, vers la lisière du désert, roulant la boule de fumier où il a déposé son œuf, ou qui, le soir, dans la vallée, vole aux fenêtres ouvertes, attiré par la lumière, et vient s'abattre lourdement dans les maisons. Les Égyptiens l'adorèrent dès la plus haute antiquité, comme ils adoraient d'autres insectes, la sauterelle, le criquet, la mante religieuse, certaines variétés de capricorne et de gros cerfs-volants, mais un jeu de mots fortuit lui donna une importance à laquelle les autres espèces n'atteignirent jamais. Son nom égyptien est *Khoprirou* 🪲 ⬭ 🦢, et le verbe qui signifie *exister, être*, est *Khopirou* 🪲 : l'assonance identifia les deux mots dans l'esprit du peuple, et fit promptement du scarabée l'expression de tout ce qui existe, ou fait exister, l'organe sans lequel l'homme ne serait point, le cœur, et le dieu qui est lui-même et qui donne l'être à tout ce qui est. On en multiplia l'image sur les vivants et sur les morts afin de leur assurer la perpétuité de l'être, et, comme tous les emblèmes religieux, honorés de tous, il fut employé en motif d'ornement et de bijoux. On eut des chatons de bague en scarabées, des pendants de collier en scarabée; ceux qui les portaient avaient là une parure en même temps qu'un amulette. La mode en passa à l'étranger : la Phénicie, Chypre, la Grèce, l'Étrurie, Carthage, la Sardaigne, fabriquèrent des scarabées à l'imitation des scarabées égyptiens. Ceux-ci sont de toute matière et de toute taille : en pierre dure, en ivoire, en os, en bois, en métal, en ambre, en frittes sableuses recouvertes d'une glaçure vitrée, en pâtes de verre colorées, en verre incolore et transparent, en terre émaillée. Il faudrait un volume entier pour en décrire exactement les variétés, et nous ne pouvons en indiquer ici que les séries principales.

§ 1. Vitrines *E-S*.

Elles ne contiennent guère que les scarabées du cœur. Au moment de la momification, les embaumeurs arrachaient le cœur du cadavre et ils le joignaient d'ordinaire aux viscères qu'on répartissait entre les vases canopes (v. p. 209, armoires C-D.). Le mort restait donc incomplet de ce chef, et il n'aurait jamais pu revivre, si on ne lui avait pas restitué,

— 375 —

à défaut de l'organe lui-même, un amulette qui lui tint lieu de l'organe : cet amulette était un scarabée : *Khopirrou* ou *Khoprirou*, grâce à qui l'homme existait *Khopirou* de nouveau. Il ne semble pas que l'usage de cette sorte de scarabée remontât au-delà du second empire thébain : de toute manière, il ne devint fréquent que sous la XX° et sous la XXI° dynastie. A cette époque, toutes les momies un peu soignées le présentent collé sur la peau même, non pas vers l'endroit du cœur, ainsi qu'on le croit d'ordinaire, mais vers le haut du thorax à la naissance du cou. Il est alors de taille assez forte, et il mesure parfois jusqu'à douze ou quinze centimètres de longueur. Il est le plus fréquemment en une pierre verdâtre, malachite, schiste, serpentine, feldspath, ou bleuâtre, lapis-lazuli naturel ou artificiel, plus rarement en calcaire ou en une pierre noire, obsidienne ou jayet. Le détail de l'insecte est souvent d'une précision et d'une délicatesse étonnante; quelquefois on voit des figures gravées au trait sur le corselet et sur les élytres, la barque solaire avec son disque sur le corselet, deux figures accroupies de Râ à tête d'épervier et d'Osiris sur les élytres, c'est-à-dire l'image des dieux les plus utiles aux morts pendant leur vie d'outre-tombe. Quand le plat est gravé, on y lit parfois le nom seul et les titres du propriétaire, le plus souvent, le chapitre XXX du *Livre des Morts,* celui qui, récité sur l'amulette, lui prêtait toute sa valeur et lui assignait son emploi : «O mon cœur qui me vient de ma mère,
«mon cœur qui est mon existence, ne te dresse pas contre
«moi en témoin, ne t'oppose pas à moi en juge, ne querelle
«point contre moi en présence du dieu grand, maître de
«l'Hadès, ni en face du gardien de la balance! Tu es le
«*double* qui est dans mon ventre, le dieu Khnoumou mo-
«deleur qui donne la santé à mes membres; quand tu te
«manifestes vers cette place heureuse [du jugement] où

« nous arrivons, ne dispose pas mal [contre moi] ces cheikhs
« qui donnent aux gens la condition durable, mais que ton
« nom nous soit bon quand nous entendons la félicité du
« jugement, et ne dis pas de mensonge contre moi, en pré-
« sence du dieu grand. »

Je signalerai rapidement quelques pièces importantes :
dans la vitrine I, le n° 740, qui est en lapis-lazuli artificiel et qui porte les cartouches du Pharaon Apriès de la
XXVI° dynastie; dans la vitrine K, le n° 992, qui est formé
d'un noyau en calcaire, auquel s'adapte un placage de
verre bleu; dans la vitrine M, des scarabées en terre émaillée
bleue, flanqués de deux ailes de même matière rattachées
au corps par des fils. Ces scarabées apparaissent vers la
XXII° dynastie, et quelques-uns sont de véritables scarabées
du cœur, mais la plupart ont un rôle et une signification
différente. Le scarabée volant, *âpaï* en égyptien, représente le soleil qui traverse le ciel sur ses ailes et qui se dirige
d'orient au sud et en occident à travers le jour : cousu sur
le maillot du mort, au milieu de la poitrine et en pende-
loque au collier large *ouaskhit*, il attribuait à qui le portait
la faculté d'entrer au jour et d'en sortir sans dommage
comme le soleil. A partir de la XXVI° dynastie, l'image
du scarabée volant est flanquée parfois de quatre figurines
en émail, qui sont les quatre enfants d'Horus, Amsîti,
Kabhsanouf, Hapî et Douaoumaoutf, qui présidaient aux
quatre points cardinaux et aux quatre *maisons* du monde,
à travers lesquelles le mort devait circuler avec le scarabée :
ils veillaient à ce que le voyage s'opérât sans danger. On
en voit quelques bons spécimens dans la vitrine I, les
uns isolés, les autres en compagnie de leur scarabée. Les
dadou et les nœufs épars dans les vitrines J-O, sont

associés assez étroitement au scarabée du cœur, les premiers en tant qu'emblèmes d'Osiris, les seconds comme symboles du sang d'Isis, grâce auquel le mort pouvait se diriger à volonté sur les voies du ciel et de la terre. La vitrine L renferme, à côté du magnifique scarabée n° 1005 en feldspath, des vases cordiformes 🝪, 🝫, 🝬, en terre émaillée bleue ou verte, ou en améthyste, qui remplacent parfois le scarabée ou l'accompagnent : l'un des vases en améthyste (n°ˢ 1003 et 1003 *bis*) est surmonté d'une tête humaine coiffée de la coufiyéh.

Les vitrines Q, R et S ne renferment que des variétés des types que je viens de décrire.

§ II. Vitrines T-D'.

Les vitrines couchées contiennent les scarabées-amulettes et bijoux, ceux qui portaient un nom d'individu, des souhaits de bonne année ou des emblèmes destinés à protéger le propriétaire contre un danger quelconque.

Les scarabées, noms ou cachets, paraissent avoir été en usage longtemps avant les autres. L'opinion courante est qu'on n'en possède point qui soient antérieurs à la première époque thébaine; j'en connais pourtant qui remontent certainement jusqu'à l'époque memphite, à la VI⁰ et même à la IV⁰ dynastie. Ils sont souvent fort difficiles à classer, et les caractères d'après lesquels on a proposé de les distinguer sont trop incertains encore pour qu'on s'y fie entièrement. On peut dire pourtant, d'une manière générale, que les scarabées où la légende est entourée d'un enroulement continu appartiennent plutôt à l'âge memphite et au premier empire thébain. L'inscription ne donne d'ordinaire que le nom du propriétaire et ses titres : «le gardien de maison Sonbou», ou «le policier de l'oasis Ouabhatpou». Les raisons qui ont déterminé les Égyptiens à choisir le scarabée comme cachet, peuvent être indiquées sommairement. Nous avons vu plus haut (v. p. 192, D), que le nom est indispensable à la perfection de l'individu : rien de ce qui n'est nommé n'existe, mais tout ce qui est nommé existe par la vertu seule du nom qu'il a reçu. Réunir en un même ensemble le nom qui donne l'existence et le signe de l'existence, en d'autres termes graver un nom sur un scarabée, c'était créer un amulette qui assurait à son possesseur le bienfait de l'existence aussi longtemps qu'il n'était pas détruit : l'existence, que le scarabée indiquait d'une manière générale, devenait le bien particulier du personnage qui gravait sur le plat du scarabée le nom et les titres dont l'ensemble constituaient sa personnalité.

C'est d'après le même principe que des figures ou des légendes inscrites sur un scarabée acquéraient la force et l'efficacité. Voici, par exemple, dans la vitrine U, un scarabée sur lequel on lit «dure ton nom, subsiste ta postérité». Ce souhait, isolé, n'avait qu'une valeur générale, mais inscrit sur le scarabée, *Khoprirou*, il prend l'existence dont l'insecte est la marque, il *existe* — *Khopirou* — pour la personne qui le porte ordinairement. On multipliait donc les formules pieuses, dans l'espoir de s'en procurer la réalité au moyen du scarabée qu'on avait au doigt, au poignet, au cou, sur n'importe quelle partie du corps, et, à défaut de formules pieuses, on gravait des images dont la réunion était un secours souverain contre l'attaque de telle divinité mauvaise, de tel spectre, ou de telle maladie que la présence d'un spectre pouvait occasionner. Nous savons, par exemple, qu'une main et un crocodile 🐊, superposés et gravés sur un chaton de bague, écartaient des enfants les revenants qui auraient pu s'attaquer à eux : la formule de consécration récitée sur cet amulette lui valait une puissance invincible. Ceux de nos scarabées sur lesquels on voit ces deux images combinées ont donc servi de charmes protecteurs contre les âmes en peine qui errent sur terre nuit et jour. La figure d'un sistre 🎵 à tête hathorienne chasse les malins, par la vertu d'Hathor à qui le sistre est consacré. Celle du dieu Bîsou 👹 éloigne les songes mauvais par la vertu de Bîsou. Celle des deux scorpions contrariés 🦂 préserve de la piqûre des scorpions, et celle du scorpion marié au crocodile 🐊 écarte la fascination du crocodile et du scorpion. Celle de l'*ouzaït* 𓂀 combine, contre le mauvais œil, les puissances de l'*ouzaït* et du scarabée. Par malheur, il y en a beaucoup parmi ces représentations dont nous ignorons le sens : le scarabée nous demeure alors inintelligible, et il nous faudra attendre pour l'interpréter la découverte d'un livre magique où son usage soit indiqué. C'est le cas pour quatre-vingt-quinze sur cent de nos scarabées et la plupart ne seront jamais compris de nous, car, à côté des combinaisons courantes dont tout le monde en Égypte saisissait le sens, il y en avait de singulières, que chaque individu composait lui-même ou se faisait composer par un sorcier pour son usage personnel, et dont seul il possédait la clef. Nos visiteurs peuvent être convaincus que beaucoup parmi les légendes de nos scarabées sont un mystère aussi impénétrable pour nous que pour eux.

Les vitrines V et W contiennent des empreintes de cachets, probablement des scarabées pour la plupart, que nous avons recueillies dans les tombeaux ou dans les ruines.

Celles de la vitrine V scellaient les boîtes à statuettes des grands-prêtres d'Amon découverts par M. Grébaut à Deîr-el-Bahari. Celles de la vitrine W, sur lesquelles on déchiffre les noms de Pharaons de la XXVI⁰ dynastie, fermaient des rouleaux de papyrus ou de parchemins, lettres ou actes notariés.

§ III. Vitrines E'-H'.

Les deux vitrines droites E'-F' contiennent un choix de scarabées, scarabées ailés ou scarabées du cœur, d'une finesse particulière : je citerai le beau scarabée n° 998 en verre irisé, le scarabée à tête humaine en schiste vert poli, et le scarabée en émail vert clair à tête d'épervier.

On a réuni dans les deux vitrines G'-H', la série presque complète de nos scarabées historiques. Si les particuliers croyaient obtenir la perpétuité de l'être en gravant leur nom sur l'insecte de l'être, à plus forte raison en était-il de même des rois : ceux-ci inscrivaient sur des scarabées leurs noms et leurs prénoms divers, quelquefois de courtes allusions à des faits historiques. Tous les scarabées qui portent les noms d'un Pharaon n'ont pas été nécessairement taillés de son vivant. Outre qu'un certain nombre de rois ont été adorés comme dieux à toutes les époques, beaucoup de prénoms royaux forment des professions de foi religieuse ou des souhaits de bonheur qui en faisaient de véritables formules magiques : ainsi Noferkeri ⊙ ☥ 𝌀 signifiait : « Bon est le double de Râ », Manakhpirrî ⊙ ▬ 🪲 prénom de Thoutmosis III : « Stable est le double de Râ », et, par suite, on fabriqua, longtemps après la mort de ces princes, des scarabées à ces noms. De plus, vers la fin de l'empire égyptien, les vieux rois thinites et memphites devinrent l'objet d'une vénération spéciale, et l'on crut les honorer en leur faisant des scarabées : c'est ainsi qu'on a rencontré, dans les tombeaux thébains de la XXII⁰ et de la XXVI⁰ dynastie, des scarabées aux noms des souverains de la IV⁰ et de la V⁰ dynastie, Sanofroui, Chéops, Chéphrên, Mycérinos, Tanchérés, Ounas. Notre collection ne possède aucun scarabée royal authentique qui soit antérieur au premier empire thébain.

Les scarabées à légendes historiques furent toujours assez rares. Pourtant Aménôthès III se plut à en fabriquer sur lesquels on lit des inscriptions de dix à quinze lignes. Nous en avons de deux types :

742. — Schiste. — *Abydos.*

Scarabée gravé à l'occasion du mariage d'Aménôthès III avec la dame Tii. — XVIII⁰ dynastie.

742 bis. — Schiste émaillé. — *Abydos.*

L'inscription raconte qu'Aménôthès III avait tué cent deux lions, de l'an I à l'an X de son règne. — XVIII⁰ dynastie.

743. — Pâte verte. — Haut. 0 m. 06 cent.

Scarabée au nom du roi Néchao, qui vainquit à Mageddo Josias, roi des Juifs, et qui fut battu à Karkémish par Nabuchodorosor II, roi de Babylone. — XXVI⁰ dynastie.

Armoire I'.

Vases, chevets et ustensiles provenant de tombes de l'empire memphite et du premier empire thébain. Sous le n° 56, couvercle d'albâtre au nom du roi Nofirkerî Papi II (VI° dynastie). Une étoffe de lin (n° 57), avec le nom du roi Papi Ier, provenait de sa pyramide qui est à Sakkarah. Les fragments d'un vase (n° 58) sont au nom du même Marirî Papi Ier. Une coupe au nom de Sanofroui (III° dynastie) a été découverte à El-Hibeh, près de Feshn. Enfin un casse-tête ⚒ en bois porte le nom du chef des prêtres royaux Shiri (III° dynastie).

Côté sud de la Salle.
Armoires J'-K'.

Elles renferment l'une et l'autre des objets provenant des tombeaux de l'ancien empire, petits vases d'albâtre et de bronze, tablettes d'offrandes, hiéroglyphes peints sur stuc, oies votives en calcaire, nourriture du *double* ou de la statue du défunt. Le grand moule porte en creux l'image des objets nécessaires au sacrifice, vases, couteaux, *poschkefaou*. Les disques en albâtre servaient de table pour les offrandes lors du repas ou du sacrifice funéraire. Les figurines en bois appartiennent à la XII° dynastie, et sont originaires de Meïr ou de Berchéh.

Armoire L'.

Elle contient, sous le n° 102, une barque trouvée à Sakkarah en 1884, dans le tombeau de Khopirkerî, et cinq autres barques funéraires, avec leur gréement et leur équipage complet.

Sous le n° 103 on remarque un modèle de grenier découvert par M. Grébaut, à Akhmîm, en 1888. Le grenier est divisé en cinq chambres; un escalier placé à gauche monte sur les toits, d'où l'on versait le grain à l'intérieur par une lucarne. On le retirait par de petites portes percées près du sol et fermées de volets qui se levaient en glissant dans des coulisses.

On voit sous le n° 104, une autre petite maison précédée d'une cour, et rapportée également d'Akhmîm par Grébaut, en 1889. A côté d'elle, viennent une figurine en bois peint, représentant une porteuse d'offrandes, deux petits personnages assis chacun devant un brasero, et enfin :

105. — Bois. — Haut. 0 m. 19 cent., larg. 0 m. 50 cent., prof. 0 m. 30 cent. — *Sakkarah*.

Une boîte ou une sorte de nécessaire portatif à l'usage des prêtres chargés du culte des morts. Elle contient une table d'offrandes et tout l'attirail des vases et des outils en bois, en albâtre, en bronze, dont on avait besoin pour servir le repas funéraire. — VIe dynastie.

A l'exception de la boîte et de son contenu, tous les objets exposés dans cette armoire sont de la XIe ou de la XIIe dynastie.

Armoire M'.

Elle contient une série de statuettes provenant de Gizéh et surtout de Sakkarah, notamment celle du nain Khnoumhotpou, chef de la lingerie (n° 78; haut. 0 m. 30 cent., Sakkarah, VIe dynastie); une autre, en bois, d'un homme

drapé dans un grand manteau (n° 80; haut. o m. 31 cent.);
au milieu de la tablette supérieure deux statues ensemble,
au nom de Sednimaît. La meilleure pièce, qui est l'un
des chefs-d'œuvre de notre collection, est la petite statue
placée au milieu de la tablette inférieure, et qui représente le chef du boisselage Nofirou. (Haut. o m. 36 cent.).

Armoire N'.

Suite des statuettes de l'ancien empire. Sous le n° 87
(calcaire; haut. o m. 52 cent.), un jeune homme, debout
et nu, un des serviteurs du mort, porte un sac sur
l'épaule gauche et une paire de sandales à la main droite.
Sous le n° 88 (calcaire; haut. moyenne o m. 40 cent.),
un homme et une femme brassent la pâte pour préparer la
bière. Sous le n° 89 (calcaire; haut. o m. 35 cent.), un
personnage est agenouillé, à l'expression douce et craintive.
Sous le n° 90 (calcaire; haut. o m. 40 cent.), un
personnage assis à terre, les genoux droits, lève la
main vers son front en geste de douleur. Puis des hommes poissent des amphores avant d'y mettre des liquides,
des femmes écrasent le grain pour fabriquer la farine,
et l'on a sous les yeux tout le personnel domestique dont les
images en bois sont conservées au complet dans la salle Y.

Armoire O'.

Elle ne comprend que des objets dont on a rencontré
déjà l'analogue dans les autres vitrines, des statuettes de
l'ancien empire, des figurines en bois, des barques et du
mobilier funéraire, provenant des tombes de Berchéh et
appartenant par conséquent au premier empire thébain.

Sur la partie méridionale du mur ouest de la salle, on a exposé :

3. — Peintures sur stuc détachées par Vassalli bey de l'un des mastabas de Meidoum et représentant des oies qui paissent. Un des chefs-d'œuvre de la peinture égyptienne. — IIIe dynastie.

SALLE X.

Elle contient une série de cercueils et de sarcophages carrés et de cartonnages, provenant de Thèbes pour la plupart, et ne présentant d'intérêt que par les formules dont ils sont couverts. On remarque pourtant, au centre de la salle, deux pièces uniques jusqu'à présent :

1254. — Long. 2 m. 48 cent., larg. 0 m. 92 cent. — *Déir el-Médineh*.

Traîneau funèbre de Khonsou, trouvé dans le tombeau de Sannotmou en février 1884. Des bœufs et des hommes traînaient ces sortes de corbillards à la corde jusqu'au pied de la colline. Là, des barres de bois, qu'on passait sous eux, permettaient aux amis du défunt de les soulever sur leurs épaules, au moment de l'élévation de la momie pendant l'office funèbre. Les dessins et les textes sont empruntés au *Livre des Morts* et sont d'une pureté de trait et d'une richesse de couleur extraordinaires. — XXe dynastie.

1259. — Long. 2 m. 58 cent., larg. 0 m. 92 cent. — *Déir-el-Médineh*.

Traîneau funèbre de Sannotmou, identique pour la forme à celui de Khonsou, avec lequel il a été trouvé.

Toutefois des espèces de moyeux placés sous le tout permettaient d'y adapter deux paires de roues, lors du transport au tombeau; on voit, sur les côtés longs du traîneau, les sillons courbes que ces roues y ont creusés en tournant. Les tableaux et les hiéroglyphes sont d'un travail plus remarquable encore que ceux du traîneau de Khonsou.

Côté est de la Salle.

Armoire A.

1262. — Haut. 1 m. 75 cent. — *Sakkarah*.

La momie appartenait à une femme; toutes les parties de son armure sont intactes et maintenues en place par des bandelettes. Le visiteur reconnaîtra chacune des pièces qu'il a déjà vu isolées dans nos armoires : le masque doré, aux lèvres et aux narines roses, aux yeux grands ouverts qui lui donnent un aspect mutin; le collier *ouoskhît*; les bandes placées sur les cuisses et qui contiennent une prière avec le nom du défunt; le cartonnage sur lequel sont peints les pieds et les sandales. Ces pièces sont couvertes de dessins exécutés avec le plus grand soin, et l'ensemble a je ne sais quoi de gai et de gracieux qu'on n'est pas accoutumé à rencontrer sur un cadavre. — Époque grecque.

Armoire B.

1164. — Haut. 1 m. 80 cent. — *Sakkarah*.

Le masque est revêtu d'un or si brillant que les visiteurs ont peine à le croire ancien. La momie est celle de Peteharpokhrate, fils de Psammétique : elle est enveloppée d'un cartonnage à fond rouge sur lequel est peinte en bleu l'imitation d'un réseau de perles. — Époque grecque.

Côté ouest de la Salle.

Armoire C.

1261. — Haut. 1 m. 72 cent. — *Sakkarah.*

Le nom a été laissé en blanc. Cartonnages dorés et non peints ; le collier *ouoskhit*, surmonté du scarabée et s'agrafant sur deux têtes d'épervier; image de Nouit, déesse du ciel, accroupie et tenant les deux plumes, symboles de lumière. — Époque grecque.

Armoire D.

1267. — Haut. 1 m. 70 cent. — *Sakkarah.*

Momie de Horiris (?), née de Tershou. Elle est du même style que le n° 1261, mais les cartonnages sont collés au maillot au lieu d'y être attachés par des bandelettes.

SALLE Y.

Elle est consacrée toute entière aux monuments funéraires du premier empire thébain, provenant de Memphis et de l'Égypte moyenne.

Côté nord de la Salle.

Les fragments de peinture, qui l'occupent presque entier, proviennent d'un hypogée détruit de Dahchour: M. de Morgan les a rapportés en 1895. On y distingue, en allant de l'ouest à l'est : 1° des épisodes de funérailles, l'arrivée du mort en barque et les cérémonies qui l'accompagnent, prières, offrandes, sacrifice du bœuf ; 2° le sacrifice du bœuf au moment de la mise au caveau, et le dépècement de la victime par les bouchers ; 3° la pêche au filet et les barques du mort cinglant vers l'autre monde ; 4° le mort, assis dans son fauteuil devant une table d'offrandes, puis debout, tandis que les pêcheurs débarquent pour lui présenter le poisson ; enfin, 5° le mort (disparu), porté vers le tombeau en palanquin, et au registre inférieur deux barques qui convoient en même temps le mobilier funéraire.

Armoire A.

Elle contient tout l'ensemble de statuettes en bois représentant les serviteurs du mort qui fut trouvé au tombeau de Papiniônkhou. Les habitants de l'Égypte moyenne avaient l'habitude de doubler, par des figures isolées, toutes les scènes qu'on se bornait ailleurs à graver sur les murailles de l'hypogée. Nous avons déjà vu des modèles des bateaux qui servaient à transporter le mort à l'hypogée (cfr. p. 207, vitrine W) ; voici maintenant les personnages qui jouent les scènes de cuisine ou de fabrication dont l'offrande était précédée nécessairement.

Au centre de l'armoire se dresse le maître lui-même, Papiniônkhou Kami (n° 236), qui semble surveiller ses gens : il a la longue jupe blanche, mais le reste du corps est nu. A sa gauche, dans la partie droite de l'armoire, deux femmes affrontées broient le blé avec une molette sur une pierre plate, et la farine blanche s'écoule devant elles (n° 237) ; une autre femme exécute la même opération, tandis qu'un homme allume le feu qui doit cuire le pain (n° 24); un cellerier poisse des jarres, où l'on versera le vin du mort (n° 251); un domestique s'avance gravement, portant sur le dos et sur la poitrine le bagage de son maître (n° 241); un rôtisseur tient de la main droite, au-dessus du brasier, une oie enfilée dans une broche de bois, et de la main gauche il avive la flamme avec un attise-feu, mais la broche et l'attise-feu ont disparu (n° 242); à côté, trois femmes brassent l'orge et fabriquent la bière (n°ˢ 239, 253), puis, dans un coin, un paysan pioche la terre, encore à-demi liquide de l'inondation, et il y enfonce jusque dans la cheville (n° 249). Sur le devant et dans la partie gauche de l'armoire, les mêmes opérations se répètent, fabrication de la bière et mise en jarre (n°ˢ 244, 246), broyage du grain, pétrissage de la farine, cuisson des pains au four (n°ˢ 238, 247, 252), rôtisserie (n° 245): une petite danseuse nue a perdu ses bras (n° 248), et trois porteuses de linge s'avancent en procession vers le maître (n° 250). Dans l'intervalle des scènes, un bœuf est couché, et un autre bœuf s'avance chargé d'une sorte de bissac cordé : il était conduit par un bouvier, qui a disparu sans laisser d'autres traces que ses deux pieds attachés au sol. Tout ce petit monde vient de Meïr et appartenait à la VIe dynastie.

Côté sud de la Salle.

D'autres fragments provenant du tombeau de Dahchour sont épars sur la muraille. Ce sont, d'ouest en est, 1° les restes d'une grande scène de pêche au trident, et un troupeau de bœufs: 2° une seconde pêche au trident dans un marais, et une chasse d'oiseaux aquatiques avec le boumérang; 3° l'apport de l'offrande, et le ballet de danseuses et de chanteuses qui accompagne le repas funéraire: 4° de nouveaux apports d'offrandes: enfin, 5° les gerbes de blé chargées sur des baudets, et le défilé d'une partie des barques qui composaient le convoi funéraire.

Armoire B.

Elle contient en partie des objets découverts en 1901, à Berchéh, par Ahmed bey Kamal, dans le puits funéraire d'un certain Thotnakhiti. Au centre, une des barques du convoi funéraire, poussée à la gaffe par l'équipage : elle portait les deux grands boucliers du mort avec sa marque distinctive, et un paquet de javelines serré dans un long étui de cuir blanc. Les quatre canopes en albâtre sont décorés d'un motif assez rare : deux bras dessinés au trait viennent se rejoindre sur la panse, et semblent supporter le nom de celui des quatre enfants d'Horus auquel le vase est confié, Amsîti, Hapi, Kabhsanouf et Douaoumaoutf. Les boules exposées dans le plat en terre cuite sont en verre pilé et aggloméré : elles étaient imprégnées d'un parfum dont l'odeur est encore légèrement perceptible, et elles sont pour le mort l'équivalent indestructible des boules d'encens ou de parfums analogues dont il usait pendant la vie ordinaire.

A l'angle de gauche, une scène curieuse : en avant d'une sorte d'édifice, représenté par un morceau de bois rectangulaire peint de manière à imiter une maison, des bouviers sont occupés à médicamenter un troupeau de bœufs, ainsi qu'on le voit sur la paroi des tombeaux. Les bœufs sont couchés : un des hommes, accroupi devant l'un d'eux, lui introduit dans la bouche la boulette préparée, tandis que les autres attendent leur tour.

Milieu de la Salle.

Vitrine C.

Tous les objets qui y sont exposés proviennent des tombeaux de Berchéh et sont de la XIIe dynastie. C'est le mobilier ordinaire du mort, mais simulé pour raison d'économie : petits vases en albâtre, modèles en bois des vases, des outils et des armes dont le mort avait besoin, étoffes, corbeille en une sorte de carton stuqué où tout un repas de canards, de petits oiseaux, de viandes, de légumes et de fruits est étalé en la même matière. Les deux pièces les plus curieuses sont deux statuettes en bois, malheureusement mutilées, et qui figurent deux naines aux jambes cagneuses et écourtées. Les grands seigneurs égyptiens avaient l'habitude de s'entourer de ces êtres disgraciés, dont ils faisaient des bouffons, et il leur plaisait les retrouver dans l'autre monde.

Vitrines D-E.

On y voit deux des monuments les plus curieux du Musée, deux compagnies d'infanterie provenant du tombeau d'un grand chef militaire de la XIe ou de la XIIe dynastie, Masahîti, prince de Siout.

1337. — Une compagnie de grosse infanterie, formée de quarante hommes, recrutés parmi le fond égyptien de la population, ainsi que le prouvent le type et la couleur des individus. Ils sont à peu près tous de même taille, bien qu'on y remarque un ou deux soldats qui sont au-dessus ou au-dessous de la moyenne, et ils ont tous le même équipement. Ils ceignent le pagne très court, couvrant à peine le bas des reins pour ne pas gêner la marche, avec une sorte de retombée pour protéger le bas-ventre : la perruque est courte mais épaisse afin de défendre la tête contre les coups de massue, et elle est maintenue en place par une bandelette blanche. Chacun d'eux est armé d'une lance à peine un peu plus haute que lui, hampe de bois et pointe de cuivre longue et plate en feuille de saule, attachée par une corde mais non pas emmanchée à la hampe au moyen d'une douille. Ils portent à la main gauche un bouclier, rectangulaire par le bas, et qui se termine en cintre vers le haut. Il est formé d'un cadre en bois léger, sur lequel une peau de bœuf ornementée est fixée extérieurement, ainsi qu'il a été dit ailleurs ; chaque homme avait pour son bouclier un décor spécial, rouge ou noir, qui était comme son blason. Une traverse en bois, placée aux trois quarts environ de la hauteur, donne plus de solidité à l'ensemble et en même temps sert de poignée. Le bouclier, ainsi porté au bout du poing, mais non passé au bras, était, comme le bouclier actuel des tribus africaines, une sorte de muraille mobile que le soldat présentait à la lance ou à la flèche qui le menaçait. La compagnie marche en colonne, sur quatre de front et sur dix de profondeur ; c'est évidemment le genre de formation qui était en usage dans les armées égyptiennes, au temps du premier empire thébain.

1338. — Une compagnie d'infanterie légère, formée également de quarante hommes marchant sur quatre de front et sur dix de profondeur. Elle avait été recrutée partie parmi les tribus libyennes du désert africain, ainsi que l'indique la teinte rouge foncée de leur peau, partie parmi des nègres : les gens qui la composent ne sont donc pas tous des nègres, comme on l'a dit. Ils ont la grosse perruque serrée d'un ruban, et autour des reins le pagne très court, tantôt jaune, tantôt rouge, uni ou semé de losanges bleu-clair, fixé à la taille par une ceinture rouge ou bleue ou bariolée de couleurs diverses, comme si elle était brodée ou décorée de verroteries : le tablier étroit de cuir rouge, avec une bande de losanges bleus, plus long que le tablier de la grosse infanterie, leur protège le bas-ventre. Ils n'ont ni bouclier, ni poignard, mais ils sont armés uniquement de l'arc. Ils tiennent l'arc à la main gauche, et, dans la main droite, un paquet de quatre flèches, à pointe coupante d'os ou de silex : le carquois ne fut introduit d'Asie que vers l'époque des Pasteurs (v. p. 366). La variété de taille est beaucoup plus grande entre les individus de ce groupe qu'entre les soldats du groupe précédent : peut-être répond-elle à une différence entre les tribus parmi lesquelles le recrutement s'opérait.

Vitrine F.

1339. — Bois peint. — Long. 1 m. 65 cent.— *Siout.*

Barque funéraire, découverte dans le tombeau de Masahiti, prince de Siout pendant la première époque thébaine. C'est le bateau dans lequel le mort était censé naviguer sur la Mer d'Occident, pour aborder aux régions des bienheureux. Une grande cabine à deux chambres couvre la moitié d'arrière : la seconde est vide, mais on voit dans la première Masahiti accroupi, serré dans son manteau blanc, et, devant lui, cinq petits personnages, accroupis aussi, semblent accomplir quelque cérémonie funéraire. Le mât a disparu, mais l'appareil qui servait à le maintenir est encore à sa place sur le pont ; la rame-gouvernail a été posée à plat dans le fond de la vitrine. A l'avant, le pilote allonge la main et crie un commandement : derrière lui, de chaque côté du mât, deux personnages se tiennent, l'un accroupi, l'autre les bras croisés sur la poitrine, deux prêtres ou deux membres de la famille.

Les deux sarcophages de Masahîti sont placés derrière la vitrine F : celui de droite contient le cartonnage de la momie, et il était enfermé dans celui de gauche. Le décor en est très simple ; toutefois, le sarcophage intérieur avait les montants dorés ainsi que le rectangle qui contient les yeux mystiques. Les yeux ont été rapportés aux deux sarcophages : ils sont formés d'une armature en bronze, au milieu de laquelle la pupille et le blanc de l'œil sont incrustés.

SALLE Z.

Elle contient une série de sarcophages et de cercueils, dont aucun n'est antérieur à la XXIe dynastie, mais dont la plupart sont d'époque gréco-romaine. On y remarque :

Côté ouest de la Salle.

1263. — Long. 1 m. 68 cent. — *Akhmîm.*

Appareil de momie d'une belle conservation, au nom du chef d'infanterie de Pharaon Pawouwounihorou. Sous les pieds, représentation du taureau portant la momie du défunt. — Époque saïte.

1277. — Bois. — Haut. 2 m. 19 cent. — *Akhmîm.*

Cercueil en bois pesant, sans peinture ; le visage seul est doré et les yeux sont rapportés. Le défunt, Sanotmhati, surnommé Toutoui, avait été deuxième prophète de Mînou. — Époque ptolémaïque.

1274 et **1274** *bis* — Bois. — Haut. 2 mètres.

Très beau sarcophage de la fin de la période saïte, trouvé en 1888 à Ouardan, le long de la chaîne libyque, un peu au nord du Caire. Il appartient à un certain Psammétique, fils de Harnipouaritis et de la dame Aloukasi. — Époque ptolémaïque.

Centre de la Salle.

1273. — Long. 2 m. 25 cent. — *Akhmîm.*

Lit de parade, pour l'exposition et pour le transport de la momie. Le châssis en est supporté par des pieds de lion; des têtes et des queues de lion en ornent les deux extrémités. A la tête et au pied, Isis et Nephthys allongent leurs ailes pour protéger le défunt; quatorze divinités, tenant la plume de vérité, soutiennent la voûte du catafalque bordée d'une frise d'uræus. La voûte elle-même, découpée à jour, est formée de quatorze vautours, symboles du midi, et de trois serpents ailés, symboles du nord, qui ombragent la momie de leurs ailes étendues; enfin, aux deux extrémités, les deux bonnes déesses Isis et Nephthys se lamentent sur le défunt, ainsi qu'elles firent sur leur frère Osiris. — Époque ptolémaïque.

Côté est de la Salle.

1271. — Haut. 2 m. 15 cent. — *Thèbes.*

Cercueils au nom de Zadharefònoukhou, prêtre de Thoutmosis III. L'intérieur et le fond sont richement décorés. — XXIe dynastie.

1275. — Haut. 2 m. 15 cent. — *Gournah.*

Cercueil au nom d'Ankhoufnikhonsou, scribe du trésor du temple d'Amon. La décoration intérieure de ce cercueil rappelle celle du n° 1271 (v. p. 395). — XXI° dynastie.

Galerie A'.

Elle contient des cercueils et des sarcophages, la plupart de l'époque persane ou de l'âge ptolémaïque, provenant presque tous d'Akhmîm ou de Thèbes, ces derniers appartenant à des membres de la grande famille des prêtres de Montou; après la chute de la XXVI° dynastie, ces gens exercèrent à Thèbes l'autorité religieuse, qui avait été jusqu'alors concentrée entre les mains du sacerdoce d'Amon. Il n'y a guère à remarquer dans cette série que le joli cartonnage contenu dans la cage A, qui est située sur le côté ouest de la galerie en face l'entrée de la salle B'. Découvert à Thèbes en 1901, il représente une princesse, Tentkadashiri. qui vivait sous la XXII° dynastie, comme le prouvent les bouts de bretelles au nom d'Osorkon II recueillis sur la momie. Elle est étendue sur le dos, enveloppée dans une sorte de suaire rose pâle, et les amulettes qu'elle était censée posséder sont peints sur sa poitrine : ils étaient accrochés, partie à son collier, partie à son bras gauche.

SALLE B'.

Elle est consacrée à l'anthropologie de l'Égypte, et elle renferme des momies et des crânes, provenant pour la plupart de la série des prêtres d'Amon. Les séries sont très incomplètes et, par conséquent, sans grand intérêt.

SALLE C'.

Elle est occupée entièrement par des cercueils, par des sarcophages et par des momies antérieures au second empire thébain.

Côté nord de la Salle.

1402. — Bois. — Longueur 2 mètres. — *Déchachah.*

Cercueil rectangulaire de la Ve dynastie, découvert par M. Petrie. Il est creusé dans un tronc de sycomore, mais les extrémités ont été rapportées et sont maintenues par des lanières de cuir. La momie paraît avoir été desséchée plutôt qu'embaumée. La tête est tournée vers l'épaule gauche et repose sur un chevet en bois; le cadavre est vêtu simplement d'une robe en toile plissée. L'inscription gravée sur l'une des faces longues semble contenir le nom du mort avec une courte formule.

106. — Long. 1 m. 66 cent.

Momie du roi Mihtimsaouf-Métésouphis Ier, fils de Papi Ier, découverte à Sakkarah dans sa pyramide. Le Pharaon porte la tresse des adolescents et devait être fort jeune quand il mourut. La tête avait été détachée du tronc et la mâchoire inférieure brisée par les voleurs qui dépouillèrent la momie dans l'antiquité. Dans la même vitrine, quelques ossements d'Ounas, recueillis dans sa pyramide. — VIe dynastie.

1272. — Bois peint. — Long. 2 m. 40 cent. — *Thèbes*.

Lit sur lequel on déposait la momie pendant les cérémonies funèbres. Il a la forme ordinaire : le châssis et les pieds en sont formés par deux lions très allongés dont les têtes décorent la partie antérieure. Il fut trouvé à Thèbes en 1882, dans le tombeau du père divin Ati, fils de Sitsovkou, dont il porte la légende. En le comparant au n° 1273 (v. p. 395), on reconnaîtra la différence de technique entre la première époque thébaine et l'époque ptolémaïque. — XIIIe dynastie.

1416. — Bois. — Long. 2 mètres. — *Deir-el-Bahari*.

Cercueil rectangulaire, long, étroit, à couvercle voûté ; l'ensemble est peint en noir, mais les inscriptions sont tracées en bleu verdâtre sur bandes blanches. Il appartenait à une femme de chambre du roi, nommée Noubouharradous : la momie, couchée sur le flanc gauche, porte encore un cartonnage bleu foncé à face dorée, encadrée dans les ailes du vautour dont la femme était coiffée. — XIe dynastie.

1417. — Bois. — Long. deux mètres. — *Drah abou'l Neggah*.

Cercueil anthropoïde du genre appelé *richi* par Mariette : de grandes ailes aux plumes multicolores enveloppent le corps, et forment une ornementation un peu barbare mais d'un bon effet. L'homme dont la momie repose dans ce cercueil semble s'être appelé Hikitari. — XVIIe dynastie.

La série exposée à la suite de ce monument comprend successivement les cercueils ou les sarcophages du général Sapi, à face dorée et à yeux d'émail (Berchéh, XIIe dynastie), d'Abdou, qui était contemporain d'un des derniers rois Pasteurs (Sakkarah, XVIIe dynastie), et de Montouhotpou surnommé Bouiou (Deîr-el-Bahari, XIe dynastie). Avec ce dernier personnage on trouva les objets exposés dans la vitrine voisine (n° 1373), le chevet et les sandales en bois doré, les deux bateaux du convoi funèbre, les greniers que des ouvriers remplissent de grain devant le maître assisté d'un scribe, la cour de la maison où un boucher égorge le bœuf, tandis que des serviteurs mâles et femelles fabriquent la farine, le pain et la bière, enfin les quatre femmes qui apportent le tribut des domaines du tombeau. Un niveau de maçon semble indiquer que Montouhotpou avait quelque emploi dans les constructions du roi.

Côté sud de la Salle.

On y rencontre d'abord, en commençant par l'est :

115. — Momie. — Longueur 1 m. 66 cent. — *Deîr-el-Bahari.*

La dame Amanit, prêtresse d'Hathor, est couchée dans la position où la mort l'a prise, il y a cinquante siècles. Elle a été trouvée dans une petite chambre sans inscriptions, que M. Grébaut ouvrit en 1891, à Deîr-el-Bahari. Elle reposait dans un cercueil en bois très bien conservé, qui, lui-même, était enfermé dans une grande cuve en pierre également sans inscriptions. Elle porte ses colliers de perles en verre, en or, en argent, et elle a des bagues d'argent aux doigts. Les deux caisses du cercueil de bois, extérieure et intérieure, sont exposées à droite et à gauche de la momie, sous les n°˚ 116 et 117.

Le reste de la salle est rempli par des sarcophages rectangulaires de la première époque thébaine. La série en est si nombreuse que, faute de place, nous l'avons continuée sur le balcon oriental.

Balcon Oriental.

Outre la série des sarcophages et cercueils du premier empire thébain, on y remarque le long des murs les fragments d'un pavement peint provenant d'el-Haouata. Dans les palais royaux de la XVIII° dynastie, le sol des chambres de réception était battu, puis recouvert d'un enduit de chaux très mince, sur lequel on peignait un décor de plantes d'eau, d'animaux et d'oiseaux aquatiques. Le palais d'el-Haouata est du temps d'Aménôthès IV. On distingue des fourrés de roseaux remplis de fleurs, d'oiseaux, des bœufs courant à travers ces fourrés, des poissons : une ligne de prisonniers enchaînés formait la bordure extérieure de cet ensemble.

On notera, dans les intervalles, quelques échantillons d'arbres et de plantes antiques, fleurs recueillies sur les momies, fruits et graines trouvés dans les tombeaux, troncs d'arbres ramassés dans les tombeaux ou dans les ruines des villes.

Les fleurs proviennent surtout des momies royales de Deîr-el-Bahari et remontent à trente ou trente-cinq siècles environ. C'est le D' Schweinfurth qui, sur la proposition de M. Maspero, prépara le premier herbier en 1883-1884 et détermina les espèces. Les momies des prêtres d'Amon fournirent ensuite à M. Grébaut de nouveaux échantillons de la même date que ceux des momies royales. Les fruits, les graines, les rayons de miel, ont été trouvés en 1885 et 1886 à Gébéléin, dans les tombeaux de la XI° dynastie, et datent peut-être de cinquante siècles. Enfin les troncs d'arbres espacés le long des piliers ont servi au traînage des sarcophages. L'un d'eux est orné d'une tête d'Hathor et d'une inscription hiéroglyphique.

Les vitrines contenant les graines ont dû être réléguées, faute de place, dans la galerie, sur le palier du salon méridional.

SALLE D'.

Elle renferme les plus vieux des monuments égyptiens que nous connaissions jusqu'à présent. En 1895, M. Amélineau découvrit à Omm-el-Gaab, dans la nécropole d'Abydos, un cimetière de rois très anciens où il voulut reconnaître les membres des dynasties divines, Osiris, Horus, Set, et les mânes fabuleux qui, selon la tradition, avaient régné sur l'Égypte avant Ménès. L'année d'après, M. de Morgan mit au jour, près de Neggadah, le monument d'un roi Ahaoui, qu'il n'est pas impossible d'assimiler avec Ménès. Il explora ensuite, de Gébéléin à Siout, toute une série de stations et de cimetières primitifs qu'il pensa être antérieurs à Ménès, tandis que M. Quibell fouillait la ville de Hiéracônpolis et y opérait des découvertes analogues. Un peu plus tard, M. Petrie, continuant, à partir de novembre 1899, les fouilles d'Amélineau, acheva l'exploration des tombes d'Omm el-Gaab. Entre temps, quelques-uns des noms découverts au début avaient été identifiés par M. Sethe avec ceux des Pharaons de la Ire dynastie manéthonienne : M. Petrie essaya, non sans adresse, de classer tous ces personnages qu'il découvrait, et il crut reconnaître qu'un certain nombre d'entre eux avaient vécu avant Ménès, si bien qu'il en fit une dynastie 0 (*Zéro*), antérieure à la Ire dynastie. Jusqu'en 1900, les noms de ces souverains et leurs tombeaux ne s'étaient guère rencontrés que dans la Haute et la Moyenne Égypte : pendant l'hiver de 1901-1902, MM. Barsanti et Maspero, déblayant le tombeau d'Ounas à Sakkarah, constatèrent que les souterrains y étaient antérieurs à la pyramide, et recueillirent dans l'un d'eux le nom de deux de ces très vieux rois. Il est donc certain désormais que l'on a le droit d'espérer de semblables découvertes tout le long de la vallée du Nil.

Quelques-uns des objets exposés dans cette salle appartiennent certainement aux âges antérieurs à Ménès, mais il ne semble pas que même ceux-là puissent provenir de ce qu'on appelle les temps préhistoriques, c'est-à-dire aux époques où, l'art de l'écriture étant inconnu, l'histoire ne pouvait pas exister encore. Si haut que nous remontions dans le passé jusqu'à présent, nous trouvons l'Égypte en possession d'une écriture identique à celle que nous déchiffrons couramment sur les monuments memphites ou thébains. Cette écriture, composée de figures d'objets ou d'êtres animés et inanimés, avait d'abord des formes très maladroites et très cursives, ne ressemblant que de loin aux objets qu'elles prétendaient reproduire. C'est par une sorte de *hiératique* que commença l'Égypte, ainsi que je l'ai dit il y a longtemps, et le système hiéroglyphique ne prévalut dans toute sa beauté que lorsque les artistes furent devenus assez habiles pour graver fidèlement sur la pierre les images dont il se composait : ils redressèrent alors les signes semi-hiératiques du début, et, comme ils n'en saisirent pas toujours la forme originale, nous ne devons pas nous étonner si l'origine et l'aspect primitif de certains hiéroglyphes nous échappent complètement. Dès le temps d'Ahaoui Ménès, le système était parvenu à un degré de perfection tel qu'on peut être certain qu'il existait depuis longtemps déjà ; en attendant, tous les Pharaons signalés jusqu'à ce jour appartiennent soit aux deux premières dynasties thinites soit à la troisième memphite. Nous n'avons guère actuellement que leurs noms de *double*, et, comme ils figurent sur les listes officielles, sur le Canon de Turin ou sur les tables d'Abydos ou de Sakkarah, par leurs noms propres, leur identité n'est pas facile à établir. Toutefois, ceux qui étaient enterrés à Omm-el-Gaab sont bien ceux-là même dont Séti Ier répara les tombeaux sous la XIXe dynastie, et qu'il inscrivit sur la liste des Pharaons auxquels il faisait offrande dans son temple d'Abydos ; cela suffit à nous montrer qu'ils étaient pour les Égyptiens les successeurs et les descendants de Ménès. Que l'ordre de succession établi entre eux par les scribes soit parfois erroné, que même Ménès n'ait pas été le premier d'entre eux, il est possible et je n'en serais pas étonné si quelque découverte nouvelle nous le démontrait : il ne faut pas néanmoins nous hâter de rompre sans raison la série traditionnelle, et je n'admettrai pas encore pour mon compte l'existence parmi eux de ce que M. Petrie appelle une dynastie 0.

Côté Nord de la Salle.

Les vases placés sur les sellettes sont des amphores qui continrent jadis le vin et la bière destinés au mort. Après les avoir remplies, on les fermait au moyen d'un bouchon de bois ou de paille, sur lequel on plaçait ensuite un immense chapeau d'argile malaxée; on y imprimait une légende écrite, au moyen d'un cylindre roulé sur l'argile fraîche. Ce cylindre portait le nom de *double* et les titres du Pharaon sous lequel ou auquel on offrait la jarre, le titre de l'officier qui veillait à l'accomplissement de l'offrande ou de celui qui exploitait le vignoble d'où le vin provenait, quelquefois un nom de reine, de prince royal ou de particulier. Ce sont ces empreintes qui nous ont rendu la plupart des noms de *double* appartenant aux Pharaons dont les dynasties thinites se composaient.

Les objets en ardoise ou en schiste, appliqués sur toile rouge, proviennent des fouilles de M. de Morgan, et représentent une partie de l'outillage domestique des Égyptiens immédiatement antérieurs ou postérieurs à Ménès. On ne sait à quel usage servaient les pièces oblongues, larges et plates au centre, pointues aux deux bouts, mais les pièces de petites dimensions étaient, à ce que l'on croit, des palettes à préparer les fards verts et noirs dont les Égyptiens se teignaient le visage. Ils affectent pour la plupart des formes d'animaux, de poissons et d'oiseaux, porcs, latus, tortues, éperviers volants. Des ensembles pareils sont disposés sur les piliers, entre les armoires, sur le côté nord et sur le côté sud de la salle.

Armoire A.

Les objets qui la remplissent proviennent de la tombe royale d'Ahaouî, découverte par M. de Morgan à Neggadèh, en mars 1897. C'était un mastaba immense, en briques crues, qui ne renfermait pas moins de vingt-six chambres: on y avait déposé au moment de l'ensevelissement une quantité d'objets de toute sorte, qui périrent plus tard ou furent endommagés par le feu. Les traces de l'incendie sont visibles encore sur presque tout ce qui remplit l'armoire A, plaques en terre cuite, poteries, vases en pierre dure, diorite, albâtre, porphyre, granit : quelques-uns ont été à demi vitrifiés par l'intensité de la chaleur.

Armoire B.

On y a réuni les objets le mieux conservés du tombeau d'Ahaouï, pointes de flèches, grattoirs, couteaux recourbés en silex; fragments de vases en cristal de roche, en obsidienne, en calcaire, dont quelques-uns portent comme marque trois oiseaux ressemblant à des autruches: chapeaux en argile au nom d'Ahaouï, et dont on avait recouvert des jarres aujourd'hui détruites; des poissons, des restes de barques, des pieds de petits meubles en ivoire. Les monuments les plus curieux sont :

1410. — Ivoire. — 0 m. 05 cent. de côté.

Plaquette couverte de dessins et d'inscriptions, et sur laquelle sont tracées sommairement les principales cérémonies de l'enterrement du roi Ahaouï: dans le coin de droite on aperçoit un signe qui peut représenter le nom Manai-Ménès du premier roi. Au dernier registre, le sacrifice du bœuf est indiqué.

1411. — Cristal de roche et ivoire.

Un lion d'un fort joli style, et trois chiens de moins bon travail.

1412. — Ivoire.

Six petites tessères en ivoire, qui ont servi d'étiquettes

et qui portent d'un côté l'un des titres d'Ahaoui, de l'autre des chiffres désignant la quantité des objets sur lesquels l'étiquette était placée.

Armoire C.

Objets provenant des fouilles de M. Amélineau à Omm-el-Gaab : vases en granit et en albâtre; vases ébauchés en schiste; outils en silex; petits instruments en cuivre ou en bronze, haches, poinçons, ciseaux, aiguilles, grosses épingles; pieds de meubles en bois, ayant la forme traditionnelle d'une jambe de lion; chapeaux d'argile, scellés aux noms de *doubles* de plusieurs souverains thinites et d'officiers préposés à la garde des biens du tombeau. L'objet le plus précieux est :

1414. — Albâtre. — Haut. 0 m. 80 cent.

Un magnifique vase en forme de jarre pointue, taillé sur le modèle des jarres dont on se servait pour porter l'eau : l'appareil de cordes qui était usité en pareil cas est tracé en relief sur la panse du vase.

Armoire D.

La plupart des vases et des objets exposés dans cette armoire proviennent des fouilles entreprises par M. de Morgan et par d'autres savants dans des localités de la Haute-Égypte, à Hamradoum, à Mahasnah, à El-Kab, etc. L'âge en est difficile à déterminer, et il est probable qu'un certain nombre d'entre eux ne sont pas antérieurs à la IVᵉ dynastie, ainsi le vase n° 1396, avec ses oreillettes lamées d'or et garnies d'anses de cuivre, le vase à libations en cuivre ⚱ et son bol, le disque en albâtre poli. Les poignards et couteaux en silex sont d'époque thinite et comptent parmi les plus beaux qu'il y ait au monde : deux d'entre eux ont des poignées en or. La poignée du n° 1391 est une simple feuille d'or, sur laquelle sont gravés au trait des registres de plantes et d'animaux dessinés avec soin, mais d'un style pénible. La poignée de l'autre a une forme mieux définie, mais les figures humaines qui y sont tracées à la pointe ressemblent singulièrement à celles qu'on voit sur certains vases de terre rougeâtre : la lame va s'élargissant vers le sommet, et se divise de manière à former l'instrument nommé *posh-kefaou* par les Égyptiens, et dont ils se servaient pour couper le cou aux bêtes de petite taille. Ce dernier poignard a été acheté à Kénéh par M. Quibell, ainsi que les quatre bracelets en silex qui l'avoisinent. Les peignes et les objets de toilette en ivoire ou en os, qui occupent le fond de l'armoire, sont d'une exécution très soignée.

Armoire E.

Les vases en terre rouge lisse, décorés de dessins géométriques tracés à la couleur blanche, furent découverts pour la première fois en 1884, 1885, 1886, à El-Khizâm et à Gébéléin avec des monuments datés du premier empire thébain ou de la VI° dynastie : depuis lors, MM. Amélineau, de Morgan et Petrie en ont trouvé dans des tombeaux contemporains des dynasties thinites. C'est une fabrication qui s'est maintenue pendant de longs siècles dans la Haute-Égypte, de même que celle des vases mi-partie rouges et noirs. Les autres vases exposés dans cette armoire nous donnent une bonne idée de l'ensemble des formes usitées en Égypte pendant la période archaïque : ils proviennent des fouilles de Morgan, de Petrie et de Quibell.

On a adossé contre les pilastres : 1° entre les armoires B-C une stèle provenant d'un tombeau royal d'Abydos; 2° la stèle funéraire du roi Qa-âou entre les armoires C et D; 3° dans l'angle nord-ouest, un beau vase en granit au nom du Pharaon Khâsakhmoui de la IIIe dynastie, découvert par Quibell à Kom-el-Ahmar; 4° sur le montant droit de la porte, la stèle du roi Douni (?) de la IIIe dynastie.

Côté sud de la Salle.

Armoire F.

On y voit une fort belle série de vases en pierre dure et de petite taille, pour la plupart appartenant à l'époque thinite. Dans le compartiment du milieu, nous avons placé la partie inférieure d'une palette de schiste (n° 444), provenant d'Abydos et du genre de celles que nous avons décrits plus haut (p. 163-165) : elle porte trois registres d'animaux domestiques superposés, bœufs, ânes et chèvres, puis la représentation d'un bois touffu. Dans le compartiment de gauche, on remarque, avec une collection de têtes de massue en albâtre ou en diorite, ovales ou plates, une figurine d'homme agenouillée en argile provenant de Hamradoum (n° 1392), et surtout :

1. — Granit rose. — Haut 0 m. 40 cent.

Personnage agenouillé, découvert en 1888, par M. Grébaut, à Mitrahinéh, site de Memphis. La facture de la statuette et le style de la légende avaient fait supposer pour ce monument l'antiquité la plus reculée, et de vrai, nous savons aujourd'hui que les trois noms de *double* qu'il porte gravés sur l'épaule, Noutirni, Hotpou-Sakhmoui et

Rànibou sont probablement ceux des Pharaons appartenant aux débuts de la III° dynastie memphite.

Dans l'angle sud-ouest de la salle, entre l'armoire F et l'armoire G, est placée une statue en calcaire (haut. o m. 80 cent.) découverte en 1896 par M. Quibell, à Kom-el-Ahmar, l'ancienne Hiéraconpolis. Elle représente un homme agenouillé, la tête prise dans une longue perruque qui lui tombe à mi-cou, le tablier étroit du pagne entre les jambes. Elle est fort mutilée, mais ce qu'on en distingue rappelle le style fruste de la statue n° 1. Elle est en effet de l'époque archaïque, très probablement de la III° dynastie.

Armoires G-J.

Ces quatre armoires contiennent la série des chapeaux de terre glaise qui ont servi à sceller les jarres. Cette collection, la plus riche de ce genre qu'il y ait au monde, provient pour la plupart d'Omm-el-Gaab et de Neggadéh; elle est due aux travaux de MM. Amélineau, Morgan et Petrie. Un certain nombre provient de Sakkarah. On y rencontre quelques chapeaux d'époque postérieure, de la XVIII° dynastie, par exemple armoire H, mais le plus grand nombre appartient aux deux premières dynasties thinites et à la III° memphite. Les égyptologues y ont déchiffré les noms de *double* d'une quinzaine au moins des Pharaons primitifs, Ahaouï, Qa-àou, Nar-Bouzaou le Boëthos de Manéthon, Khàsakhmouï, Hatpousakhmouï, Rànibou, Noutirni, Zarou, Pérabsonou, etc., dont les noms ordinaires ne nous sont pas connus, non plus que leur rang dans la série royale. Ces petits monuments ont une valeur extraordinaire pour l'historien et pour l'archéologue, mais ils ne peuvent pas arrêter longtemps les visiteurs.

Casier K.

Il contient des stèles de particuliers, trouvées à Omm-el-Gaab par MM. Amélineau et Petrie. Les unes sont de vraies stèles funéraires, les autres des ex-votos consacrés par des serviteurs du roi mort, dans le tombeau de leur maître. La plupart portent des noms d'homme ou de femme précédés de la formule *Ka-Khou*, le *double* lumineux d'un tel ou d'une telle; deux ou trois ont été élevées en mémoires de nains ou même de chiens favoris. Les hiéroglyphes gravés sur ces morceaux sont identiques à ceux des époques postérieures, et ils possédaient certainement la même valeur que ces derniers.

Les stèles de dimensions plus fortes sont ici encore adossées aux pilastres : 1° au côté sud de la porte, la grande stèle au nom Mari-Neït, qui peut ne pas être d'un roi; 2° entre les armoires G et H, une stèle royale brisée et d'où le nom a disparu; 3° entre les armoires H et I, la stèle d'un certain Sabou qui occupait de hautes fonctions auprès d'un des souverains thinites; 4° un fragment au nom du roi Khâsakhmou de la troisième dynastie, découvert par Quibell à Kom-el-Ahmar en 1898-1899.

Les poteries reléguées sur le haut des armoires proviennent de la même époque et ne sont que des spécimens plus grossiers et plus grands des formes exposées à l'intérieur. Il convient toutefois d'attirer l'attention sur les cuves ou les cloches hémisphériques en terre cuite qu'on voit sur les armoires G, H, I; c'étaient des sortes d'ossuaires en usage aux plus anciens temps. Ils ont été découverts par M. de Morgan dans la nécropole de Neggadéh.

Bas-côté Ouest du Salon Méridional.

Le bas-côté ouest du Salon méridional, qui n'est à proprement parler que l'extrémité du balcon ouest qui domine l'atrium central, contient la fin de notre collection thinite.

Mur Ouest.
Casier A.

Poteries archaïques de différents styles: dans le bas, de grandes jarres à vin, dans le reste du casier, des échantillons médiocres de vases mi-partie rouges et noirs, etc.

Cage B.

Outils et armes en silex, d'un fort beau travail pour la plupart, et provenant d'Abydos; tranchets, scies, couteaux, *posh-kefaou*, pointes de lances. Quelques-uns des couteaux sont polis d'un côté et de l'autre retouchés à petits coups, de manière à produire sur la surface comme une série de gaufrures régulières. Les uns sont antérieurs à la première dynastie; le plus grand nombre appartiennent à l'époque thinite.

Cage C.

Outils et armes en silex de même époque et de même travail que les précédents : sur le carton rouge, des grattoirs, sur le carton blanc, de belles pointes de flèches.

Casier D.

Poteries de même nature et de même provenance que celles qui sont exposées dans le casier A.

Armoire E.

Réunion d'objets disparates provenant surtout des dernières fouilles de M. Petrie à Abydos. Les *ouashbatiou* sont de l'époque thébaine; le reste est presque en entier de l'ancien empire.

Vitrine F.

Les gros outils en silex ont été découverts à Thèbes et offerts au Musée par M. Seton-Karr: ce sont les ciseaux dont les carriers se servaient sous la XVIIIe dynastie pour creuser les hypogées. Le reste provient des fouilles de MM. Petrie et Garstang à Abydos et à Béit-Khallaf, et appartient, partie aux époques archaïques, partie à la XIIe dynastie : les trois petits pots encore bouchés d'une feuille d'or ont été trouvés dans le tombeau d'un des rois thinites.

Cage G.

Elle contient des objets découverts par M. de Morgan à Dahchour, dans des mastabas et dans des puits de la XIIe dynastie. C'est le mobilier funéraire en usage à l'époque, vases en albâtre, petits personnages en bois jouant les scènes de la vie privée, hoyaux, emblèmes divins, sellettes chargées de vases pour l'offrande, boîtes en bois contenant les pots à parfums en albâtre : le nom de chaque parfum est écrit à l'encre, en hiératique, sur le couvercle du pot qui le contenait. Le beau cygne qui domine le tout (cfr. p. 359) est d'une vérité d'allures et de contours extraordinaire : par malheur le bois en est pourri entièrement et il ne pourra être conservé longtemps intact.

GALERIE DES BIJOUX.

La salle des bijoux se trouve au sud de la Grande Galerie d'Honneur méridionale, à l'est de l'immense claire-voie arrondie qui surmonte la porte du Musée. La collection qu'elle renferme est la plus riche qu'il y ait au monde, non qu'elle renferme toutes les plus belles pièces, le Louvre et le British Museum en possèdent d'incomparables, mais les séries qu'elle comporte forment comme une histoire de l'orfèvrerie et de la joaillerie égyptiennes s'étendant depuis la Ire dynastie jusqu'à l'époque byzantine sur un espace de près de cinq mille ans.

Elle s'est constituée progressivement par une suite de trouvailles heureuses. Le bel ensemble de bijoux des débuts de la XVIIIe dynastie que renferme la cage F (voir p. 424-433), est entré au Musée sous l'administration de Mariette. Il était caché, avec la momie de la reine Ahhotpou Ire, dans le beau cercueil doré qui est exposé sur le palier de la galerie Q (voir p. 346, n° 1257). Ce cercueil fut découvert en 1860, par des fouilleurs indigènes, couché à même dans le sable à Drah abou'l Neggah. Il avait dû être retiré de son tombeau dès l'antiquité, probablement au temps des derniers Ramessides, et caché là en attendant qu'une occasion favorable s'offrît de le reprendre et de le dépouiller en sûreté : les voleurs furent sans doute arrêtés et mis à mort, avant d'avoir eu le temps d'exécuter leur dessein, et sans avoir révélé l'emplacement de leur cachette. Le bruit de la trouvaille s'étant répandu promptement, le moudir de Kéneh saisit le cercueil et prévint le vice-roi Saïd Pacha. Mariette, averti à son tour par M. Gabet, Inspecteur des fouilles, et par M. Maunier, agent consulaire de France à Louxor, fit expédier aussitôt l'ordre de conserver le cercueil tel qu'il était, mais l'ordre ne fut pas exécuté : la momie fut déshabillée dans le harem du moudir et une partie des objets qu'elle portait disparut dans l'opération. Mariette eut grand peine à obtenir la restitution des autres, et avant qu'ils lui fussent remis, plusieurs d'entre eux furent retenus par le prince : une chaîne d'or de plus d'un mètre de long, de même travail que la chaîne n° 967 (voir p. 432), était encore il y a vingt ans dans la possession de l'une des femmes de Saïd Pacha, mais l'on ne sait ce qu'elle est devenue depuis lors.

La collection ainsi formée s'enrichit petitement par des apports divers. En 1871, M. Émile Brugsch mit au jour à Tell-Tmaî, dans les ruines de Mendès, les beaux vases en argent, d'époque saïte, réunis dans la vitrine H (voir p. 434, n° 922). En 1881, les momies de Deïr-el-Bahari rendirent successivement quelques beaux bijoux thébains de la XXIe dynastie. Toutefois, c'est seulement en 1894, sous la direction de M. de Morgan, qu'une découverte aussi importante que celle de Mariette se produisit. Le 6 mars de cette année, à Dahchour, auprès de la pyramide en briques, en nettoyant le souterrain des deux princesses, les ouvriers reconnurent que le sol y était mou à côté du sarcophage de Sithathor et qu'un trou y avait été creusé dans l'antiquité : quelques coups de pioche ramenèrent au jour un véritable trésor, celui qui est exposé sur le côté ouest de la vitrine A (voir p. 417). Le tout avait été enfermé jadis dans un coffret en bois, décoré de filets d'or et d'hiéroglyphes d'argent qui composaient le nom de la princesse, mais le bois avait pourri au cours des siècles, et les objets étaient mêlés à même la terre. Le lendemain, 7 mars, un autre trésor fut découvert, à quelques mètres plus loin, près le sarcophage de la princesse Sonit-sonbitis : il avait été, comme le précédent, contenu dans une boîte en bois incrustée d'or, et il était plus important encore. Peu après, le tombeau du Pharaon Horou et de la reine Noubhotpoutakhroudit ajouta quelques belles pièces de la XIIIe dynastie à celles qui venaient de sortir de terre si inopinément. L'année d'après, trois tombes de princesses, ouvertes par M. de Morgan, à l'ouest de la pyramide ruinée d'Amenemhaît II, lui fournirent, du 15 au 26 février 1895, un complément admirable à sa trouvaille première. C'était l'orfèvrerie du premier empire thébain qui se révélait à nous avec une profusion de pièces et une variété de motifs entièrement inattendus.

Depuis lors les découvertes nous ont donné des résultats moins éclatants mais appréciables encore. On ne sait encore ce que les momies royales de M. Loret nous fourniront en ce genre : celle de Maiharpiri, la seule qui ait été développée, nous a déçus par la pauvreté de sa parure, et celle d'Aménôthès II ne portait sur elle aucun ornement. A Abydos, la nécropole d'Omm-el-Gaab a rendu à M. Petrie les quatre bracelets de la Ire dynastie qu'on voit dans la cage F, côté nord (voir p. 426), et nous devons à ses recherches ainsi qu'à celles de MM. Quibell, Reisner, Garstang, quelques pièces fort curieuses des empires thinite et memphite. D'autre part, les puits d'époque persane ouverts à Sakkarah en 1900, 1901, 1902, au voisinage de la pyramide d'Ounas, nous ont valu une série de bijoux funéraires de style saïte, d'une finesse de travail extraordinaire. Enfin, dans le Delta, les fellahs ont tirés du sébakh de véritables masses de bijoux d'or grecs et byzantins, dont il nous a été plusieurs fois possible de recueillir une partie.

Quiconque examinera cette collection avec soin sera frappé de la perfection que l'art de l'orfèvre avait atteint en Égypte dès la plus haute antiquité, et de la régularité avec laquelle il s'est continué à travers les siècles : nulle part dans le monde antique le dessin n'est plus riche, la composition plus habile, l'entente de la couleur plus complète. Les défauts qu'on remarque çà et là sur quelques-uns des plus beaux, sur ceux de Dahchour par exemple, la surabondance des émaux ou des pierres lourdes et la faiblesse de la monture, ont leur raison d'être qui les excuse presque. Les Égyptiens, comme beaucoup de peuples anciens, ne se bornaient pas à porter des bijoux pendant leur vie : ils voulaient en avoir après leur mort, et ils en avaient. Mais ces bijoux, destinés à accompagner un être immobile et par suite à ne jamais bouger eux-mêmes, n'exigeaient pas la même solidité que les bijoux du vivant, toujours en activité, toujours exposés à recevoir des chocs directs ou à ressentir le contrecoup des mouvements de la personne qui les portait. Si les couronnes exposées dans la partie ouest de la cage D (voir p. 423) avaient orné la tête d'une femme vivante, elles n'auraient pas résisté plus de quelques jours à l'effort : les fleurs d'émail, trop pesantes pour les fils d'or qui les retenaient, les auraient brisées promptement. Elles étaient des bijoux de mort, et l'immobilité à laquelle on les savait condamnées encourageait l'artisan à leur prêter des proportions différentes de celles qu'elles auraient eues, si elles avaient été destinées à un vivant : il pouvait augmenter sans danger le poids et la surface des émaux ou des pierres, atténuer les montures et donner par suite à l'ensemble une grâce et une légèreté inaccoutumées. C'est ainsi que les artistes grecs agissaient en pareil cas, et la facture de leurs couronnes funéraires rappelle celle de nos deux couronnes. Au contraire les bijoux trouvés sur la reine Ahhotpou n'avaient pas été fabriqués spécialement pour sa momie : c'étaient des bijoux de vivant, qui avaient appartenu à des Pharaons de la famille et qu'on plaça avec elle dans son cercueil. La comparaison entre les bijoux de Dahchour et ceux de cette reine fera ressortir le fait que je signale, et mettra en relief les différences d'exécution qu'on remarque entre les deux séries.

Cage A.

Elle contient les deux trésors découverts dans le souterrain des princesses, ainsi que les bijoux du roi Horou et de la princesse Noubhotpoutakhroudît.

Tablette supérieure.

On y a rangé des séries de vases en albâtre **I**, **♦**, **♦** ayant contenu les parfums ou les fards canoniques trouvés dans la seconde cachette avec les objets au nom de la reine Marirît, et, à côté d'eux, une série de même provenance, mais en pierres de luxe, et comprenant deux petits pots à kohl **♦** en jaspe rouge et en lapis-lazuli, plus cinq vases **I** en obsidienne dont les deux plus petits sont montés en or.

Côté nord de la Cage A.

Les bijoux du roi Horou et de la reine Noubhotpoutakhroudît y sont placés. Sur le rampant on aperçoit une lame de poignard en or, et, enfilées à la moderne, les perles en jaspe rouge, en cornaline, en feldspath vert, en or, en lapis qui constituaient le collier *ouaskhît* auquel servaient d'agrafes les deux têtes d'épervier en or ciselé. On voit, sur la tablette inférieure, deux ensembles de perles d'enfilage en pierre dure et en terre émaillée, dont étaient revêtues les lanières du fouet mystique **⋀** qui chassait loin du mort ou du vivant les esprits mauvais ; une tête de vautour **ᘯ** et une tête d'épervier **♦** en or, deux paires de bracelets en perles cylindriques de feldspath et de cornaline montées sur fils d'or ; enfin et surtout un large diadème en argent incrusté de plaquettes de pierre, cornaline, feldspath, lapis-lazuli, qui ceignait le front de la reine. Il était fermé d'un nœud en argent, avec pièce centrale en cornaline, au-dessus de laquelle s'élevait l'uræus royale en or, incrustée de pierres multicolores.

Côté est de la Cage A.

Une partie des objets qui composaient le deuxième trésor y est présentée. C'est d'abord, sur le rampant, un assemblage de perles en or, en pierres précieuses et en terre émaillée ayant fait partie des colliers de la princesse Mari-rît : deux étuis longs et minces en or, décorés le premier de dessins en grénetis, le second d'incrustations en pierres bleues et vertes, y sont joints qui servaient à contenir le kohl. On a placé sur la tablette inférieure les restes de plusieurs miroirs à disque, les uns d'argent, les autres de cuivre : les manches, qui étaient probablement de bois d'ébène, ont disparu, mais la pièce finale en or et la tête de lion qui unissait le manche au disque subsistent et se font remarquer par le précieux de leur travail. Au centre de la tablette, les deux pièces en or incrusté d'émail rouge et qui portent la légende d'Amenemhâît III, sont le fermoir d'un bracelet aujourd'hui détruit. Elles sont flanquées de deux beaux pectoraux en or incrusté de pierres, celui de droite au nom d'Ousirtasen III, celui de gauche au nom d'Amenemhâît III. Le premier (longueur o m. o5 cent., hauteur o m. o6 cent.) a la forme d'un naos, dont la corniche serait supportée par des colonnettes lotiformes, et dont le champ serait occupé en son milieu par un vautour planant au-dessus d'un cartouche qui renferme le nom du souverain. Le cartouche s'appuie sur deux griffons, emblèmes de Montou, le dieu de la guerre ; chacun de ces monstres terrasse son Asiatique d'un coup de griffe, tandis qu'il foule un autre ennemi sous ses pieds. Le second pectoral a également la forme d'un naos, dont le haut est rempli par un grand vautour qui allonge ses ailes d'un des montants du cadre à l'autre. Dans le champ, le Pharaon Amenemhâît III, deux fois répété, lève la massue sur la tête d'un prisonnier agenouillé qui l'implore en vain. La légende du roi, flanquée de ses deux cartouches, réunit les deux figures.

Côté sud de la Cage A.

Suite et fin des objets dont le deuxième trésor se composait. Sur le rampant, colliers et portions de colliers en or : l'un des colliers était formé de têtes de lions en or accolées deux à deux, l'autre de *cypræas* en or ; des coquilles en or leur servaient de pendeloques. La tablette inférieure est occupée par des restes de colliers et de bracelets en or, parmi lesquels on remarque une coquille d'or, sur le dos de laquelle est incrustée en pierres multicolores une décoration de lotus groupés autour d'une pièce centrale de jaspe rouge. Les petits fermoirs de bracelets représentent la combinaison 𓋴, qui est un souhait de joie, et quelques-uns des scarabées portent le nom de leur maîtresse, la princesse Maririt.

Côté ouest de la Cage A.

Nous y avons placé les bijoux découverts dans la première cachette de la galerie des princesses et ayant appartenu à la princesse Sithathor. Les colliers du rampant sont moins nombreux, mais l'un d'eux se distingue par la taille en losange des plaquettes de malachite et de jaspe rouge ou de cornaline qui le composent. Sur la tablette inférieure, on rencontre, à côté du disque de miroir en argent et des restes de colliers en perles, un beau collier en petites coquilles d'or avec de grandes coquilles d'or pour pendants, et plusieurs fermoirs, dont l'un, formé de deux fleurs de lotus en or émaillé réunies par un nœud, est un modèle de groupement heureux et de tonalités harmonieuses. Les aiguilles en or, avec chas assez large, servaient probablement à enfiler les perles des colliers. Le pectoral en or massif incrusté de pierres porte le cartouche d'Ousirtasen II, accompagné de deux éperviers perchés sur le signe de l'or et coiffés des couronnes du Midi et du Nord.

Vitrine B.

Objets d'or provenant des tombeaux d'El-Roubayéh et simulant le costume entier du mort, collier, jupon et ceinture, sandales, le tout en un travail médiocre de la XIIe dynastie. Le collier en grosses perles d'or est également de la XIIe dynastie, et il vient des fouilles faites à Berchéh en 1901 par Ahmed bey Kamal.

Vitrine C.

Elle contient les bijoux découverts, le 26 février 1895, dans la tombe des deux princesses Sithaît et Aîtiouérît. La pièce principale en est un collier composé de sept rangs d'or et de pierreries ainsi disposés : en commençant par le haut, cornaline, feldspath vert, lapis-lazuli, or, cornaline, feldspath, lapis, puis deux rangs superposés de pendeloques en poire, le premier d'or, le second de cornaline.

Le reste comprend des bracelets en or et en cornaline de type ordinaire.

Cage D.

Elle renferme la plus grande partie des bijoux découverts en février 1895 par M. de Morgan, à Dahchour, dans les tombes des princesses Aîti et Khnoumouît.

Côté nord de la Cage D.

Colliers formés de perles amygdaloïdes en or, en cornaline, en lapis-lazuli, en feldspath vert, recueillis dans le serdab de la princesse Khnoumouît. Sur le devant de la cage sont rangés deux fermoirs de bracelets d'un fort beau travail, formés chacun de deux pièces semblables, d'abord deux nœuds de vie ⚱ *sa*, en lapis-lazuli, cornaline et feldspath vert, sertis d'un mince filet d'or, surmontés d'une tête de lionne en or ciselé et serrés entre deux baguettes d'or fin, puis deux *dadou* ⚊ composés et sertis de même ; les revers sont ciselés. Dans l'angle gauche, les yeux des cercueils et du masque des momies, en émail serti d'argent, que les voleurs avaient arrachés et emportés avec eux.

Côté est de la Cage D.

Bouts arrondis de colliers et plaques en argent, colliers, pendeloques, perles d'or, d'émail vert et bleu, de cornaline, de lapis-lazuli, de feldspath, recueillis dans le tombeau de Khnoumouît. Cinq pièces y priment toutes les autres : 1° une chaînette d'or, en forme de tresse simple, à laquelle pendent dix petites coquilles striées et deux grosses étoiles à cinq branches ; 2° une chaînette d'or simple à laquelle pend un papillon en filigrane d'or; 3° une longue chaînette d'or, à laquelle sont attachées en guise de pendeloques douze feuilles d'or découpées en silhouette de mouche et disposées par groupes de trois; 4° deux rosaces à jour en or, réunies par une chaînette de laquelle pend vers le milieu un médaillon en or, encadrant une mosaïque représentant un bœuf couché et qui est protégée par une pellicule de quartz translucide; trois étoiles à huit pointes en filigrane d'or sont attachées au médaillon.

Côté sud de la Cage D.

Rosace en cornaline et en feldspath vert, colliers en perles d'or, de cornaline et de feldspath, provenant du tombeau de la princesse Khnoumouît, comme aussi les pièces en or incrustées de pierres dures et représentant diverses figures hiéroglyphiques, l'abeille, le vautour, les yeux mystiques, le groupe de la joie, le sceau d'éternité. Les deux fermoirs de collier à tête d'épervier en or incrusté de lapis, de cornaline, de feldspath et de grenat, et les deux griffes de tigre en or, de travail analogue ont la même origine.

C'est en revanche la tombe de la princesse Aïti qui a fourni le bracelet en or uni et le beau poignard en bronze qu'on voit sur la droite de la vitrine. La poignée est en or incrusté de lapis, de cornaline et de feldspath; le pommeau courbe est taillé dans un gros morceau de lapis-lazuli.

Côté ouest de la Cage D.

On y voit les plus belles pièces de la trouvaille, les deux agrafes de colliers en tête d'épervier, le collier composé par la réunion de ces trois emblèmes ☥ 𓍑 𓋹 de vie, de richesse et de durée, surtout les deux admirables couronnes de la reine Khnoumouit. La couronne de gauche est composée d'un lacis de fils d'or léger que maintiennent à des intervalles égaux six fleurons en or à cœur de cornaline et à quatre pétales bleus simulant une croix de Malte; un semis de fleurettes à cœur rouge et à cinq pétales bleus disposés en forme d'étoiles est jeté sur les fils entre les fleurons. La couronne de droite est constituée de rosaces et de motifs en forme de lyre que surmontent huit fleurons droits, le tout en or, en lapis-lazuli, en cornaline, en jaspe rouge et en feldspath vert. Deux ornements d'un faire précieux accompagnaient cette dernière pièce et en complétaient l'effet. C'est d'abord un vautour en or finement ciselé, qui étend les ailes et qui tient dans chaque serre le sceau ⚬ formé d'une cornaline incrustée : deux petits anneaux ménagés à l'intérieur du cercle de la couronne permettaient de l'assujettir entre deux des fleurons. C'est ensuite une sorte de panache en or, représentant une tige d'où se détachent des feuilles d'or et des fleurettes en grappes de lapis-lazuli, de feldspath, d'or et de jaspe rouge : la tige s'implantait sur la couronne au moyen d'un tenon placé diamétralement à l'opposé des attaches du vautour.

Vitrine E.

On y a disposé sans grand ordre des objets funéraires en or ou en argent, pour la plupart de l'époque saïte, provenant des fouilles du Service à Sakkarah ou dans la Basse-Égypte en 1901 et 1902.

Côté nord de la Vitrine E.

Masque et appareil funéraire, en argent doré, d'une

momie d'époque persane découverte à Tell-Rob, près de l'ancienne Mendès.

Côté est de la Vitrine E.

Masque, agrafes de collier en tête d'épertier ☙, figure de la déesse Nouît, jambières, génies funéraires, petits pots en argent doré provenant de la momie d'un certain Aruôthès découverte à Sakkarah en février 1902.

Côté sud de la Vitrine E.

Amulettes en or découpé ou en pierres dures ainsi qu'en porcelaine, résilles de perles de terre émaillée bleue provenant des tombes de Péténéîth et d'Aruôthès. — Époque persane.

Côté ouest de la Vitrine E.

Amulettes et appareil funéraire en or, en terre émaillée, et en pierre dure provenant d'une momie de l'époque grecque trouvée à Tell-ibn-Salam, dans la nécropole de l'antique Mendès.

La plupart de ces objets sont d'un travail soigné et fin, parfois un peu sec; ils présentent bien marqués tous les caractères propres à la fin de l'époque saïte et au début de l'époque ptolémaïque.

Cage F.

Elle contient les bijoux de la reine Ahhotpou Ire, et ceux que M. Petrie découvrit en 1901, dans la nécropole d'Abydos, sur le bras d'une princesse de l'âge thinite.

Tablette supérieure.

943. — Or et pâte de verre bleu.

Bracelet à double charnière, décoré de figures d'or fin, enlevées sur un fond de pâte de verre bleu imitant le lapis. Ahmôsis est à genoux, le dieu Sibou et les génies de la terre sont rangés devant et derrière lui, dans l'une des postures de l'adoration.

944. — Diadème qui fut trouvé sur le sommet de la tête de la reine, en partie engagé dans les cheveux. Une petite boîte en or, simulant le cartouche royal, gardé de chaque côté par deux petits sphinx affrontés, en forme le motif principal : sur le couvercle on lit le cartouche d'Ahmôsis, en or sur fond de pâte bleue imitant le lapis. Les yeux des deux sphinx sont rapportés.

955. — Barque d'or massif. Douze rameurs en argent massif voguent sous les ordres du timonier et du pilote d'avant. Au centre un petit personnage est assis, qui tient la hache et le bâton de commandement. Un cartouche, gravé derrière le timonier, nous apprend que le personnage à qui était destinée primitivement cette barque était le roi Kamôsis. Le mort devait se rendre à Abydos par eau, afin de passer dans l'autre monde : la barque servait à l'accomplissement de la traversée.

965. — Deux têtes de lion, l'une en bronze, l'autre en bronze revêtu d'or. La tête du lion ⚹ est l'hiéroglyphe du mot *pahit* qui signifie *vaillance*, et elle entrait comme hiéroglyphe dans le prénom ☉ ⚹ *Nibpahitourà*, d'Ahmôsis. C'est sans doute pour ce motif qu'on les rencontre parmi les objets précieux dont était enrichie la momie de la reine Ahhotpou.

Côté nord de la Cage F.

A l'extrémité ouest du côté nord sont exposés les quatre bracelets découverts par M. Petrie. Ils étaient tous les quatre encore en place au haut d'un bras de momie féminine qui gisait dans un coin du tombeau du Pharaon Zarou, dans la nécropole d'Omm-el-Gaab; les fils qui les maintenaient étant pourris, M. Petrie les passa sur un fil nouveau, tandis qu'ils adhéraient à la peau du bras, et il réussit à leur conserver leur agencement exact. Le premier se compose de petites plaques alternativement en or ciselé et en un verre bleu clair de l'effet le plus heureux. Les plaques simulent le plan de maison, surmonté de l'épervier, qui était en réalité la *maison de double* du souverain, mais que nous continuons d'appeler la bannière royale : aucun nom n'y est inscrit. Les plaques d'or ne sont pas de même style que les plaques de pâte bleue, et semblent trahir une époque postérieure : on dirait qu'elles ont été faites à l'imitation des bleues. Les deux bracelets suivants consistent en un assemblage de perles et de pendants en or, en turquoises, en améthystes, en pâtes de verre, passés sur fil et d'un travail très fin : la taille spéciale qu'ont subie les améthystes témoigne d'une habileté de main inattendue. Le dernier bracelet est également en perles d'or et de pierres ou de pâtes, mais la pièce centrale en est une fleurette en or d'une perfection extraordinaire. Ces bijoux remontent certainement jusqu'à l'époque thinite et montrent où l'art du bijoutier en était dès la Ire dynastie.

945. — Chaîne en or de 0 m. 90 cent. de longueur, terminée à chaque extrémité par une tête d'oie recourbée

sur le cou de laquelle on lit le nom d'Ahmôsis; on fermait le collier en liant les deux têtes d'oies au moyen d'une ficelle. Un scarabée pend à la chaîne, le plus beau des scarabées connus. Le corps est en or massif. Le corselet et les élytres sont en pâte de verre bleu tendre, rayée de lignes d'or.

947. — Anneaux de jambe en or, plats et creux, ourlés à leur circonférence extérieure d'une chaînette en fils d'or tressés imitant le filigrane.

956. — Barque en argent (long. 0 m. 38 cent.) à dix rameurs et à un pilote, montée sur un chariot de bois à quatre roues de bronze ou de cuivre. Elle a été trouvée avec la précédente et servait au même usage. Les quatre petits anneaux qu'on remarque sous la carène servaient à fixer la barque sur le petit chariot.

Entre la barque et les bijoux thinites est placée une collection de petites figures découpées, en or, qui proviennent du collier de la reine Ahhotpou, décrit au côté sud de la cage F, sous le n° 962 (voir p. 431). La petite figure d'âme à corps humain et à tête d'épervier qui est au centre de cet ensemble appartient à l'époque saïte.

961. — Deux anneaux creux en or, sans ornement, ayant probablement servi à décorer l'avant-bras.

966. — Neuf petites hachettes, trois d'or et six d'argent, formant une Ennéade divine.

Elles sont entourées d'un ensemble d'amulettes en or, comprenant une âme à corps d'épervier et à tête humaine, qui ne proviennent pas de la collection de la reine Ahhotpou, mais qui sont de l'époque saïte.

970. — Pectoral en or massif, trouvé en 1886 sur la momie de Ramsès III. On voit sur la face exposée au public le cartouche du Pharaon, dressé entre deux formes du dieu Amon, assises sur un trône. — XX⁰ dynastie.

971. — Émeraude brute enfermée dans une résille d'or dont les mailles ont dû être soudées successivement l'une à l'autre autour de la pierre : le procédé employé révèle une habileté de main incroyable chez l'ouvrier qui exécuta ce petit chef-d'œuvre de bijouterie. — XX⁰ dynastie.

Côté est de la Cage F.

958. — Poignard à lame de bronze jaunâtre très pesant ; le pommeau est un disque lenticulaire d'argent. On se sert de cette arme en appuyant le pommeau sur la paume de la main fermée et en faisant passer la lame entre l'index et le médium.

959. — Deux mouches en or et en argent, ayant servi d'ornement à un collier. On a pensé que ces mouches étaient une sorte de décoration officielle ; rien n'est venu jusqu'à présent confirmer cette hypothèse.

960. — Bracelet en or massif, épais, sans aucune décoration, provenant de la momie d'Ahhotpou.

969 et **969** *bis*. — Deux charmants bracelets trouvés en 1886 par M. Maspero, sur la momie du roi-prêtre Pinotmou Ier, provenant de la trouvaille de Deîr-el-Bahari.

Ils sont formés d'une baguette en or, arrondie au dehors, plate à l'intérieur, et sur laquelle un décor géométrique est incrusté en plaquettes de lapis-lazuli et de cornaline. La fermeture est dissimulée par un disque de lapis-lazuli. Deux chaînettes en or et deux ou trois fils de perles d'or alternant avec des perles de lapis, tous terminés par des pendeloques en or ou en lapis, complètent le dessin de ces bijoux. — XXI° dynastie.

973. — Sur la momie qui nous a fourni les belles boucles d'oreilles exposées dans la cage I (voir p. 435, n°⁵ 972, 972 *bis*), Mariette recueillit les débris d'un superbe ornement de poitrine, consistant en petites égides d'or massif d'un travail extrêmement fin. Les têtes symboliques de Sakhît, d'Hathor, d'Anhouri fils de Râ, de Râ lui-même, sont traitées avec une délicatesse si grande, que quelques-unes d'entre elles ne perdent rien pour être étudiées à la loupe. — XX° dynastie.

Côté sud de la Cage F.

949. — Miroir de la reine Ahhotpou, à manche en ébène, garni d'ornements en or ciselé : le disque est en bronze doré.

950. — Hache de parade d'Ahmôsis. Le manche est en bois de cèdre recouvert d'une feuille d'or sur laquelle le protocole du Pharaon est découpé à jour. Des plaquettes de lapis, de cornaline, de turquoise et de feldspath sont encastrées dans les espaces découpés et rehaussent l'éclat de l'ensemble. Le tranchant est de bronze et revêtu d'une épaisse feuille d'or. On y voit d'un côté des bouquets de lotus dessinés ne pierres dures sur un champ d'or ; de l'autre,

la figure d'Ahmôsis frappant un barbare se détache sur un fond bleu sombre donné par une pâte si compacte qu'elle semble être de la pierre. Sous cette scène, on aperçoit un griffon à tête d'aigle, le griffon auquel les rois sont souvent comparés pour la rapidité de leur course quand ils se précipitent au milieu des ennemis. C'est ici l'image de Montou, le dieu des combats. Le tranchant adhère au manche par le moyen d'une simple entaille dans le bois, consolidée par un treillis de lanières d'or.

951. — Un poignard d'or avec son fourreau également en or. Quatre têtes de femmes en feuilles d'or repoussées sur le bois forment le pommeau. La poignée est décorée d'un semis de triangles en or, en lapis, en cornaline et en feldspath, arrangés en damier. La jonction de la lame au manche est dissimulée sous une tête d'Apis renversée. Le pourtour de la lame est en or massif, mais une bande d'un métal dur et noirâtre occupe le centre, sur lequel on voit, après le protocole d'Ahmôsis, l'image d'un lion se précipitant sur un taureau : quatre sauterelles vont en s'amincissant jusqu'à l'extrémité et terminent la scène. Sur l'autre face, on rencontre, après le nom royal, quinze fleurettes épanouies qui se perdent également vers la pointe. Toutes les inscriptions et toutes les figures ont été obtenues par un véritable damasquinage au fil d'or.

952. — Poignard à manche d'or massif, à lame de bronze pâle ; à côté de lui, sa gaîne en or.

957. — Hache à manche de corne, rehaussé d'or à son extrémité inférieure. Le tranchant est d'argent.

Une autre hachette de même genre, au nom du roi

Kamôsis (n° 744, long. o m. 38 cent.), a le tranchant en bronze pesant, le manche en corne translucide.

962. — Collier *ouaskhit* en or d'une composition aussi riche qu'inusitée. Des cordes enroulées, des fleurs à quatre pétales épanouies en croix, des lions et des antilopes courant, des chacals assis, des éperviers, des vautours, des vipères ailées, en forment le dessin. Deux têtes d'épervier en or incrusté de pâtes de fleurs, forment les agrafes. Tous ces ornements étaient cousus aux linges de la momie par le moyen de petits anneaux soudés par derrière.

968. — Bâton de commandement en bois noir, recourbé à son extrémité et entouré d'une large feuille d'or en spirale.

Le poignard à lame de cuivre ou de bronze oxydé, à poignée revêtue d'une feuille d'or travaillée au repoussé, n'appartenait pas au trésor de la reine Ahhotpou. Il a été découvert en 1898 par M. Loret, à Sâkkarah, dans le tombeau d'un certain Abdou, d'origine sémitique (cfr. son son cercueil dans la salle C', p. 399), qui paraît avoir vécu soit pendant les derniers temps de la domination des Pasteurs, soit sous un des premiers règnes de la XVIIIe dynastie. Il porte sur la lame la légende d'un des rois Hyksos, Nibouaritrâ Apôphis. — XVIIe dynastie.

Côté ouest de la Cage F.

946. — Bracelet en perles d'or, de lapis, de cornaline, enfilées sur des fils d'or disposés en treillis clair : on lit la légende d'Ahmôsis sur le fermoir.

948. — Manche d'éventail en bois lamé d'or : on voit encore sur la tranche les trous où les plumes d'autruche s'emboîtaient. Sur les plats, scènes d'adoration au dieu Khonsou par le roi Kamôsis.

953. — Pectoral en forme de naos ou petite chapelle. Au centre, Ahmôsis est représenté debout sur une barque et recevant d'Amon et de Râ l'eau de purification. Deux éperviers planent au-dessus de la scène comme des symboles du soleil vivifiant. Les figures sont dessinées par des cloisons d'or, dans lesquelles on a fixé des plaquettes de pierres dures, cornaline, turquoise, lapis, pâte imitant le feldspath vert ; chaque couleur est séparée de celle qui l'avoisine par un filet d'or brillant. L'envers du naos est d'or simple, mais la finesse et la netteté de la gravure le rendent aussi remarquable que la face principale.

954. — Collier formé de plusieurs rosaces en or cloisonné, avec incrustation de pierres dures, et auxquelles sont suspendus des ornements en forme d'amande. Les couleurs bleu et rouge des amandes sont obtenues par des pâtes imitant l'émail.

963 et 963 *bis*. — Deux bracelets en perles d'or, de lapis, de cornaline rouge et de feldspath vert, enfilées sur des fils d'or, de manière à former un damier dont chaque case est de deux couleurs. Une lame, fendue en deux parties qui se séparent et se ferment au moyen d'une aiguillette d'or, opère la fermeture. On y lit le nom d'Ahmôsis.

967. — Chaîne de cou en or, à laquelle trois mouches en or massif sont suspendues.

964. — Bracelet composé de deux parties réunies par une charnière. La partie extérieure représente un vautour, les ailes éployées. Le jeu des plumes a été imité par des lamelles de lapis, de cornaline et de pâte de verre de la couleur du feldspath, enchâssés entre des cloisons d'or. La partie postérieure, plus mince, est formée de deux bandeaux parallèles, ornés de turquoises.

Vitrine G.

Elle contient des bijoux d'époque persane, découverts par M. Barsanti à Sakkarah en 1901 et 1902, au cours des fouilles opérées par le Service autour de la Pyramide d'Ounas. La momie de Zannehibou (voir p. 134) qui nous les a donnés portait le masque d'or sur la face, la figure de la déesse agenouillée qui étend ses ailes sur la poitrine, les bandes d'or avec légendes d'hiéroglyphes le long des genoux, les sandales d'or aux pieds, les étuis d'or aux doigts des pieds et des mains; un filet de perles d'or oblongues ou rondes, dont une partie seulement a pu être reconstituée, la recouvrait. La collection de menus amulettes qui était répandue sur le corps est ciselée en plein dans de petits lingots d'or fin, et la plupart d'entre eux sont d'un travail admirable. Le palmier en or, emblème de Thot, n'est que curieux, mais la barque de Sokari, les deux figurines d'Isis, les éperviers, les vautours, les têtes de béliers, les cynocéphales en adoration de chaque côté du *dadou*, surtout l'âme aux ailes incrustées de plumes en feldspath vert, peuvent passer pour être des chefs-d'œuvre. On voit par ces spécimens que l'art des joailliers saïtes ne le cédait en rien à celui des sculpteurs et des graveurs contemporains : c'est, sur une échelle plus petite, le même ensemble de qualités qu'on remarque sur la vache et sur les statues d'Osiris et d'Isis découvertes dans le tombeau de Psammétique (voir p. 281-282, n°ˢ 1017-1020).

Vitrine H.

La vitrine H contient de la vaisselle d'argent et des bijoux d'époque saïte, grecque ou romaine, pour la plupart trouvés dans la Basse-Égypte.

922. — Les vases en argent ont été découverts en 1871 par M. Brugsch bey, dans les ruines de Mendès (Tell-Tmaï). Ils faisaient partie du mobilier sacré du temple et ils avaient été déposés dans une cachette où ils sont restés oubliés jusqu'à nos jours. Ils sont ornés de lotus épanouis et de boutons au repoussé. L'un d'eux est un couvercle, dont la poignée est formée de deux fleurs réunies par la tige. Rien n'indique l'âge de ces objets de manière certaine, mais je suis tenté de croire qu'ils appartiennent à l'époque saïte. En tout cas, le travail est purement égyptien et ils sont identiques aux vases d'or et d'argent qu'on voit si souvent représentés entre les mains des prêtres et des rois, sur les murs des temples, à la XVIII⁰ et à la XX⁰ dynastie.

923 et 923 *bis*. — Coins et barres d'argent qui protégeaient les angles d'un naos en bois. Trouvés à Mansourah. — Époque saïte.

924. — Débris d'un collier en argent incrusté de pierres et de pâtes de verre. Il provient de la Basse-Égypte, ainsi que l'ensemble de chaînes en perles d'or, de boucles d'oreilles, de bagues, d'amulettes, et la petite cuiller en argent qui sont placés à côté de lui. Une figure de la Victoire en or est incrustée dans le bol de la cuiller. — Époque gréco-romaine.

Cage I.

La cage I contient des bijoux de provenances diverses mais de l'époque gréco-romaine pour la plupart : on y voit pourtant quelques objets d'époque pharaonique.

Tablette supérieure.

972 et 972 bis. — Pendants d'oreilles aux noms du Pharaon Ramsès XII, en or recouverts d'un riche vernis rougeâtre. Ils n'ont pu servir qu'attachés par un fil à la perruque ou à la coiffure symbolique du personnage. Un disque lenticulaire, garni à sa circonférence d'une gorge de poulie, en forme la partie principale ; cinq uræus coiffées du disque solaire y sont suspendues, et elles soutiennent, au bout de sept chaînettes d'or, sept autres uræus également munies du globe emblématique. Cette riche parure a été découverte par Mariette au Kom-es-Soultân d'Abydos, sur une momie sans légende qui avait été ensevelie sous le dallage du sanctuaire. Nous avons rencontré déjà, dans la cage F (voir p. 429, n° 973) les débris d'un ornement de poitrine en or qui provient d'elle.

974. — Bandeau coupé en forme d'ovale dans une feuille d'or (o m. 20 cent. dans sa plus grande longueur), et dont une chaînette d'or relie les deux extrémités. Au centre est une tête de Gorgone repoussée. C'est une couronne appliquée au front de la momie et maintenue en place par la chaîne qui passait derrière la tête. — Époque romaine.

974 *bis*. — Bandeau analogue, dont les deux extrémités sont reliées par une belle chaîne en or, munie en son milieu d'un médaillon rectangulaire en or où se trouve incrustée une plaque d'onyx laiteux. La tête de Gorgone est flanquée de deux uræus. — Époque romaine.

Côté nord de la Cage I.

Sur la tablette inférieure sont exposés trente bracelets en or de basse époque romaine et d'époque byzantine, tous découverts dans le Delta. Sept d'entre eux ont la forme d'un serpent, dont la tête est ciselée sur plein avec soin : le n° 976 avait les yeux incrustés en émeraude. Un autre bracelet est formé de plusieurs bâtonnets en or soudés et tordus ensemble, comme certains bracelets arabes de nos jours. Les autres bracelets sont de simples lames ou des bâtonnets d'or pliés en rond, sans autre valeur que celle du métal.

Sur la tablette inclinée, une belle chaîne en or se développe, flanquée de grandes pendeloques en or relevé de perles et d'opales, puis de boucles d'oreilles et de bagues dont plusieurs ont un scarabée pour chaton : une paire de grands bracelets en forme de serpents a été, dit-on, trouvée dans le même temps que la chaîne.

Coté est de la Cage I.

Tous les bijoux exposés dans cette partie de la cage I sont, à l'exception de l'âme repoussée sur une feuille d'or (n° 990), d'époque byzantine : la chaîne à gros maillons avec ses deux médaillons pour attaches; les pendants en or bordés d'un rang de perles : les bracelets en or avec quatre rangs de perles en malachite; le collier formé de poissons en or, accouplés à de grosses perles en malachite et en onyx.

Côté sud de la Cage I.

Suite des bijoux romains et byzantins. On y a adjoint des statuettes en or massif de travail purement égyptien (n° 981, 982, 983) représentant Sovkou, le dieu crocodile, Phtah et Amon ; aussi un décor de baudrier de l'époque achéménide, provenant de Tmai-el-Amdid, l'ancienne Mendès, et composé de plaques d'or rectangulaires sur lesquelles une figure d'Aouramazdâ s'enlève au repoussé.

Côté ouest de la Cage I.

Fin des bijoux romains et byzantins. Quelques-uns sont d'un travail précieux, ainsi les médaillons qui terminent la grosse chaîne, la rosace d'or, incrustée de pierres translucides et les boucles d'oreilles (n° 988) en or formées de rosaces en creux relevées de dessins au filigrane et terminées, en guise de pendeloques, par des fleurs fermées ou épanouies. Quelques objets appartiennent à l'époque saïte, ainsi le petit amulette en lapis-lazuli (n° 985), simulant une stèle sur laquelle sont gravées, d'un côté l'image de Râ en relief, de l'autre l'image de Toumou et d'Hathor en creux.

Vitrine J.

Bijoux et appareil funèbre découverts par M. Petrie à Hawara, dans une tombe de l'époque saïte ; elle était remplie d'eau et il fallut pêcher littéralement les objets l'un après l'autre. Les statuettes de divinités en lapis-lazuli, les scarabées et les amulettes en pierres dures sont des plus fins que l'on connaisse, mais la petite âme en or incrustée de pierres les dépasse tous par le précieux du travail. On les a disposés dans le même ordre où ils se trouvaient sur la momie.

TABLE DES MATIÈRES.

REZ-DE-CHAUSSÉE.

		PAGES
	Galerie d'honneur, bras ouest	3
	Vestibule de l'escalier sud-ouest	11
Ancien Empire (Iʳᵉ-Xᵉ dynastie).	Salle A	15
	Salle B	19
	Salle C	29
	Salle D	30
	Salle E	32
	Salle F	33
Premier empire thébain (XIᵉ-XVIIᵉ dynastie).	Salle G	38
	Salle H	39
	Salle I	43
	Salle J	51
	Salle K	55
	Salle L	56
Second empire thébain (XVIIIᵉ-XXIᵉ dynastie).	Salle M	59
	Salle N	74
	Salle O	76
	Portique du nord	79
	Atrium central	82
	Salle P	86
	Salle Q	91
	Salle R	92
	Salle S	94

		PAGES
Époques bubastite, saïte, perse, ptolémaïque, et romaine.	Salle T....................................	94
	Salle U....................................	106
	Salle V....................................	108
	Salle X....................................	109
	Salle Y....................................	115
	Salle Z....................................	123
	Salle A'...................................	126
	Salle B'...................................	127

Monuments coptes :
    Salles C' et D'........................ 127
Grands cercueils ptolémaïques :
    Galerie d'honneur, bras est............. 132

PREMIER ÉTAGE.

Grande galerie d'honneur :
    Cercueils des prêtres d'Amon............. 142
Salon méridional :
    Statues de l'Ancien Empire, armes, objets divers. 159
Salle A. Étoffes, toilette, jouets................... 169
Salle B. Vases.................................. 177
Salle C. Objets civils, amulettes................. 180
Salle D. Mobilier funéraire, momies d'animaux....... 200
Salle E. Statuettes funéraires, canopes............ 207
Salle F. Ornements funéraires..................... 213
Salle G. Papyrus................................. 221
Salle H. Ostraca, instruments des scribes........... 226
Salle I. Modèles pour dessinateurs et sculpteurs...... 231
Salle J. Mobilier................................. 238
Salle K. Poids et mesures; constructions............ 241

	PAGES
Salle L. Architecture	250
Salle M. Objets coptes	254
Salle N. Objets gréco-romains et asiatiques	259
Salle O. Cercueils et objets gréco-romains	267
Salon septentrional:	
Panthéon égyptien, objets du culte	281
Salle P. Momies royales	326
Salle Q. Momies royales	335
Salle R. Momies royales	349
Salle S. Tombes d'Aménôthès II et de Thoutmôsis III	354
Salle T. Cercueils	362
Salle U. Tombe de Maiharpiri	365
Salle V. Scarabées, statues de l'Ancien Empire	371
Salle X. Cercueils	385
Salle Y. Objets funéraires de la XIIe dynastie	387
Salle Z. Cercueils	394
Salle A'. Cercueils	395
Salle B'. Anthropologie	396
Salle C'. Cercueils d'ancienne époque	397
Salle D'. Monuments archaïques	401
Galerie des bijoux	413

AVIS.

Le Musée est ouvert, pendant la saison d'hiver, tous les jours de la semaine, **le vendredi excepté**, de 9 heures du matin à 4 h. 30 du soir. **Il est perçu un droit d'entrée de P.E. 5**.

Les visiteurs sont priés de déposer, en entrant, leurs cannes, ombrelles et parapluies qui leur seront rendus à la sortie.

Il est strictement interdit de fumer dans le Musée.

Il n'y a besoin d'aucune permission pour copier les monuments exposés dans le Musée, ni pour en prendre des photographies avec un appareil à main; il est défendu de prendre des estampages, des copies au frotis, ou d'employer un appareil photographique exigeant une pose plus ou moins longue, sans l'autorisation du Directeur.

Les visiteurs qui voudront étudier quelque monument de plus près, sont prévenus qu'une salle d'étude sera mise à leur disposition, s'ils en adressent la demande au Directeur ou à l'un de ses conservateurs.

www.ingramcontent.com/pod-product-compliance
Lightning Source LLC
Chambersburg PA
CBHW060928230426
43665CB00015B/1873